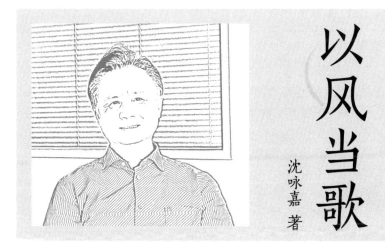

以风当歌

沈咏嘉 著

浙江工商大学 出版社
ZHEJIANG GONGSHANG UNIVERSITY PRESS
·杭州·

图书在版编目（CIP）数据

以风当歌 / 沈咏嘉著. — 杭州：浙江工商大学出版社，2023.12
ISBN 978-7-5178-5838-6

Ⅰ．①以… Ⅱ．①沈… Ⅲ．①社会科学—文集 Ⅳ.
①C53

中国国家版本馆CIP数据核字（2023）第 241023 号

以风当歌
YIFENG-DANGGE

沈咏嘉 著

责任编辑	张晶晶
责任校对	李远东
封面设计	尚俊文化
责任印制	包建辉
出版发行	浙江工商大学出版社
	（杭州市教工路 198 号　邮政编码 310012）
	（E-mail：zjgsupress@163.com）
	（网址：http://www.zjgsupress.com）
	电话：0571 - 88904980,88831806（传真）
排　　版	尚俊文化
印　　刷	浙江全能工艺美术印刷有限公司
开　　本	710 mm×1000 mm　1/16
印　　张	21.5
字　　数	361 千
版 印 次	2023 年 12 月第 1 版　2023 年 12 月第 1 次印刷
书　　号	ISBN 978-7-5178-5838-6
定　　价	89.00 元

綺園春天樹

澂瀨日暮雲

憶故友詠嘉 辛丑年 武喜靚

悼咏嘉兄

新中国成立前，我曾在海盐县一所小学任教。那时就知道当地有个九九文具社（简称"九九社"），后来听说九九社主人——咏嘉同志尊翁沈国荣先生率先参加了为抗美援朝捐献飞机大炮的运动。咏嘉兄受父亲影响很大，后在任副县长的繁忙之余还编书著书。咏嘉兄退休以后，还拾起海盐九九文化发展有限公司的事务。他继承着这样好的家学、家风，我和他可谓神交已久。

我和咏嘉兄逐渐成为知交是在他成了县四套班子成员以后，更准确地说，是在他到了县政协工作后。从分工上说，政协有联系知名人士和文艺工作者的职责，而他的素质、他的文字功底、他的书法技艺，都让他十分适合担任这项工作。他的书法很有特色，我曾推荐他为上海滨江公园题写"曲径连双阁，清流汇一池"等两副对联。在我的师友中，他接待和看望过的如苏渊雷、周退密、田遨、叶元章等前辈都对他有很好的印象。我本来也是半路出家，只是在文坛待的时间较久。他在工作和治学中经常和我探讨一些问题，互相求益。

他是担任政务工作的，但他同时孜孜不倦于治学。如他在整理、翻译一些古籍时，就经常会体现出这种精神。他作为一位书法家，也注意到古来书家的一些规则。他曾将清钱符祚《倚晴楼记》的整理稿给我过目，我指出其中"秋风一来，春官十□"疑有缺字时，他举一反三，又找出"挹湖□之美"有缺漏。因古来书家惯例，为不破坏页面整齐，缺字处以一小点标示，他就是根据古来书家的这个规则，找出了文末的"上"和"山"两个补字。又如他在进行校点、翻译古籍时，对某些需要斟酌的章句，如对明丰坊《钟楼记》中的断句和可能引起不同理解之类的问题，也与我进行过多次探讨。他收有乡前辈吴侠虎先生的九十余封信件，这位老先生惯于使用冷僻语，一般读者因其无妨大意，往往以顺意省略对待。咏嘉兄则不同，如侠虎前辈采用的"泥谢""枕昨"等多个词语，他也和我探讨，我复以"泥"当作"泥首（顿首）"解，"枕"当作"伏枕"代思考义，也未知当否。我认为这种逐字逐句都要弄个明白的做法，反映了他很好的求实治学精神。

诙谐地说，他这种对治学的热衷是一种忙里偷闲，在本职工作上，他则是一位实干家。治学精神重在个人修养，而实干则体现出他是一位负责的工作者，实干也是一位担任一定工作的优秀共产党人的必备品质。虽然我和咏嘉兄的交往只反映出他在工作上的一个侧面，但已很能使人感受到他的精神。

家乡南北湖风景区有一个景点，即"董小宛葬花处"，尚待进一步开发。董小宛的夫君冒辟疆是人称"明末四公子"之一的人物，夫妇俩均以崇尚节义著称，其在海盐勾留，有诸多古籍可寻。后来好事者又由其人衍生出诸多艳奇故事，虽对开发景点来说有一定作用，但也需要厘清。而冒辟疆后人之一、学者冒怀苏恰和我有友好往来，冒怀苏又有其祖父——知名学者冒广生收集的关于冒辟疆、董小宛故事的珍贵家藏。我在筹得冒氏故乡江苏如皋部分支持款项后，又通过咏嘉兄向南北湖风景区也筹得部分款项，使得本人所著一本有关冒、董二人的书顺利出版。海盐天宁寺从中国台湾佛光山请得原天宁寺著名僧人楚石的《北游诗》抄本，影印后曾通过我赠给海上硕儒周退密先生一册。周老称赞其秾纤得中、神情绵邈，且具史料价值，同时指出抄胥笔误过多，嘱我予以校勘。此书已经印过，再出版，难度是很大的。咏嘉兄为我周旋，竟得成功，可见其工作的执着和个人魅力。由于《北游诗》中涉及元上都的叙述较多，正式出版后，竟得以与《马可·波罗游记》内有关中国的记述共同作为元上都申遗的主要佐证，倒是个意外收获。

咏嘉兄和我谈及有关故乡文化建设的事情是很多的。我们探讨过南北湖风景区面临东海、背靠南山（景区的一部分，即南木山，当地人都简称南山），很可以借"寿"文化在开发上做些文章。再有咏嘉兄曾帮助我在我的出生地茶院建一个写有关于日寇入侵时我童年所见所闻的诗的纪念建筑以利于睹物思情。一首有关穷乡僻壤的纪事诗，在上海发表时得了个提名奖，个人觉得以之留个纪念也还是可以的，于是请他着手进行。后虽因在实施中所冒出的一个问题被难住，但咏嘉兄为此所进行的各方联系和安排的诸多组织工作，是我自身经历中不能忘怀的事件之一。

咏嘉兄和我往来渐深，有些时候可以说到了心心相印的程度。如在海盐接待上海博物馆刘一闻先生时，我为绮园拟了一副对联："假山非假，造山有据；灵石通灵，玩石宜人。"咏嘉兄在整理记录绮园的专著时把它收录了进去。另在我的诗作中有一联"事可逢源无左右，心能造境有高低"，也得到咏嘉兄的认可和推荐。

我年老日衰，打算再出一本诗文集，并将师友所赠手迹和有其签署的著作一同捐赠给故乡，使自己的文字生涯告一段落。咏嘉兄知道我的身体状况，也赞成此事。因他和我曾会同办理过将丰子恺弟子朱南田的诗稿及马一浮等的题字捐赠给海盐县博物馆之事，他建议等我的诗文集出版后，将诗文集连同与我有交往的鸿儒手迹及有他们签署的著作的捐赠工作同时进行。朱兄那次捐献，效果很好，几年后还有他友人的子女补赠给海盐县博物馆其父辈往来的手迹。咏嘉兄很乐意举荐，并为我的《同趋集》作了序言，因疫情耽搁，咏嘉兄只看到了上海辞书出版社为我设计的封面，成书我只能献于他的灵前，非常哀痛。

日前，海盐县政协副主席黄健带着咏嘉兄之子沈旦来我这里为咏嘉兄的文集约稿，我虽已决定搁笔，但义不容辞。这次得以再读他的部分作品，可说如再见其面。措辞平易、文如其人，可谓其流若水，有节如竹，字里行间，无不显示出他在日常工作和治学中的勤恳和踏实，其文字和其心灵一样朴实无华，从中足见其造诣和思想深度。

吴定中

辛丑年（2021）春日，谨识于浦东康桥，时年九十有四

真名士　自风流

——读沈咏嘉书稿有感

　　2021年3月上旬，绍兴银行嘉兴海盐支行的沈旦同志发给我其父沈咏嘉生前文章的结集。我认真阅读一遍，不计附录，咏嘉书稿中包括序跋13篇、园林7篇、文论11篇、碑记2篇，以及记述29篇，共62篇。时间从20世纪末到21世纪初，跨度约20年，这些文章大都曾发表在海盐县的有关报刊上，如《海盐日报》《海盐文博》《海盐史志》《今日海盐》等，图书《人民公仆——沈国荣先生纪念集》中也有收录。咏嘉同志在生命的最后时刻，还念叨着他一直想做的一件事，就是把以往写好、整理好的文章结集出版。今天，咏嘉同志夫人陆毓文女士和儿子沈旦要我为文集写一序言，犹豫了好一会儿，感到责任很重，最后咬咬牙，答应了沈旦："那我试试看吧！"因为这件事对我意义重大。沈咏嘉同志是我初中时的同学，也是晚年的文友，一段时间内他也是我县的领导，曾担任海盐县人民政府副县长和县政协副主席，当然也是我的领导。一个村野老朽为其作序，似有不妥，但想到沈旦先生对我的信任和我对老同学老朋友的感情，似乎有写一点回忆和纪念咏嘉的文章的必要。所以，抱着十分复杂但真挚的感情答应下来了。

　　从本书收录的作品中，我看到咏嘉为他人写了不少序。咏嘉在当选为副县长和政协副主席后，知名度和影响力逐渐大了，再加上他文章写得有品位，散文基础很好，又有一手漂亮的书法，慕名请他写序言的人也就越来越多。咏嘉对请他作序之人总是热心接待，虽有时因工作忙等情况而实在难以完成，但还是尽量满足他们的要求。对于比他年长的老同志更是有求必应，像陈伯蕃、沈泳霖、鲍翔麟等，为他们的作品作序时，咏嘉总是认真阅读、细致思考、突出重点、鼓励褒奖，尽量让人看到作者的品德和作品的特色，起到画龙点睛的作用。他在为《瘦翁诗文集》作序时，对老沈同志大加褒奖："泳霖先生为人正直、乐观豁达，退休后绽放了他的第二青春。二十多年来他寄情于诗书画艺术，锲而不舍，孜孜以求，谦虚好学，默默耕耘，积聚了丰硕的诗篇；又热衷于地方文史资料的挖掘，立足求证，走街串巷，不辞辛劳，虽苦犹乐，写下了好多有价值的史料文章，成为老一辈中的佼佼者。"咏嘉的序言像一股春风，让沈老感到无比亲切，备受鼓舞。本人应阿芳同志之邀，为他祖父民国大律师朱斯荩立传。《民国大律师朱斯荩及其家族》是因咏嘉推荐而得以成书的，成书后咏嘉为其作序，真是送佛送到西，帮人帮到底。

　　咏嘉的记述文章写得很好、很多、很有情趣。在一些细小的事情上，他凭着敏锐的观察力和认真求证的执着，写得有声有色、有板有眼。从张燕昌"敝帚自享"印章，到千佛阁维修，从海盐裱画店之始，到西塘桥王坟遗址的发现，咏嘉总能把事情的来龙去脉说得一清二楚，是海盐文物的发现者和保护者。咏嘉对老领导、老同志、老先生都十分尊重，并从他们的身上发现优秀品质，感悟人生价值。祝静远、顾锡东、万云、苏渊雷、俞戍生，以及他的父亲沈国荣，他看到的都是他们的长处和优点，从不挑剔别人的不足之处。真心学习前辈、长辈的优秀品质，以涵养自己的性格和品质，取别人之长，补自己之短，所以晚年的咏嘉已成了一代人学习的楷模。特别是他父亲沈国荣先生和母亲吴素珍女士的优秀品质、言传身教、潜移默化，对他一生为人处世影响极大。咏嘉也是一位孝子，对待父母尊重有加、关心备至，为我辈为人处世树立了一个良好榜样。

　　海盐在历史上是一处园林之乡，绮园是海盐县唯一的全国重点文物保护单位。生于海盐，咏嘉也是情重绮园，先后写过不少有关绮园的文章，陪同著名园林学家陈从周先生游览考证绮园。陈从周先生对绮园的评价，对咏嘉影响尤深。"水随山转，山因水活"的叠山理水论，让咏嘉佩服得五体投地。绮园"在浙中现存私家园林中规模最大，保存亦最好，是不可多得的佳构"。陈从周先生将绮园推到"浙中数第一"的高度，让咏嘉认识到保护绮园的重要性和作为文物工作者的神圣责任。为此，他奔走呼号，写了许多有质量、有见地的文章，如《绮园杂谈》《绮园保护初探》《浅谈绮园的保护和利用》《绮园十景简介——为绮园展示屏所撰》《绮园散记》等。在我的记忆中，咏嘉还撰写过称绮园为海盐的眼睛的文章。看似信笔拈来、随手挥洒，实则扎实丰硕、言之有物、有史可证。

　　作为一个文物保护专家，曾为县博物馆馆长的咏嘉，对海盐文物的发掘和保护所做的贡献也是值得一提的。凭着对文物研究的兴趣、责任，他在文物方面提出不少真知灼见，如《文徵明〈古木幽兰图〉赏析》《海盐县城外发现纪年三国吴墓一座》《海盐县石泉高地出土良渚玉器一瞥》《澉浦赵青天碑的发现及其意义》《天宁寺前"父子名卿 兄弟司寇"牌坊之由来》等，都是咏嘉做过详细考证后发表的有质量的文论，对推动我县历史文物的发掘与保护，起到十分重要的作用。文论不好写，必须建立在有证有据、有发现、有观点的基础上，咏嘉的文论让人耳目一新。

我与咏嘉是海盐中学（现海盐高级中学）的同学，由于历史的原因，我们曾走上不同的人生道路。因此，虽为同学，离开中学以后，我们也往来甚少。直至胡根良同志出任南北湖风景区管委会主任，聘我和咏嘉等五人为南北湖风景区文化顾问以后，接触才多了起来，对咏嘉的为人处世才逐渐有了更深的理解和认识，直至成为挚友。

胡根良提议开发南北湖风景区金牛洞景点，咏嘉是全力支持的，后又为金牛洞景点写了《金牛洞碑记》。我细细读了碑记，咏嘉写的碑记用字严谨、造句讲究，说事生动有趣，引文恰当，古文基础扎实，让我肃然起敬。想自己虽为杭州大学中文系毕业，也未必能写得如此好的碑记。从此真的对他刮目相看，认识到咏嘉虽未入高等学府，但凭借顽强的意志和自强不息的毅力，积累了广博和深厚的知识。他思考问题深刻而周到，文如其人，令人赞叹。

不久，咏嘉成为县人民政府副县长，一届后，又改任县政协副主席，虽然职位、职务在不断变化，但咏嘉待人的态度和办事作风没有变，只是更加谦虚、谨慎，给人一种亲近的感觉。通过这几年的交往，我又发现他不少令人敬佩的地方。

作为县政协副主席，他主要负责文化方面的工作，所以他对从事文化、教育、卫生等方面的同志特别尊重，对李良琛、徐中武、俞戌生、万云等领导和陶维安、鲍翔麟、王德坚等一批老文化工作者十分敬重。在文化战线上踏实工作了一辈子的陶维安八十寿辰，大家为陶老贺岁，我也应邀在列。那天咏嘉夫妇应邀前来，咏嘉特地为陶老撰诗一首，并认认真真做了一个精致镜框将其裱好送上，他在宴会上吟读此诗，让陶老激动得热泪盈眶，在场的人也为之动容。这也使我记起自己的古稀之年，大女儿为我在海盐宾馆摆酒一席，咏嘉、国华、根良、伯康等同志都来贺寿，咏嘉将一双有章钮的图章送给我，文人雅士懂人心理，送人以心爱之物，真让我终生难忘。

当年我和国华、根良等同志多次去沈荡钱氏宗祠，发现御赐军机大臣钱应溥的两块石碑，一块遭到"腰斩"，一块磨损严重，十分痛心。后我与咏嘉商量，请他以县政协之名，与沈荡方面沟通，希望将这两道石碑移置澉浦吴越王庙保护，待有朝一日钱氏宗祠修复，我当负责物归原主。咏嘉拍手叫好，以县政协副主席身份先后与沈荡镇人民政府、中钱村村委会沟通，做了大量工作，获得沈荡镇政府和中钱村村委会的同意，于当年将两碑移至吴越王庙。2002年，时任全国政协副主席钱正英视察吴越王庙，看到这两道光绪皇帝褒扬其太公的御赐石碑，高兴不已，连说："这可是真文物，不是假古董。"我陪同钱老视察，听了也十分高兴。当年如没有咏嘉出力，这两道石碑不知在何处了。沈荡钱氏宗祠在章剑、唐晓青、马小平等同志的关心和支持下，终于修复，两道石碑也物归原主，成为钱氏宗祠镇祠之宝。

确定建造黄源藏书楼时，县委、县政府委派池晓明（时任县委常委、宣传部部长）、沈咏嘉两人去和黄源、巴 - 熔商定，达成三项协议：（1）藏书楼和张元济图书馆、张乐平纪念馆同等同级；（2）藏书楼应有经费保障和人员保障；（3）委托许懋汉为藏书楼代理人（黄源再三声明，我一生不为亲友谋事，推荐许懋汉为代理人，首先是因为许为杭州大学中文系毕业，有文化鉴赏基础，其次他了解我）。接着，黄老、巴老将和县委、县政府达成的协议告诉我，并于当日认真写了委托书。黄源藏书楼开馆后，咏嘉为此协议的最后一项不能完成，曾多次向我表示歉意和内疚，内疚没能完成黄老所托。我告诉他，我对此并不在意。以后好好研读一下黄老的赠书，也不算辜负了他老人家的一片心意。咏嘉受人之托、忠人之事，让我敬佩。

咏嘉从县政协退休以后仍然很受大家欢迎，文人聚会总要邀请咏嘉参加，而咏嘉不喜鱼肉大餐，因身体情况，只喜青菜粗饭，但只要身体可以，逢请必至，虽然有时只小坐一会儿。李良琛、徐中武、金亚建、葛德中、于峰、陆觉民、沈泳霖、万云、朱干生等同志常在聚餐时相见，咏嘉见到老朋友总是握手问好，真心实意，与大家亲密无间。凡有朋友请托撰写楹联，总是有求必应，当一桩事认真小好。南北湖风景区常请他做参谋或书写诗词、匾额、楹联，他每次总是"噢噢"两声，愉快受诺。

2019年，澉浦镇社会福利协会为我贺寿，所邀皆至，唯缺咏嘉，实为犯疑。后钱向阳兄告知我，咏嘉已住进上海某医院的重症监护室。又想前往上海探视，被告知县政协、县委老干部局曾派人去上海慰问，但因已住进重症监护室不准探视。后数月，曾多次发微信问候，不得回。只能从钱向阳等朋友处获悉一些情况，心中思念，十分痛苦。直至咏嘉被送回海盐，又再次被告知不准探视，他已处在十分危险的境地，我内心的焦虑和思念，只有自知。最后噩耗传来，咏嘉走了，泪崩……本想在追悼会上做最后告别，却逢吴越王庙会，作为吴越王庙会的非物质文化遗产项目代表性传承人，其时又有省市领导莅临，不能请假，只能委托儿子致艺和澉浦镇社会福利协会会长朱伟忠代为送别。作为一生挚友，从此天上人间，相隔茫茫……

贤侄沈旦求序，真是左右为难，为此书作序，心事重重。因沈旦坚持，我想既然贤侄要求，哪能推托，写了再说。想我与咏嘉曾为中学同学，后又为文友、知己，为其写一点自己的看法，回忆一段美好的交往，对我也是一种安慰和寄托。

咏嘉走了，但咏嘉清骨尚在，品如泰山，让人仰望。此书不仅具有文史资料价值，能使人获得很多知识，而且其文字清逸、隽雅，少学究味，多文人味，允为上乘之品。真名士，自风流。

许懋汉
于2021年3月8日

注：许懋汉，咏嘉同学，浙江省作家协会会员、嘉兴市钱镠文史研究会顾问、海盐县政协文史研究员。

回忆咏嘉先生

初次相识

认识咏嘉先生是在20世纪70年代后期，也是我开始在县水利局工作的时候。

咏嘉先生的父母当时居住在武原镇（2010年改武原街道）上的老邮政弄里（当时的县水利局办公楼后面）一幢老式结构二层木楼底层东侧。木楼底层中间有一条过道，通往县水利局职工家属区食堂的催青室。县水利局的干部职工几乎天天在这条过道里进进出出，日子久了，都认识咏嘉先生及其父母。那时咏嘉先生供职于县百货公司，其父母已经退休。节假日，咏嘉先生夫妇总在天井边帮父母洗涤衣被，忙这忙那。其母亲在天井里总是笑哈哈的，和蔼可亲，招呼过路人，邻里关系非常融洽。

由于同住在一条过道内，久而久之，我们也就熟悉起来。记得1979年3月的一天，我非常冒昧地闯入他家，请托咏嘉先生帮我办一事。在物资匮乏的年代，商品都是凭票供应，玻璃也属紧俏商品，只有原商业局下辖的百货公司可供应，这刚好是咏嘉先生的专管业务。我正在筹办自己的婚事，需划几块玻璃。咏嘉先生听后一口允诺为我办理，约好时间，拉了一辆三轮车，他亲力亲为，服务得非常热情周到，给我留下了深刻印象。

榜样的力量

20世纪90年代中期，我在原海盐县土地管理局兼南北湖风景区的工作中，与时任县文化局副局长兼任县博物馆馆长的沈咏嘉同志又有了比较长时间的工作联系。

先是在土地资源工作上，在为窑厂取泥时，他与程剑兴同志在取泥现场发现西塘桥王坟遗址，一起认真组织进行了抢救性挖掘，同时妥善处理了窑厂的用泥需求，使得两项工作都不耽误，较好地完成了抢救性挖掘，又不影响企业生产。

后是在南北湖风景区开发建设中，咏嘉先生当时先后任县政府分管文化的副县长和县政协副主席。其间他为南北湖资源的保护与建设倾注了大量心血，十分重视景区发展，既关心支持景点开发，又支持鼓励办节兴游。特别是在三湾景区、金牛洞景点、载青别墅的建设与恢复，以及弈仙城、黄源藏书楼、鹰窠顶上面的白云阁和孔圣园的新建过程中，经常与我一起深入现场，帮助出谋划策、排解困难。他工作不论分内分外，亲自邀请专家，撰写开发碑记，接待文化名人、中央及省市领导，在一些具体工作中总是一马当先，勇于引领。我切身体会到他的榜样力量，他为海盐的文化旅游事业与南北湖风景区的发展做出了重要贡献，凸显了他无私奉献的责任与担当。咏嘉先生真是"高怀同霁月，雅量洽春风"，高风亮节，甘愿做文化景区的园丁、伯乐，永远是我们学习的榜样。

撰开发碑记

1994年9月中下旬，在开发三湾景区、金牛洞景点期间，咏嘉先生连续几天与我一起上山。那时，我们集中把精力放在金牛洞景点上，一帮人吃住在管理房，随来的还有张国华、陆华林、姚沈良及县政府办公室、县委宣传部、南北湖风景区等的一些同志。当时的场景，好似一个战场，有几处筑路的队伍在施工，有一些文博方面的专家在寻访，有设计院的设计师在踏勘，几路人马同时参与。咏嘉先生在参与中亲眼看到很多同志背着柴刀斩树枝，斩荆棘，登危石，攀二郎，探险金牛洞……他为众人齐心奋战在一线的场景所感动，当晚回家后，拿起笔，悄无声息地一气呵成写就《金牛洞碑记》，并嘱我做好碑记工作的后续事项。1995年初春，在金牛洞停车场举行了金牛洞景点落成仪式。同年，将碑记立在金牛山山脚停车场中，由时任嘉兴市副市长傅阿伍、时任海盐县委书记费金海为《金牛洞碑记》揭碑。

湖海亭楹联石刻

在金牛洞景点的开发过程中，有一天，我与分管文化的县领导咏嘉先生聚议一事，觉得景区有些节点、楼宇缺乏文化元素及内涵。我就提出请咏嘉先生帮忙，邀请海盐籍著名书法家俞建华先生为景区写点作品。咏嘉先生当即允诺，由他联系接洽。

俞建华老师和咏嘉先生是小学同学，小时候是邻居，两人之间非常熟悉。有咏嘉先生出面，而且是为家乡办事，俞建华老师愉快地接受了。不几日，十月仲秋的一个周末的中午，俞建华老师从杭州出发，乘公共汽车回到海盐。我们接上他，赶到南北湖金牛山下的管理房（苗圃里面）。稍事休息后，我、咏嘉、鲍翔麟等人，陪俞建华老师爬上金牛山，看了金牛洞，然后再上山顶。山顶正在建一座石亭，石亭四面凌空，十分适合眺望。俞建华老师到此，举目凝视，跨前一步，边指边问。一圈下来，他满脸笑容，口中连赞"极好、妙哉"。稍后略沉思，马上吟出诗句，并给我们几位解释：从这里看，极目苍茫迎海气，问茶野逸品潮音；眼角移下一些，两湖春水留云影；再转后，三面青山列画屏。我们几位听着极为钦佩。咏嘉当即向我们介绍，在浙江众多美术、书法、诗词楹联大家中，俞建华老师不但字写得好，诗词楹联也是"浙中唯一"。一旁的俞建华老师说，当年高中毕业考美院，他靠的就是文学功底，数学成绩不好，是因为有文学特长才被录取的。现在全省各地名川胜境里，看实地赋诗词，都首推俞建华老师，可见俞建华老师的诗词比他的书法更厉害。

看完此处，我们转移别处再看、再议。从南北湖风景区入口进来，能看到一个四方亭，亭子东北角有块崖石，我们希望在该处崖石离地六米处，由俞建华老师题写"南北湖欢迎您"六个大字。

当晚俞建华老师入住景区管理房。我们自炒几个菜，便饭招待，咏嘉老同学作陪，热黄酒小饮，席间欢声笑语，气氛极好。席毕，大家带着三分酒意上楼，在早已备好的长条书桌上，俞建华老师取出自带的笔墨砚，挥毫泼墨，写下一副副楹联、一句句诗文。咏嘉先生配合，帮助倒墨，又将写成的一副副字移开，铺放整齐。旁边我们这些小年轻非常不好意思，但又不敢插手，生怕帮倒忙。一会儿工夫，写下了湖海亭楹联、金牛洞题词，以及"南北湖欢迎您"等字。

次日，咏嘉拿了"南北湖欢迎您"书法原稿，回县文化局放大、再放大，直到每个字的直径都在一米左右，然后一个个印出来，粘贴、拼接。请了工匠，搭了梯架，在半山腰崖体上，凿刻而成，之后涂上石绿油漆。记得当时凿刻非常费时，一个字需要用两天时间才能凿成。这些楹联和石刻，在景区开发建设中，也算点睛之笔，距今已二十多载矣。

玛瑙石头结缘

我喜欢石头，每当出差或参加旅游活动时，总不忘捡几块各异的石头。遇上观赏石之类，左看右看那千姿百态、五彩缤纷的石头，总会禁不住掏出那装着微薄薪水的腰包，把它们买下来。

1995年在开发三湾景区及金牛洞景点的时候，常与咏嘉聊他的书法，也闲聊起我的石头。他也爱石头，我们有共同的看法，一样会捡石赏石，两人笑了起来。我说，近一段时间跟着陈尔容去了一趟贵州贵阳，我买了一块当地的水胆玛瑙，玛瑙中间有水滚动，叫水胆。那时我还不知道这块水胆玛瑙是伪造的。他说你明天带来让我见识一下，我说好。次日，我将花了三十元钱买来的约一点五千克的不规则石头给咏嘉看，他看了一会儿说："你上当了，这块石头里的水胆是假的，在这里，打孔后灌水进去，再用泥胶封住。痕迹很清楚。"后经他指点，一看，真的有问题。伪造的水胆，经过一段时间水就变成水汽跑掉了。他识石，比我眼力好！

由于这次闲聊，以后碰到时总要谈谈石头。突然有一天，他很认真地跟我讲，说我的石头比较多，他在石头上不想弄了。"独木不成林"，只有少许石头同样不成气候。他说："我捡的，也有人家送我的，我把这几块石头都赠送给你，聚集在你那里，才有意义。"这样，咏嘉先生将他钟爱的几块石头（其中有临安鸡血石摆件、福建仙游的玛瑙，还有果蔬摆件等六七件）无偿赠送给了我，他心底无私，我受之有愧。

2020年，咏嘉先生突然离开了我们。是年底，我看石思人，脑际闪过一个念想：把咏嘉先生赠予我的临安鸡血石剖开，分成若干块小印石，送与朋友们，以此纪念、学习他的兢兢业业、勇于担当、无私奉献之精神。

胡根良

2021年3月

怀念沈老师

人生变化太无常，耳际似乎还回荡着沈咏嘉先生爽朗的笑声，他已说走就走了。遗憾的是，先生弥留之际没能去探望，再见时，他的容颜已凝固在相框里。

沈老师是学者型的领导，也是海盐著名的书法家、文博专家。每次碰到沈咏嘉先生，我都会亲切地称他"沈老师"，他也以呼我名为习惯，快三十年下来，这组关系很融洽。

"沈老师"，是我第一次拜见前辈时的称呼，之后便一直这样称，即便沈老师后来有了"沈县长""沈主席"等头衔，只要在非正式场合，我定会以老师敬称。在书法艺术的领域里，他就是我的老师、先生、前辈。我也从不用"嘉叔""嘉主席"这些称呼。

因为爱好书法，对于书法方面的前辈我就会格外关注。第一次知道海盐有个书法家沈咏嘉时，我还不认识他。那时我还在上大学，才刚刚接触书法。有次从嘉兴坐火车返校，因等车时间较长，就去了南湖闲逛，在那里买了本《篆刻字典》，还看了一个书画展。在并不显眼的位置，有一句诗"细雨鱼儿出，微风燕子斜"，用汉简书写，我印象特别深刻。细看作者标签：海盐沈咏嘉。从此我便记住了这个名字，心想以后一定要拜访他。

1991年我大学毕业，回到了家乡，在武原中学任教，计划要去拜访海盐的书法名儒。那时在天宁寺千佛阁内刚好有一个书法展，我又一次看到了沈老师的作品，这件作品的风格我已记不清了，好像是一件何绍基风格的隶书或行书。其时街上流行铜字招牌，我看到有许多"咏嘉题"的匾，如朝阳棉布店等。只闻其名，见面还是一直没有机缘。

当时刚上初一的学生徐斌和任凭，在书画篆刻方面已初露头角，也深得我的嘉许。某次谈及沈咏嘉先生，他们说认识这位大伯，可以带我去。就这样，在两个小家伙的牵引下，在某个晚上，我走进了沈老师的家，这是第一次当面叫他"沈老师"，从此便与他结下了书画缘。

那次我带去了我的作品，沈老师——点评，认为我的基础很好，而且取法较高，书法水平已到了一定层次，"书法篆刻全面，海盐年轻人中写书法的不多，你是新生力量啊"。这些话让我有受宠之感。其中一件是纸裱隶书对联，他说此件笔力还须加强，装裱上最好再讲究一些。我说这是我自己装裱的，在金华读书时跟李树森老师学了点装裱技能，用自己的作品练习裱的。从装裱处，他打开了话匣，他说书画作品的考量是多方面的，作品本身是第一位的，但其他因素如装裱也是可以增色的。他说他曾经参加过全国的书画鉴定培训班，得到很大启发，写书法的，对书法以外的相关内容多了解和学习也是十分必要的。

第一次相见，沈老师侃侃而谈，我认真听讲，偶也与之讨论一些问题。从不相识到相知，有点拘谨的我也放松了不少。因有两位学生相伴，晚上在外时间不好太长，一个多小时后，我们便告辞了。此后，他也记住了我这个"小年轻"。

第二年在全县的一次书画展上，我的作品得了一等奖，兴奋的我在三乐堂碰到沈老师，他就说："雄飞，你这件写得好呀，有神采。"我说自己一点点摸索，好像没多少进步。他说，书法是要时间积累的，我相信你会越写越好。这句话无疑给了我很大的信心。现在想来，老师有时不一定要教多少技法，一句肯定的话语带来的触动，也是不可估量的。

在不知不觉中，我也开始进入海盐的书法圈。记得有一次他让我去参加海盐书法界的一个联谊活动，我是其中年龄最小的。参加活动的都是海盐的书法前辈，有陈伯蕃、马飞熊、林振汉、殷祖光、周利坤等，老先生们对后生自然抬爱，我用饮料敬了诸位前辈，从此也加深了与海盐诸位老先生的交往。

1996年，祖光老师给了我一个征稿通知，浙江省书协要举办一个理论研讨会，他让我写文章去投一下。不料那次论文竟入选了。后来我才知道，那次研讨会是沈老师组织承办的，那时他是分管文化的副县长。在欢迎晚宴上，他特地把我推荐给省里的几位名家，在大家面前表扬了我这个海盐的代表，那次我喝了一点酒，敬了那些大名家。沈老师对我的抬爱是不言而喻的。

沈老师后来去了县政协，成立了海盐政协诗书画之友社，又把我们拉在一起，还出了刊物。在铅与火的时代，把作品印出来也是难得的，我想这一点一滴，都是沈老师在用心推动海盐的书画事业。

跟沈老师熟悉了，我也不怎么客套了。每次外面有什么好的展览，我都会跟沈老师说，想去看看。沈老师心领神会，到了点，就会通知我去哪上车。记得有次是去南京看一个美术作品展览，是沈老师派的车，他与我们一起去南京。一大早从海盐出发，看好展晚上又赶了回来，因为第二天他还有事。那时苏州无锡一段经常堵车，路上花去十多个小时，而且在展厅里两个多小时看下来又十分辛苦，年轻人都觉得疲惫不堪，更何况沈老师是接近退休的年纪。在回来的路上，他还和我们交流了许多心得，帮助我们消化。

沈老师是有文化情结的，而且十分热心于文化公益。记得2000年的元旦，沈老师策划了一个大型书画公益活动，召集了海盐的书画名家在海盐国际大厦开展送春联活动，活动得到群众的追捧。事后沈老师还撰写了一篇记，印在一张金箔上（那时流行）给我们参与者当纪念。沈老师退休后，经营他的"九九文化"（全称海盐九九文化发展有限公司），但仍不忘公益。那时我已在县委宣传部工作，他说要请评弹演员老虞去沈荡茶馆说书，说费用都由他出，只要我们提供协助。当然对于这样的好事我们是十分支持的，镇里的协调由部里来，派车接送由部里安排，开演那天是我陪着沈老师一块去的。虽然这事与书法没有关系，但我想沈老师毕竟是管过县里文化的，对于传播评弹艺术，他是有情结的。有次我们组织了"书画进书斋"的文化公益活动，我跟沈老师商量，能不能放在"九九文化"前搞，他满口答应，不仅提供所有帮助，而且亲自书写了些对联送给群众。

老先生们都有一个优点，写书法时对文辞使用十分谨慎，有一点小毛病，都会抠出来改正。有时我在微信朋友圈发点作品，沈老师会单独给我发消息："雄飞啊，'斋'与'齐'，你又弄混了。"是呀，我很毛躁，有时不讲究，是沈老师时时在提醒我要一丝不苟。

其实沈老师是想让我学点诗词的。他说诗书画印，作诗也很重要。我说我虽然会点"三脚猫"，但于诗还是不通不悟啊。他说，你别急，他有一套张玉生先生留下来的宝贝，是诗词讲稿的录音，比书要好理解，改日他翻录好给我。此事我听过也就忘了。

几年前，我已在电视台上班。一个下午，突然接到沈老师的电话。他电话里说："雄飞啊，空不空？"如空，他则马上过来。我说："在的，欢迎您来。"很快，沈老师来到我的办公室，拿出一个大大的信封给我。我说："这是什么宝贝呀？"他说："不是以前跟你说的，要给你张玉生老先生的诗词讲稿录音呀。因为最近要管孙子，好不容易抽时间把录音找出来并刻到光盘上，今天马上给你送来。"是呀，"信"这个字对老师而言有多重，我都不记得了，可他一直没有忘。今天我还没有一副沈老师的字做纪念，以为是随时可以请他写的，别人的请托都帮忙完成了，而我自己只有这盘录音。我想在沈老师的心中，这光碟比字还重要。

那个下午的聊天，也是与沈老师最长的一次单独交流。虽然我有请到沈老师来看我的"澄怀卧游"小品展，但也未能如此长叙。

沈老师啊，您一路走好！

吴雄飞

2020年9月27日

目　录

《园　林》

《文　论》

《碑　记》

记 述

《 附　录 》

序跋

《海盐古诗选》跋

　　《海盐古诗选》为先父晚年在海盐县博物馆抢救古籍和搜集地方史料工作中所选辑注释的集子。1979年曾小范围印发过二十九首本《海盐古诗选》油印稿，以求正于各领导与方家。而后，增选至九十余首。黄源先生拟为之写序。不意先父沉疾一载，竟于1981年4月2日溘然长逝。由于黄源先生工作繁忙和年迈体弱等原因，写序一事未能如愿。

　　海盐县志编纂委员会亦准备出一册《海盐古诗选》。1989年6月，《海盐县志》主编王德坚先生要我提供先父选注的《海盐古诗选》材料，拟选二十首附于该书之后。把先父之《海盐古诗选》整理印行问世是我的愿望，但限于学识与精力，多年来一直没有勇气。而今，德坚先生不忘故人，对先父之劳动分外尊重，我岂可有半点畏难情绪！爰在未定稿抄件和零乱的手稿中，有自南梁迄于唐、宋、元、明、清共搜集九十五首，历九十余个夏夜整理成今本。由于时间仓促，难免疏漏，又恐多谬误，以俟修正补充后重新付梓。

　　先父为人正直，温厚谦恭。前期虽为商界中人，但唯求度日，不重钱财，绝无商人习气。先父虽是无党派民主人士，但对党忠心耿耿，即使在十年"文革"中，也总坚信党的正确路线一定会胜利。粉碎"四人帮"后的1977年底，在出席浙江省政协四届一次会议期间的嘉兴小组讨论会上，先父情绪激昂，即席赋诗："粉碎'四人帮'，体重增十磅，感谢共产党，此生永不忘……粉碎'四人帮'，各界聚一堂，共谈革命事，毕生献给党。"对党的满腔热情于此可见一斑。先父选诗极注意思想性，从所选辑的诗篇看，其内容有歌颂爱国主义精神的，有唱咏盐邑名胜古迹的，有描写当地风土人情的，有反映古代人民悲惨生活的，有揭露封建社会罪恶的，等等，使读者从中可得到一定的启迪和裨益，特别是乡人，读之尤感亲切。此集若能为唤起人们热爱家乡和激发各界人士为振兴海盐而共同努力奋斗的精神起到一些作用的话，那么，先父选注海盐古诗的目的也就达到了。

从先父的遗物中可知该集在选注过程中曾得到葛德中同志及周本淳、陆秉仁、金志毅、吴侠虎、富守人、宋立宏诸先生的支持；我在整理过程中，得到张玉生先生的支持，于此一并掬诚致谢！

1990年2月6日记于海盐千佛阁

原载于《海盐诗歌选》，1990年5月，沈国荣选注，海盐县博物馆编

《陈伯蕃书画集》序

　　伯蕃先生早年与我父亲同在海盐县工商联和县文管会兼职，公事、私事或遇有大事，先生总要与父亲商量，听听父亲的意见，两人真诚相待，相处甚密，相交甚厚。先生为人正直爽朗，谦恭温良，唯贤是登，乐于奉献，在海盐工商界和文化界享有较高的声誉。先生钟情书画数十年如一日耕耘不辍，作画时出新意，为世人所重。

　　艺术的生命力在于技法、形式和内容的有机结合，其中以形式和内容为重，又以内容为主导。用时代气息去感染人，是艺术生命力的最终体现。与时俱进，在传统的基础上不断更新，创作具有时代气息的作品，应该是艺术家最根本的追求。艺术的服务性决定了艺术必须为人类创造美，必须为人类传递历史的信息。伯蕃先生就是这样一位与时俱进、传递历史信息的艺术家。

　　伯蕃先生是"古为今用"的忠实耕耘者。他往往捕捉乡邑中有价值的题材进行创作。譬如，他的老"十二景"和新"十二景"，通过古代和现代两个不同历史时期的人文景观的展示，真实地反映了社会的发展和进步。自晚明至清代，吾邑私家园林多至近二十处，著名的有涉园、徐园、朱园、百可园和绮园等数处，几经战乱，今唯绮园独存。陈从周的《说园》就是以徐园为图例展开论说的。在历史上并不很引人注目的绮园已列为全国十大名园之一以及国家级文物保护单位，那么，其他已毁园林的艺术价值更不必赘言了！为再现吾邑名园风貌，已步入古稀之年的伯蕃先生通过回忆、走访和查阅史料，历时几个春秋——创作成巨幅画图，这些传世佳作是留给后人的宝贵财富。作为一位书画界前辈有如此之创作热情，实为我等后学之楷模。

　　伯蕃先生的画有两个特点。一是传统功力深。先生画宗谢赫六法，其笔墨技法的运用、线条变化的控制、力度质感的表达都达到了相当的水平。这当然还得益于他在书法艺术上的造诣。不经过刻苦的训练和潜心的研学，哪能深悟其理以致登临此境！二是内涵丰富，百看不厌。先生除擅长山水、工花鸟外还善古诗文、通丝竹民乐。这些深厚的中华文化底蕴作为画外功夫为他提供了富庶的创作源泉，再麾之以创作理念，从而形成了先生静穆清新、淡雅俊逸、寓意深远的艺术风格。这与当今艺坛上急功近利的浮躁之风形成了强烈的反差。像先生那样能沉下来一步一个脚印的艺术家已不可多得了。工作之余品味先生的画如入世外桃源，一天的紧张、劳累和烦躁悄然净化，心静如水地去珍惜人际交往的清淡，去感受世间万物的美好。

1993年，在县政协副主席俞戌生先生的倡议和主持下，县政协书画会为先生举办了《陈伯蕃从艺五十年画展》。2000年，县政协诗书画之友社又为先生八十华诞组织了庆贺联谊活动，我曾赠诗曰："耄耋犹然醉画图，青山修竹伴平湖。探梅把盏邀明月，更见清泉飞碧梧。"县政协的这两个活动是对先生德、艺的肯定和褒扬。先生曾两次向县博物馆捐赠藏品和作品。一次是"文革"结束后，他捐赠了"文革"中幸存的珍藏多年的明代朱朴山水和清代张燕昌兰花等十余幅名画；一次是20世纪末，捐赠了他在20世纪70年代后创作的《海盐十二景》《涉园》《徐园》《朱园》和《绮园》等力作。先生爱书画艺术更爱家乡，桑梓之情矢志不渝，先生的品格宛若月下疏梅清新可嘉。

我与伯蕃先生的结识是由于我父亲的关系，也由于我与先生的弟弟是小学同学的关系。海盐县成立政协以后我又与先生同为政协委员和政协书画会成员，特别是在俞戌生先生主持工作以来的书画会活动更加轰轰烈烈，以致与先生接触更多，对先生了解更深。一年前，先生着手整理自己的书画作品拟结集出版，近日又示以书画集样稿嘱我作序，我欣然应允。吾邑搞个人画展的为数不多，出个人画集的更是寥寥无几，从朱干生先生领先以后仅封友道先生一人而已，伯蕃先生此举是对海盐书画事业的又一次推动。在此，谨对伯蕃先生书画集的问世表示诚挚的祝贺。

2006年5月写于以风当歌斋

原载于《当代美术家丛书——陈伯蕃》，2006年10月，湖北美术出版社出版

《民国大律师朱斯芾及其家族》序

　　三年前，朱畴坊女士与我谈起准备向海内外亲属征集资料，出一本朱氏家族史类的书，目的是让朱氏后人发扬祖上艰苦创业的精神，做对社会有较大贡献的人。她的这种利用家族史来激励后人的朴素之情愫不但感动了朱氏亲属，而且感动了南浔镇政府及社会上一些朋友，在史料的挖掘和征集中得到了他们的大力支持和热情帮助。今天，这本以朱斯芾为主的朱氏家族史料书终于问世了，这是一件很有意义的事。对朱氏来说，成就了一本较为完整的家族史书，对其乡里来说，充实了南浔史料，丰富了人文内涵。

　　我与畴坊女士的父亲器先生在20世纪六七十年代有过一段交往，虽对他豁达大度乐善好施的性格和为人颇有了解，但对他的海外关系仅是传闻而已，在那个敏感年代里是不便多问的。此次有幸拜读《民国大律师朱斯芾及其家族》书稿，朱氏数代亲属的这种思想和精神，对于长期接受传统教育的我来说读之尤为亲切。其中有：

　　在中国航运业上保护华商，挽回利权，维护国家尊严的；抗战时期因拒绝与日寇合作而殉职的；在抗击日寇侵略的空战中光荣牺牲的；为维护民族工业利益而严正拒绝日商收买（租）其名牌商标的；劝夫拒绝哈佛大学"东方政策研究室"之聘的爱国行为的；从政时为官清廉，从事律师职业后又是一位不为钱财的好律师的；利用法律保护民族工业、华人利益和救助底层妇女的；主持正义，扶持弱小的；提出"洋为中用"之科学办学方向的；送女出国留学，实践男女平等之典范的，凡此等等不一而足。

　　该书时间跨度从清末逮今一百三十余年，资料皆来源于历史文献的记载以及亲属回忆的"三亲"史料，翔实可靠，亲切可读。书中人物有血有肉，在事业和婚姻上，有许多成功的经验也有个别失败的教训，人非圣贤孰能无过，这种大胆如实的记述，诚是可贵。

爰为序。

2010年2月22日于海盐

原载于《民国大律师朱斯荪及其家族》，2010年6月，中国文史出版社出版

一只苹果

——《高柳垂荫》代序

爸爸从上海回来了，他带来了一只苹果，一只我从来没有见到过的紫红紫红的大苹果。我坐在骨排凳上，手叠着手趴在八仙桌的边沿，下巴枕着手背，望着桌上那只可爱的苹果。弟弟踮着脚趾，手扳着桌子，脖子伸得长长的，眨巴着眼睛看看苹果，看看爸爸。苹果已被摸得精光锃亮，里边有我和弟弟缩得小小的影子。

爸爸说，这种苹果不需刀削，只要用指甲把它浑身刮一遍，再掐出一个口子，皮就可以轻松地剥下来。

晚上，煤油灯下，爸爸把剥了皮的苹果切成几份，分给了我们姐弟几个。我们都嚷着要让给爸爸妈妈，爸爸说他们从前吃过了。

我收紧着嘴唇用门牙轻轻地刮了一下苹果，哇，又酥脆又甜！我们都不想第一个吃完，刮刮舔舔，舔舔刮刮，好好享受。平时，我们能吃到的水果仅是萝卜、番薯、黄瓜而已，甘蔗、地梨也只有在过年的祭祖仪式以后才能尝到。县城的市场上连普通的苹果也不大容易见到，何况这么高档的苹果了。爸爸妈妈看着我们这种投入的样子，脸上露出了满足的微笑。

大家都围坐在八仙桌的四周。爸爸在做账，妈妈在扎鞋底，哥哥抱着小弟弟玩，大姐二姐把吃了一半的苹果都给了第一个完成任务的弟弟，结起了毛衣。煤油灯的火焰突然抖了一下蹿动起来，灯头口上露出的土黄色的灯芯渐渐烧得枯焦，冒出了一股股的黑烟。我的苹果也在渐渐地消失……

那是我五岁时的故事，是抗战胜利后爸爸回海盐开设"九九文具社"第二年的事。后来从妈妈那里知道，其实爸爸和她从前并没有吃过，以后也没有吃过这么好的苹果。

爸爸在生活上极为简单，不求奢华，唯图温饱，谦让克己，以此为乐。

新中国成立前，为揭露国民党政府的黑暗和腐败，毅然支持中共地下党的工作；新中国成立以后的六七年里，热衷于社会活动；后来从政了，又交融于基层干群，奔走在田间村头；三年自然灾害患上浮肿病；"文革"揪斗，备受凌辱，精神受创，肌体亏虚，病魔蛰伏，渐入膏肓。治疗之中，妈妈托人买来上好的国光苹果给爸爸补充新鲜维生素。妈妈把苹果切掉一片，用铝质小汤匙刮成果泥喂给爸爸吃的时候，爸爸躺在床上背靠着折叠得厚厚的被子，用慈祥而又无神的眼光望着我们，费了好大的劲才断断续续地发出了一点微弱的声音："你们——也——吃呀！"

本来瘦削的他，在日光灯下显得格外的苍白干瘪，深陷的眼窝下包着两只鼓而迟滞的眼珠，高耸的颧骨顶着布满皱纹的皮。童年吃苹果的情景从我的记忆中闪电般地飞驰而来……这就是父爱！早已成为人父的我顿感平日里对他的关心何其之少。强忍住了悲泪，我的心犹如扎上了一把悔恨和痛楚的尖刀，在迸裂，在流血！

死神毫不留情地降临到了爸爸的身上，把享受留给他人的他永远地离开了我们，到另外一个世界继续实践他的理念去了。

2011年10月8日

原载于《高柳垂荫》，2011年11月，沈咏嘉编

《人民公仆——沈国荣先生纪念集》
首发式实录说明

一

2010年12月2日，我就《人民公仆——沈国荣先生纪念集》（以下简称《人民公仆》）首发仪式的录像资料开始做记录整理工作。我认为该资料中某些座谈内容有着较高的史料价值，可以作为《人民公仆》的补充。

记录中，部分声音清晰度较差甚至很差，需要反复听辨，有好多地方不下数十次，为求准确无误，前后历时一个半月才形成初稿。2011年2月24日—3月1日，是复核校对定稿阶段，对确定不了的地方找到部分发言人核实，实在不清楚的地方用省略号表示，对口语表达欠妥的地方加括号补充或纠正，最后形成上述记录文稿。时隔五年，那时的会议签到簿已无法查找，仅根据录像辨认出席人员，出席人员的身份以当时为准。限于听辨能力和记录水平，文稿中不足之处在所难免，好在该原始录像已刻成光盘，还可做进一步听辨纠正和补充。

记录中得到许多有关部门和个人的支持，得到周乐训和朱逸平两位先生的帮助，于此特致谢意！

沈咏嘉

2011年3月1日

二

数天前，县政协文史室告知《海盐文史》拟用"首发式"这份材料。为便于阅读，我与王哲丰先生讨论了几个原则，并共同对"三月稿"做了修改。修改原则如下：

尽可能保持历史原样，并以尊重讲话原意为前提，删去口语中无意义的词和赘语；对某些口语句式做调整；对某些句子做归并整理；为了衔接，少数地方增补字、词和词组；有些属于加重语气而看似重复的句子予以保留；有些由于口语表达的原因，其实另有所指而看似重复的句子予以保留。

此稿与"三月稿"的不同之处在于，"三月稿"作为录像讲话的配词，虽显噜苏，但原汁原味有身临其境之感；此稿尽管原意不变且略顺畅，但形式上与原型有了一定的差异，当时讲话的真实气氛亦有所掩，此熊掌和鱼之得失也。

沈咏嘉

2011年5月12日

三

为丰富文字内容，文中插入较多的图片。限于当时没有照片资料，文中插图仅于"《人民公仆》首发式"录像资料中选取。图像选取方式又只是从播放的录像中仅用普通傻瓜相机摄取而已，故清晰度有的非常差，但只能如此。

该文采用的是海盐县政协文教卫体与文史委员会编的《海盐文史》2011年第1期刊登的《〈人民公仆〉首发式》版本。今年3月，我同时将该首发式光盘及原汁原味的文字材料送交给海盐县史志办、海盐县档案馆、海盐县政协文史办公室、海盐县文联名人文化研究会和张元济图书馆等单位，海盐县政协文史办公室告知《海盐文史》将于五月刊用，为便于阅读，于是对原记录稿做了一点修改。不料，六月，县文联名人文化研究会《海盐人物》上也刊登了，只是真正原汁原味的记录稿。如此，该文稿就有了两个版本。

《海盐文史》刊登该文时写了编者按语，现全文照录如下：

编者按：2005年，海盐县政协文史委编辑出版了《人民公仆——沈国荣先生纪念集》一书，并在当年的1月19日举行了发行仪式。时隔六年，沈咏嘉先生凭借当时的录音材料将首发仪式上的座谈内容整理成稿，作为一份原汁原味的"三亲"史料，该稿具有很高的史料价值，部分座谈内容还可作为《人民公仆》一书的重要补充。

沈咏嘉

2011年11月7日

原载于《高柳垂荫》，2011年11月，沈咏嘉编

《高柳垂荫》后记

　　本书从记录到编辑前后几近一年，现将选择优质单位付梓成书。十二个月的时间人家可以写成一本书，而我却只编了这本薄薄的小册子，效率低下，有负众望，主动做个检讨以慰己心。

　　本书讲话材料系根据录像中的实际语音所记录，故称之为"实录"，讲方言的就记方言，不做整理，尽量保持其原味。唯所请的摄影师只擅长于婚礼仪式的拍摄，不注重讲话内容的完整性，记录中便存在不少断续之处，只能遗憾。首次编辑选用图片较少，后考虑到既是"实录"，讲话记录基本上做到了"滴水不漏"，那么尽量多选用一点照片也很有必要，为此又花了相当精力重新挑选、编排，力求减少缺憾。所用照片中相当一部分色彩与清晰度较差，乃从录像中再次拍摄获取之故。个别人在录像和照片中留下的形象极少，以至书中无法多次展示，与他人用照数量相距甚远而"吃亏"，绝非编者厚此薄彼之意，特此说明。

　　再想说的是方言的记录。

　　1946年，我随父母从上海迁来家乡海盐，逮今已有六十六年，随着经济的发展、文化的繁荣、语言交流的频繁，海盐方言不断受到外来语音的冲击，尽管我是常住武原的老海盐，但对海盐武原方言只属于大致能说说者。20世纪80年代末，我有幸受到著名语言学家、海盐籍人士胡明扬先生的"一面之'教'"，于是乎便对声调有了一点了解，以后也产生过一点兴趣。尽管如此，然而仍有似山间竹笋，腹中空空，却又非山间竹笋，嘴不尖皮不厚，故多少年来于彼岸总未敢跨出半步。今天，我出于保存传统之愿望，就记录方言而言，已使出浑身解数，背脊心冷汗直冒，再加上标以拼音、声调更是气短欲绝。斗胆之下，错误之处定然不少，唯叩求各位乡人不吝指正。说到指正，还真的有人率先指出了方言标音中的错误。那是一个偶然的机会，我孙儿沈琦杰看了我电脑中word的"方言选录"，一页中就纠正了三处错误。对拼音还算比较熟悉的我，被一位小学五年级的学生一棒敲醒，感受有二：一、对"汉语拼音字母注音"无法涵盖该方言的标音部分，为便于一般人识读，只能用非专业的杜撰拼音办法，即用拼音字母硬拼所得，路子颇野，故须多次校对复核；二、真正体会到"三人行必有我师"是毋论长幼的。

我不善电脑操作，在编辑中碰到许多难题曾多次得到周乐训、陈家龙和宋兵的帮助，方言标音得到沈琦杰的指正，沈进在百忙中为此书的印刷多方奔走联系，于此一并致谢！

2011年11月于武原天鸿桥头

原载于《高柳垂荫》，2012年2月，沈咏嘉编

《瘦翁诗文集》序

　　泳霖先生寄来厚厚一叠《瘦翁诗文集》打印稿，要我写个序。泳霖先生理解我的忙，要求不高，"文字不宜多，一页纸够了"。人到老年总喜怀旧，我想，泳霖先生嘱我写序，恐怕在于六十多年前我们曾是街坊邻居之故。海盐刚解放，我父亲任六村村主任，泳霖先生任村副主任，那时的村干部都是义务兼职无报酬的，一个是文具社私营业主，一个是南货业店员，一个壮年，一个青年，他们配合默契，工作出色，终成忘年之交。

　　泳霖先生为人正直、乐观豁达，退休后绽放了他的第二青春。二十多年来他寄情于诗书画艺术，锲而不舍，孜孜以求，谦虚好学，默默耕耘，积聚了丰硕的诗篇；又热衷于地方文史资料的挖掘，立足求证，走街串巷，不辞辛劳，虽苦犹乐，写下了好多有价值的史料文章，成为老一辈中的佼佼者。

　　《瘦翁诗文集》选辑了往事回忆、新人新事、家乡风貌、人文史迹等诸多方面的诗文。该集文笔清新质朴、简洁通俗，既是诗文，又是史录，可赏可鉴，各得其所。《怀念母亲》这篇重温母爱的情真意切的文章，在当今快节奏、高竞争的时代里，为我们特别是年轻人传递出珍惜和领悟人生真爱的信号。《从"土八路"到区委书记》这篇采访文章，再现了老一辈革命者如何在先进思想的熏陶下走上革命的道路，如何在中国共产党的领导和培养下艰苦斗争茁壮成长的历程。泳霖先生说得好，采访和整理的过程就是一个受教育的过程，其活到老学到老的精神可见一斑。《海盐七十二条半弄今何在》2001年在海盐县政协文史资料上一经发表，便引起了社会的广泛关注。而后的十年间泳霖先生又反复调查，修改充实，今天以"修正稿"再次与大家见面，其尊重历史的求实精神为文史工作者做出了榜样。

　　今天，继李良琛先生《淡竹吟草》《淡竹掠影》和徐中武先生《跨虹集》之后，泳霖先生的《瘦翁诗文集》也结集出版了。它们的问世给了我们一个启示，作为正史的延伸和补充，倘若有更多的人在有生之年能挤出一点时间把自己经历中有意义的事情记录下来，不使它湮没于历史的长河之中，将是一件功德无量的大好事！

言将尽，意尚长，吟得一绝，赠予瘦翁：

日夕耕莘笔秃山，拈来雅兴逐春还。

《诗文》一集沧桑事，俯仰人生不等闲。

2012年10月于以风当歌斋灯下

原载于《瘦翁诗文集》，2013年10月，沈泳霖著

精深太极　德施芳泽

——《蒋师松风》序

　　海盐地处东海之滨，中华南龙入海之境，钟灵毓秀，紫气萦绕，丽景流精，气象浑穆；始皇建县，历史悠久，鸿儒云集，代不乏人，业师蒋锡荣先生就是这璀璨群星中的一颗。

　　1961年，我高中毕业从海宁返回家乡海盐，经师兄孙再兴引荐得以认识著名太极拳家邑人蒋锡荣先生。蒋先生给我的第一印象是温文尔雅，儒者风度。我喜好书法，蒋先生教拳便往往以藏锋、回锋的笔法喻之太极的拳法，用结体布局计白当黑喻之太极虚实转换的辩证思想，深入浅出，通俗易懂。

　　武术文化是中华文化的一个部分，所以它同样具备中华优秀文化传统的各个方面。蒋先生教拳重德，常以修德训导。古人云，德薄艺难高。德薄者必寡，失去了相习的对手，技艺的提高只是空中楼阁。蒋先生艺高近乎神化，究之皆德高所致。

　　蒋先生教拳先明理，他认为学拳的起码作用是防身健体，切不可有丝毫损人之想，只有心正才能拳正，如此方可升华以得真谛。在他的身上总能体现做人的基本道理和行为规范，他的一言一行都在潜移默化地影响着我们。蒋先生与我们的关系既为师长又似朋友，既教授拳剑又畅谈人生，故更为我们所敬重。

　　蒋先生教拳极为认真，他认为学拳不在多而在精，一招一式学到形似还不够，非到你身上有点东西了才会再授新课，绝不含糊误人子弟。如我这等"学而"不能"时习之"者只能永远徘徊在太极门外而自惭形秽。

　　蒋先生的母亲是一位开明通达的母亲，蒋先生再忙每年总会回乡两三次来看望她。蒋先生曾教以太极云手，她也每天必练云手五百个，长此以往从不间断，后享得九三高龄无疾而终，子女遵嘱将其骨灰葬于东海。自此，蒋先生凡是回乡总会去海边祭看母亲，孝母口碑传颂于街坊。蒋先生回乡休假期间总是免费为患者推拿治病，有数例危重病人被治愈，其善举感人，德誉乡里。

　　蒋先生为人低调，崇尚务实、不图虚名，不喜炒作宣扬，数十年来他回乡探亲从不惊动地方政府。20世纪80年代后期正值政府修编县志，我欲把蒋先生的材料提供给县志编纂委员会，因蒋先生恐染"扬名"之嫌而未果。两年前，我收到政府新编县志的征求意见稿，除了勘误外还要求提供新的内容以臻完善。这次我以"存史与授拳意义等同"为理由多次游说，蒋先生这才勉强同意我把他的材料提供出去。前年秋，海盐武术协会正在筹建之中，县

摄影于2007年2月19日

摄影于2007年2月19日

2014年8月26日于绮园

文体局的少波局长欲请蒋先生担任该协会的名誉会长，蒋先生微笑着婉言谢绝："需要我的地方我会尽力的，头衔就不挂了。"淡泊之心可窥一斑。

　　蒋先生精湛的太极功夫，有史可鉴。20世纪60年代初的一个春节，我和孙再兴、沈海良同去拜访时住小街商业新村老家的蒋先生，请他讲那拳界的逸闻趣事。大家正听得聚精会神，我突然好奇地问蒋先生："假如有人掐住你的脖子你将如何应对？"蒋先生的回答是"试试看"。当时我们都是二十初度的毛头小伙子，竟不知天高地厚无规无距地真试了起来。蒋先生背靠墙而立，我双手掐住他的脖子，再兴抱我腰，海良抱再兴腰，三人"用力"向前推压。我见蒋先生脸已微红便急着招呼："好了，开始吧！"说真的，当时我们还真不敢尽力。"我还能说话，怎么好了？"沙哑的声音从蒋先生的喉咙里挤擦出来。为求得正确的结果，我向再兴、海良发出重新使劲的口令……蒋先生脖子和脸上青筋"刷"地暴涨起来。说时迟那时快，蒋先生双手左右相合成抱球状，接着由

背而腰而臀前后方向"S"形迅速地抖了一下，一股强劲的暗波从我的手臂振荡而来。我们三人先是脚跟不稳，而后倒退数步，我与再兴都仰身倒地，海良幸背撞于墙而未倒。在被动的情况下无须动手就把我们三个青年击倒，若非亲历，无法想象！

第二年夏日的一个清晨，我与蒋先生、孙再兴、沈海良、蒋颉云与殷祖光诸友履约乘公共汽车前往澉浦，由澉浦东道主吴雪光、李志浩做向导漫游南北湖。饭后，散步澉浦古镇街头，诸友在前，我与再兴并肩于蒋先生，谈笑风生，雅兴正浓，忽见蒋先生身体晃动，左脚向前滑去，原来踩上了西瓜皮！在即将倒地的一刹那，蒋先生缩身拔背，飞速屈起未踩西瓜皮之右腿，伸展双臂，一个单腿下蹲平衡动作竟把蒋先生稳稳地钉于石板之上。我与再兴先为之捏一把汗，而后又不由得喝彩叫绝！蒋先生脸无惊色，微笑着推了推鼻梁上的眼镜，缓缓起身，若无其事。"蒋先生不愧为武林高手。俗语云'拳教师跌在西瓜皮'，唯独蒋先生踩西瓜皮而不跌！"我惊喜得脱口而出。再兴也兴奋地说："蒋先生反应如此神速，应该是太极听劲与身上功夫都到绝顶境界之故！"众人无不叹服蒋先生之神力！适值蒋先生九十华诞之际，谨填"忆秦娥"词以贺：

晴空碧。澉湖映得南山迹①。南山迹。含珠东海，潜龙逢吉。高山仰止同游忆。何来开合怀神力。怀神力。精深太极，德施芳泽。

近日，沪上克强兄来电告知他正在编《中国著名太极拳家蒋锡荣先生九十华诞》纪念集，已请太极名家写了序言，考虑到该集的完整性要我也写个序。我深知无论从哪个方面衡量我都是不够格的，然克强兄要我写序的缘由在于我与蒋先生既是同乡又是师生的双重关系，如此，我断不可推辞了。思忖再三，从史实处下笔，记以往昔琐事，权且代之为序。

2013年1月写于海盐以风当歌斋灯下

原载于《蒋师松风》，2013年1月，"蒋师九十组委会"编

---

①海盐澉浦南北湖因融山、海、湖于一体之奇观而名盛于世，其南木山（俗名南山）濒临东海，集东海、南山于一景，更谓天下无双。

《情系画苑——钱留明国画集》序

保罗说过，"人生犹如一本书，愚蠢人把它草草翻过，聪明人把它细细阅读"。留明当在聪明人之列。

迫于生计，留明小学未曾毕业便进"恒裕"布店当了学徒，百货商业工作伴随了他的一生直到退休。他性格外向活泼，为人耿直热情；他吝啬时光，不使白白流失；他除了精于百货业务外，爱好广泛又事事刻苦认真。人们所熟知的他是县里一名业余律师和相声、说唱艺术明星，而人生的细读又使他成了一名中国画家。他没有拜过师，没有参加过培训，更没有绘画专业的学历，所以他认为，假如他能够得上"画家"头衔的话，前面还得加上"草根"二字。

历史的脚步声在渐渐地消失，人们对历史的记忆在渐渐地模糊。对于小人物的留明来说，有谁还能记得他在七八岁时跟随其表兄临摹《芥子园画谱》的情景？有谁还能记得新中国成立初"恒裕"布店隔壁工人俱乐部的有些宣传画和"文革"之前的有些样板戏电影广告出于他之手？有谁还能记得20世纪50年代末，他为新开设的"五星桥百货门市部"室内的布置装饰画了整整两个月？有谁还能记得"文革"初期，县里最有影响的一幅毛主席巨幅水粉画像为他所作？"文革"中，他那20世纪五六十年代所创作的钢笔画、墨炭画、水粉画等等被搜罗一空！从此，他便搁笔不问绘事。再拾画笔重学国画，始于他退休后在上海参加的小区书画活动，其时的他已过花甲之年。

十多年来，留明于山水、花卉、人物均有涉猎。他勤于临摹、交流，对笔法技巧、墨色气韵、结体布局等潜心研究，孜孜不倦。他师从多种流派，画路较宽，画风流变，当下与四川美院画家曾刚一路相近。留明作画犹如淡泊做人，尝谓若能于陶冶情操、充实生活、广交朋友和美化社会起到一点作用的话即便足矣！他的画已逐渐被人们所认可，迄今为止有四五十幅画作被北京、上海、浙江、广东、安徽、吉林、辽宁、美国等地朋友和乡邑机关、学校所收藏，他的愿望正在逐步实现。

20世纪四五十年代我和留明同住武原镇六村，后又于百货商业同事十年。往来之中，对人生和艺术的探讨、争论颇为坦诚融洽，互有得益。留明有过成就也受到过挫折，为了主持正义他可以辞去公司经理的职务，乐观、自我调节和细读人生给他带来的是丰富多彩的人生体验。

这本画集的问世是留明对前一阶段绘画创作的总结和汇报，我们期望他能创作出更多的富有时代精神的优秀作品来讴歌祖国河山之美，展示华夏人生之美！

评价画家作品的优劣历来所注重的是其画外的精神品质。细读人生，是对自己的尊重，也是对社会的奉献。

2014年4月写于海盐以风当歌斋灯下

原载于《情系画苑——钱留明国画集》，2014年5月，钱留明著

《凤凰山下一得集》序

　　培林给我的印象是一位文雅循礼、勤奋好学的人。今天，他把多年来以记述澉浦乡邑民风民俗、风景名胜、人物故事为主的诗文汇集成的《凤凰山下一得集》印行于世，诚可祝贺。"凤凰山"是他的旧家故地、成长根基，书名冠以"凤凰山"，其思乡之情可见一斑。

　　列宁说过，"要用自己的能力去为公共利益服务"，培林正是一位极尽自己能力去为公共利益服务的人。20世纪80年代，吴老侠虎先生和培林在朱运通先生的倡议下共同创建了海盐首家福利事业的民间社团——澉浦福利会。福利会植根于民，艰苦创业，孜孜以求，造福桑梓，业绩日隆，蜚声海内，已成为我县民间"为公共利益服务"的先驱。纵观福利会数十年史迹，其中不乏培林之汗滴，正是其爱乡之情所趋也。透过该集诗文可折射出他为抢救传统文化、挖掘史料所做的努力，我想，这也应该在"为公共利益服务"之范畴。这是我对能挤一点时间写一点东西，保存和整理一点史料者的崇敬之心。如果大家都能注重起来，我们的档案、史志事业何愁不蒸蒸日上，这本来就是一种爱乡爱国的行为。

　　乘此机会就该集择要简析数篇，愿献一孔之丑。《归家》诗展示了作者高中毕业以后回乡务农，在劳作之余，夜幕之下，以读新书、谈哲理为乐的人生观；《办事有感》诗体现了作者注重办事效率，勇于实践"皇冠原则"的精神；《澉浦黄石墙》则是一篇极有史料价值的文章，作者把黄石墙产生的缘由和黄石墙那独特的砌墙工艺做了详尽的阐述，从匠人们的上佳技艺和优良品德可窥澉人的聪明才智和澉地的淳朴民风；该集用较长的篇幅宣传推介了"浙北奇村"——徐匠村的由来、光辉历史、传说故事；美丽乡村——"五味村"的五味民间传说，故事脍炙人口；"养生心得"虽多为摘录文章，却是从自己数十年实践中所选辑的颇为实用的养生良方。

澉浦地处杭州湾北岸，上启海宁潮之源头，下延天目山之余韵，左擎南山，右牵东海，自古是名人辈出的福寿宝地。近有懋汉先生甘作伏案苦行僧，堪为吾辈楷模。培林以先贤后能为榜样，虽无懋汉先生之鸿篇巨制，然亦有《凤凰山下一得集》问世，可慰其心矣！

　　是为序。

2015年7月于天鸿桥边

原载于《凤凰山下一得集》，2015年12月，徐培林著

《我与龙官》自序

"人生得一知己足矣，斯世当以同怀视之。"20世纪60年代初，我在报上见到鲁迅书赠瞿秋白这副楹联的手迹，为其含义所感，于是也用毛笔认真写成小件夹在玻璃台板下以之为伴。不料数年后被喜欢它的人所"掠"，让我精神恍惚了几天，预感与联中的这种襟怀永远也拉不近一点距离了！然而，在对知己的多寡上我还是能做到不奢求，以免被它所累。

龙官，我是引以为知己的。写这本小书的目的是怀念他，纪念朋友们与他之间的友谊。故我将拙文寄去杭州请俞建华兄作序，另，若文中提及建华兄的几处史实有误则请帮助修正。建华兄阅后来电说："文章写得很有感情，文中未见有出入之处，有的事你不写我都已经忘了，看了文章才又记了起来……"至于写序，建华兄的信中已有简述。我把该信作为代序，一可告慰龙官在天之灵，二可镇书增辉。在此，谨对建华兄抱病赋诗赐函致以深切的谢意！愿建华兄早日康复！

文中插入较多照片，以弥补文辞枯蜡，遮丑也！

周乐训兄为小书设计封面，在不知情下选用了南塘街老照片，竟与龙官故居南塘相合，莫非缘乎！龙官夫人利华女士提供了部分照片，为小书充实了史料，于此一并诚谢！

我师，八八高龄沪上乡贤吴老定中先生为小书的印行奔走联系，尽心竭诚，专此拜谢！

2015年11月于以风当歌斋

原载于《我与龙官》，2015年11月，沈咏嘉著

寻仙五岳不辞远　夕照金波映素身

——鲍翔麟先生印象

（《三阁有情经流年——盐邑文保亲历录》代序）

　　人因性格的不同而形成了各种风格。我与鲍翔麟先生合作、共事三十余年，对他的印象是：性格相对内向，虽不乏情感，但又不善外露；话不啰唆，少说多做；不好争斗，却有牛劲；爱岗敬业，以馆为家；拓展创新，与时俱进。

　　"沈咏嘉老友留念"，这是翔麟先生在2014年3月29日赠我《教书育人——怀念吴慧珠老师》一书扉页上的落款。

　　我与翔麟先生的合作始于1981年的"青少年书法辅导班"，他是组织者，我是他聘请的辅导老师。1985年6月我被调去博物馆工作，我是在他领导下的共事者。我们在合作共事中，虽于工作方法和事情处理上不尽相同，有争论，有误会，但不受影响的是数十年来相互间的真诚友谊，我想，翔麟先生称我"老友"的含义应该在此。

　　我认识翔麟先生是在1978年春。那时，中共海盐县委把站柜台的先父沈国荣先生安排到博物馆工作，与翔麟先生共事了四年。翔麟先生第一次来我家跟先父讨论工作是先父刚去博物馆上班的一天中午。进门他就发现衣橱破门上贴着的两件毛主席诗词条幅，走近看了看赞道"写得好，且与沈先生的字有点相像"，当知道是我写的以后连说"人有父风"，当时我就感觉此人谈吐有点"古色古香"。先父把翔麟先生介绍给我，"这是博物馆的负责人老鲍"，自此我就称呼翔麟先生为"老鲍"。老鲍对我的第一印象是会写字，我对老鲍的第一印象是喜欢字。

　　1985年秋我去看望生病在家的老鲍，见到他在其母亲的遗像下抄录了孟郊《游子吟》诗："慈母手中线，游子身上衣。临行密密缝，意恐迟迟归。谁言寸草心，报得三春晖。"别致的怀念给我留下了深刻的印象。我虽未见老鲍如何孝顺母亲，但从他抄录这首诗以及平时特别看重孝敬长辈的人来推测，他是一个奉孝的人。孝道是中华民族的一大美德，是永不过时的美德！

老鲍有一心两用的本领。初起，博物馆仅有一间大办公室，除了我还有返聘的退休教师李曦和文保员仇柏林。一日有人来访，老鲍正在起草报告，由我们接待。我告示老鲍在写材料，大家小声些，谁知老鲍不仅说"没事"，还加入我们谈话的队伍里来，写写说说很快就完稿了。事后我好奇地问他，何来这种功夫。他说"万云先生任文教部长时我是他的秘书，就是那时候练出来的"。原来万部长是个急性子，当他让老鲍拟报告或讲稿的时候，不管有无桌子或周围如何嘈杂必须马上完成，这种"战地文化"造就了老鲍一心两用的本领。

1987年老鲍被邀请担任了县政协第二届委员会委员，我是1985年从百货公司转过来的"工商界"委员。那时博物馆只有四个编制人员，如此小单位里有两名政协委员（其时县政协委员总共不过八九十人），这在海盐政协史上恐怕是绝无仅有的吧！博物馆的社会地位于此可见一斑。

书法情节

老鲍是我县青少年书法培训事业的奠基人。

老鲍喜爱书法，但他常说自己缺少这方面的天赋。尽管他自己成不了一名书法家，但他希望青少年们都有机会学习书法艺术，将来有更多的书法家问世。

1981年底，老鲍创办了首期"海盐青少年书法学习班（或称辅导班）"。书法班由文化馆出面主办，聘请当时县内书法较好的殷祖光、沈咏嘉（两人都是县文化馆书法四人核心小组人员之一）和马觉新为义务辅导老师。老鲍动员海盐中学、武原初中以及武原镇上的四所小学，由学校选送五十名学生，每周日一次，每次两节课，至1982年4月止历时五个月。教材是《颜体多宝塔标准习字帖》和《黄自元楷书九十二法》。首期辅导班结束了，学员都有了不同程度的提高，受到家长的一致好评。虽说是书法辅导老师，其实我们自己也没有过系统的学习，是老鲍把我们赶上了架，我们才逐步走上书法艺术道路的。

为巩固学员所学到的书写技法，老鲍趁热打铁，在当年8月10日办起了

"暑期书法复习辅导班"，在此基础上选拔优秀者于10月建立"青少年书法学习小组"，辅导行书。从初起的动员学校选拔推荐学员，到以后的家长主动送子女报名参加学习，可见书法培训所取得的成绩和社会影响力。直到1985年我调博物馆具备抓书法培训工作条件的时候，老鲍才把这个接力棒交给了我。

1987年5月海盐县政协二届一次会议上
左起：鲍翔麟、沈咏嘉

扩展"地盘"

文物工作原是文化馆工作的一个方面，1977年12月对外挂牌为"博物馆"，阵地仅是朝圣桥河西的一间办公室和几间库房，大门口"博物馆信箱"小木牌上这几个字是1978年2月先父被安排去博物馆工作时所写。在副县长万云的重视下，老鲍兢兢业业，克勤克俭。为了减少费用支出，博物馆建起了自己的"古建筑维修队"，在经费极度短缺的情况下，先后对云岫庵和西涧草堂进行了维修。1985年6月，我调博物馆时云岫庵已初具规模对外开放了，西涧草堂的维修刚近尾声，千佛阁的维修已做了报批和落实省县两级经费等准备工作，两年后千佛阁维修竣工。1990年县政府授权博物馆在敕海庙旧址建潮音阁，1992年竣工。以上四处均为博物馆所辖。至此，博物馆已成为文化局下属"地盘"最大的一个单位，其知名度也在不断扩大，为博物馆对外开展工作带来了许多便利。虽然是领导安排做的事情，但如果没有老鲍这个具体执行者的积极性、创造性和"咬住青山"的精神，没有老鲍带领下的博物馆这个团队，很难设想能做到这个程度。

创造发挥是老鲍的一个特点。万副县长麾下在文化上有两员大将，一是县志办主任王德坚先生，一是博物馆长老鲍。万副县长布置的工作凡与两员大将观点、理念不同的时候，德坚先生是乌龟掼石板，当场顶撞、争论，一定要争得上下基本统一了才接受任务，完成了，万副县长当然没意见；老鲍则是软柴捆硬柴，任务接受了再说，按自己的想法把事情做完了，虽然与要求的有出入，但万副县长看了觉得还不错，对老鲍的创造性也没意见。这是万副县长在讲笑话时说的"殊途同归"的花边故事。

见仁见智

在千佛阁维修正式动工前，老鲍安排我与仇柏林下乡搞文物普查的复查工作，有时去云岫庵帮忙。一次，老鲍要我为云岫庵各殿书写一批匾额和楹联，写于红纸，直接贴在柱子和匾上，待求到名人墨宝时再换下。

那是1985年初夏的一天早上，天气还未炎热，老鲍、仇柏林和我三人骑了自行车从位于天宁寺西区的文化馆（其时，文化馆三楼有一间办公室为博物馆所用）出发，经大街（即海滨路）东行右拐过新桥往南，出南门桥，上行海塘走沪杭公路转去鹰窠顶的乡间小道，至山脚弃车登九曲径便到云岫庵。那时，新桥南路西边已拆迁了一部分，马路也已拓宽，路东则仍是破旧的老房子。路上未见车辆，行人稀少，极为安静。我们三辆车，老鲍居中，我在路东，柏林路西，在马路中间一字排从新桥下来。下桥至三十来米处，只见老鲍突然刹车跳下，推车至路东停下，走进约有一米高围墙的小院。围墙乱砖所叠，不做粉刷，竹编扉门，甚是简陋。老鲍与里边的主人指指点点交谈着什么，不一会老鲍便拎了一只蛇皮袋走了出来。我们好奇地问里边装的是什么东西，老鲍有点兴奋地说，是一只清代石香炉，主人已同意捐给云岫庵了。我惊诧高度近视的老鲍骑车在马路中央竟能看到路旁院子里的一只小小石香炉，而距院子最近的我却如此麻木！想来文物在老鲍的大脑皮层里刻得一定很深，凡是与文物有关的资料和实物，老鲍会极度的敏感，故能注意到他人所不注意的。幼时，长辈们常常训导我们"吃啥饭，工啥心"，老鲍长期的"工心"便升华成"见仁见智"。

渐渐地我们也学到老鲍眼观四处的一点"工心"，平时也会关注与文物有关的事物。三年后的4月14日上午，我与宋兵、姚莉英去北荡搬取出土的王文禄墓志铭，一路上亦非"一本正经"地东张西望。途经北荡村11组时，我在一家农户屋前晒场远处发现了一只用于喂鸡的青瓷盘，走近擦净一看，内底还有印花！我请姚莉英去田间找到户主朱菊观先生，经动员无偿捐赠给了博物馆。我们在附近小店只花六毛多钱买了一只大号搪瓷汤盆补偿给他作喂鸡之用，菊观先生对我们周到的处理还客气地道了谢。后该印花青瓷盘经省文物鉴定小组定为国家三级文物。这是我第一次尝到"工心"的甜头。

铁面柔情

博物馆名下只有老鲍光杆司令一个，为充实业务力量，1984年春，在中共海盐县委常委、宣传部部长叶权义，副县长万云等领导的提议下，县领导班子同意把我从百货公司调入博物馆。鉴于百货公司的经济收入比博物馆高得多，为调动顺利，县里委派老鲍来做我的思想工作。我以博物馆工作陌生和待遇低为由多次推托，老鲍却不厌其烦地跑了一次又一次来鼓动我。一年后，县里与商业局沈伟局长打招呼，欲借助他的力量来做我的工作。当时商业局人秘股张股长即将退休，沈局长原打算调我去"以工代干"接班，可县里说"我们给他转干"，沈局长这才说"这个条件我们办不到，我们可以放，但你们得征求他自己的意见"。而后老鲍跟我说："组织上决定给你转干，对你如此器重你总不会再推托了吧。"那时的机关干部只有干工资，没有奖金，而我在1984年第四季度拿到的奖金远远超过三个月的工资，干不干部对我来说根本不在乎，再说我对文物一窍不通，四十出头的人了一切得从头学起，能否胜任我自己也没有底。左思右想，还是碍于诸多领导对我的厚爱和老鲍的面子，再不答应我这架子不就摆得太大了！

1985年6月21日，我去县文广局拿了介绍信到博物馆报到，见面后老鲍说的第一句话就是"这里没有星期天"，这可是一本正经说的，不是开玩笑。当时我的心不由自主地紧了一下。我夫人是工厂三班倒工人，念小学的儿子尚需照顾。我嘴上不说，心里却不好过，你老鲍为什么不把这个信息早点透给我？生米煮成了熟饭，只能自己克服。在初起的几年里老鲍的确没有给星期天，他硬了心肠抓工作，当然，他自己付出得更多。

若干年以后我忽然悟到，当时老鲍若

1991年2月于南北湖去谈仙岭路上孟姥泉边
左起：鲍翔麟、沈咏嘉

透露这个信息的话，调动不了我，他岂不完成不了领导交给他的任务了吗？这也是工作呀！我对老鲍的疙瘩便不解自开。

1986年春，已到了踏青的季节，南北湖开始热闹起来，小小云岫庵更见拥挤。

一天，我在云岫庵临时帮忙，进来了两位比我年长的朋友，我赶紧招呼他们找空位子坐下后准备去沏茶。突然一个身影很快地挤了过来，我定睛一看原来是老鲍。我向老鲍介绍了这两位朋友，可老鲍脸无笑容一把抓起其中一位朋友手里的一棵二十来厘米长的树苗往桌外的瘗天井里一扔，严肃地说："南北湖景区已封山育林，一草一木都不能动的！"这位朋友先是惊了一下，后又觉得不好意思。那时的宣传力度没有现今之大，我们虽然都不知有封山育林的规定，但时为南北湖景区开发的参与者老鲍的这种敏锐性和原则性让我从尴尬转为愧疚，继而敬佩。愧疚之一，老鲍能从人堆里发现游客手中那么小的树苗，而我近在咫尺却两眼抹黑。愧疚之二，当时的一刹那我竟觉得老鲍一点面子也不给，过于严厉了一点，但又很快闪现出县城街道边临时菜场上那禁止买卖青蛙的一幕：凡有偷偷出售者一旦被工商执法干部老严发现，不管认不认识，二话没说就迅速地抓起麻袋把青蛙往河里倒。如此，我便又敬佩老鲍不留面子的原则性，不严格管理如何能保护好生态！

书法是我的业余爱好。我在百货公司时已参加了我国第一所书法学校——无锡书法艺专的函授，调博物馆后工作再忙我也会设法挤出一点业余时间用于系统的书法学习。老鲍不仅给我享受与百货公司同等的待遇——报销学费，且又增加了一条激励政策，凡优秀的课目还可发五元奖金。那时的"优秀"指九十分以上，它的概念与后来"三等"以下的"优秀"不同。每当学期结束，我凭报告单不仅报销了学费，而且每门功课都拿到了奖金。不能否定，我在书法艺术上所取得的成绩中包含着老鲍给我的鼓励！

千佛阁维修竣工的1987年夏，老鲍向县政府顾问万云先生汇报如何利用千佛阁的问题。万顾问认为如果木结构的千佛阁作为文物展览场所，那么文物的安全很难保证，而书画的鉴定鉴赏与博物馆业务有关，若从推动海盐书画事业的发展、提高书画鉴定鉴赏水平的角度成立一个"千佛阁书画社"，组织县内（包括在外海盐籍）的书画家，把千佛阁作为集书画创作、研究、交流、装裱、展出以及经营书画和文房四宝为一体的综合场所较为合适。老鲍也觉得这个主意好。万顾问自愿挂帅当社长，老鲍则任办公室主任抓这项工作，具体由我去做。

老鲍向文化局打了成立"千佛阁书画社"的报告，同时让我物色一名青年去学习书画装裱。富先生得到这个信息后主动找到老鲍，要求他把自己的儿子小杨招进当裱画师。在老鲍的同意下，富先生自费将儿子送桐乡君匋艺术院学习。某先生以为成立"千佛阁书画社"是我的主意而对我大有意见。老鲍见状后觉得那位先生无端的猜疑使我受委屈了，本已很忙的老鲍还是挤时间主动多次与那位先生耐心沟通，说明成立"千佛阁书画社"缘由和作用。但那位先生就是不信，固执地认为是"拿国家工资的人去抢靠做生意吃饭的人的饭碗"。为此，万顾问颇为不快，便将此事作罢了。小杨已去学习，老鲍考虑到让小杨半途而废不合情理，数月后小杨速成回来，博物馆便增设了一个对外营业的书画装裱部，这是新中国成立后海盐首个裱画部门。

老鲍为了主持公道，对某先生做了许多过细的工作，虽然还是起不到一点效果，但他实事求是的精神，认真负责的态度和为下属正名所做出的努力让人感动。

1989年夏，我花三个多月的夜晚整理了先父在博物馆工作时选注的《海盐古诗选》近百首稿子。老鲍知道后，第二天带来一把折扇说："咏嘉，这把扇子一面是任小田先生为我画的任篦，另一面是你爸爸为我录写黄燮清的长水竹枝词，你爸爸的墨迹可以用作《古诗选》的插图……这么热的天，你利用业余时间整理你爸爸选注的《古诗选》稿子，你是一个孝子，今天，这把扇子就送给你了。"

《古诗选》中能插入先父书写黄燮清竹枝词的这幅扇面岂不珠联璧合了！因上面有"应翔麟同志嘱书"的落款，我对老鲍说：

"我用后还给你，还是你保存合适。"

"唉，由你保存你爸爸的墨迹最合适，最有意义了。再过几年我就要退休了，就作为退休礼物提前送给你吧，这里包含了我与你父子两代人的友谊呀！"

老鲍语重心长的话让我感到格外的亲切。经过"文革"，先父已不轻易为人写字，留下来的墨迹仅有两件，一件是为友人陈伯蕃之子陈家龙先生写的横幅，另一件便是为同事老鲍写的扇面了。先父遗墨弥足珍贵，老鲍割爱实乃求之不得！

我50岁那年眼睛突然老花了。一日，老鲍写了一份材料急着送出，匆匆征求我的意见。那时我在千佛阁楼上展厅布展，我们两人肩并肩站着一起看稿。老鲍高度近视，他凭自己的感觉把材料拿在离我眼睛较近的位置，我因无法看清近距离的文字而往后退了半步，老鲍随即也跟退了半步，我再退半步，老鲍又退了半步。我苦笑着对老鲍说："我眼睛老花了，拿近了反而模糊。"老鲍恍然大悟哈哈大笑起来："怪不得我搞不懂你为什么老是退！"数天后，有心的老鲍出差带回来一块大号放大镜送给我，那时海盐还买不到如此之大的放大镜，我查缩印本的《辞海》《辞源》刚好用上。

老鲍出差带回来送我和同事们的东西诸多，有比掌心还小得多的《论语》，有塑封的"开元通宝"钱币、景德镇薄胎印花小瓷瓶等，东西虽小却是一片深情！

1996年夏，文化局胡海麟先生见我经常打哈欠，认为是高血脂的一种症状，经检查果然指标高到三倍多。一日老鲍来我办公室，送给我一份"黄瓜降血脂"报道的复印件说："听说你血脂很高，多吃一点黄瓜有好处，生的熟的都可以。虽然你工作更忙了，但身体也要注意！"退休了的老鲍尽管与我很少见面，对我却仍然关怀备至。

觉悟教育

在文博业务上，老鲍除了把我们送出去参加各类培训班和文博大专专业证书班等学习外，没有给我们做过一次辅导或指导式的说教，而是采用让我们自己想方设法找答案去体悟的特殊教育方法。

我进博物馆不久的一天午后，老鲍带来了一包大小不一的铜块，要我制个图。老鲍告诉我，这些浇铸的非正规长方体的铜块是称量钱币，刚从通元出土的。初次接触文物的我觉得很新鲜，我问这种图怎么画。老鲍却说了句"你会画的"就出发去了云岫庵。老鲍为何不教我？当时，我有点纳闷。我只能用素描结合几何方法为每个铜块画了三个面的立体图，标上每边的尺寸，第二天交给了老鲍，老鲍收了起来也没说什么。自此，每天下班我把馆里的《考古》和《文物》杂志带回家去查看人家对类似实物是如何绘制的，答案很快就找到了，"展开图"才是正规的画法。通过查找，我不但了解了器物的绘制方法，而且逐步积累了一定的文博知识。俗语说"不会种田看上垬①"，查找资料成了我的习惯，慢慢地，我感受到凡经过求索、体悟获得的

---

①垬，南方土语，一行的"行"或建筑物一进两进的"进"的意思。

知识都让我难以忘怀。此时，我才明白老鲍"你会画的"这句话的真正含义。

1994年8月，在浙江省考古所的带领和指导下，海盐博物馆对西塘桥王坟遗址进行了抢救性发掘。考古发掘都在农闲的冬季，夏季是考古队员的休整期，王坟遗址偏是插在双夏农忙季节，主要是利用窑厂停止取土的时间段里进行的抢救性发掘，情况实属特殊。那一个月正值高温，午间烈日下室外气温高达五十余摄氏度，野外考古发掘只能硬晒，步入花甲之年的老鲍却准备加入发掘队伍，被我劝阻。闲不住的老鲍除了抓好博物馆日常工作以外，还时时关心着发掘的进展情况，主动做好后勤保障工作。一日，老鲍来看望我们，还带了一个中青年的亲属。老鲍和他没有说多少话，只是到工地上走了一圈，看了一会。那天如同往常一样，天空没有一缕云彩，地面没有一丝风屑，骄阳下泥土里散发出阵阵热浪，闷热异常。我们每个考古队员汗如雨下，衣裤湿了又干，干了又湿。老鲍为何在如此高温下带亲属来发掘工地，其目的无非是让他感受考古工作的艰辛，以培养他吃苦耐劳的精神，可见其用心之良苦！

典型教育

老鲍为树立博物馆的良好形象，为鼓动全馆人员发扬艰苦精神共渡博物馆初创阶段的难关，他采取的方法，一是自己以身作则，一心扑在工作上，不乱花公家一分钱；二是及时抓住典型，弘扬正能量。

千佛阁维修初期，博物馆只有老鲍、我和仇柏林三个人，人少事杂，晚上常常还得工作、开会。1985年夏的一天下午，下班前老鲍通知晚上六点半开会讨论定购砖瓦等事。我在回家途中遇一女子被车撞昏在地，围观者十余人。我即刻请人帮忙把她扛在我自行车的书包架上，未料昏死的她如同烂泥无法坐起，我只能背上她疾奔人民医院抢救，故而导致开会迟到。三个人的会议开得仍然很正规，老鲍了解了我的情况后表扬了我的见义勇为，说我为博物馆争了光，并表示要与老仇学习我的这种精神。领导向群众学习，把自己置身于群众之中，没有间距，让人倍感亲切。

我初调博物馆的几年里，馆内经费极为紧张，工资除外的拨款都与千佛阁维修经费捆在一起。为了保障维修的顺利进行，除了与维修工作有关的接待可以开支一点费用外，一般的接待都不支付招待费用。1987年下半年维修竣工，千佛阁作为历史文物展览场所首次对外开放，春节期间我接待了来自平湖工商局的朱民观先生（平湖古玩收藏家、书画鉴赏家）及其三位弟子；1988年5月下旬，接待和陪同了从事我国江浙明代史研究的复旦大学历史系高级进修班日本学生藤田佳美对海盐明代历史及遗迹的调查，这两次我都在家里招待了他们。当老鲍得知后，作为典型先后在博物馆（其时博物馆连同编外人员已有十多人）全体会议上做了表扬，提倡以馆为家的奉献精神。

老鲍不喜说教，对工作人员的教育方法是抓实例，以此来树立正气，提高素质。他的表扬也是对被表扬者的教育和鞭策，在这种积极向上的氛围下，全馆上下都受到良好的熏陶。

婚礼改革

1987年老鲍请我们喝他大女儿的喜酒，喝喜酒就该送礼，这是规矩。可老鲍定了一条新规矩，但凡博物馆工作人员或其子女结婚大家互不送礼。老鲍膝下一男两女，长子早已成家，唯独小女儿还未谈朋友。小青年们跟他开玩笑："你两个女儿办婚事我们要喝你两次喜酒，你却只能喝我们一次，岂不吃亏了？"我说："改革嘛，总有吃亏便宜的！"老鲍嘿嘿地笑了起来："咏嘉说得对，不能讲吃亏便宜，主要是简化礼节。喝喜酒是大家图个热闹高兴嘛！"数年后，大家仍是两手空空地赴了他小女儿的婚宴。敢于做让自己吃亏的改革之人，历来不多。

余热之辉

自1983年起，从老鲍负责云岫庵的保护和维修工作开始，经过十一年的修缮、征地、扩建、筑路等，把原来仅存18间破败不堪的殿宇增建至68间的规模，云岫庵成了南北湖风景区的重要景点。1994年底，退休后的老鲍仍为云岫庵的管理、建设出谋划策，为海盐的文化建设发挥余热。

1995年初，我有建议政府恢复"张乐平故居"的设想，曾与海塘乡党委做过沟通，并得到支持。5月23日，我约老鲍和县志办主任王健飞先生一起骑自行车去黄家堰张乐平先生老家，找到他的哥哥张旦光先生，了解了他们老宅的建筑布局、结构、使用以及当时周边的地理环境和几代人起居生活等情况。事后，我请浙江省考古研究所的海盐籍古建筑专家黄彬先生画过建筑示意草图。那时的乡村道路既窄又坑坑洼洼，自行车颠簸不堪，年过花甲的老鲍能高兴如约，不辞辛劳随我们一起调查，足见他参与文化建设的热情和愿望仍不减当年。

1996年，南北湖风景区将建好的"白云阁"移交给博物馆，由云岫庵管理。光溜溜的一个"阁"没有配套设施成不了气候，为此我主动协调，在风景区的支持下，翌年于"白云阁"的周边征了十二亩山地。初起，白云阁只用作茶室对外开放，为丰富内涵，宣传海盐，博物馆副馆长宋兵与老鲍共同策划设计了"海盐历代进士展览"。而后，老鲍与博物馆副馆长沈国良、云岫庵文保所长陆毓孝反复讨论，初起拟利用这十二亩地，建一周廊

海塘乡黄家堰张旦光宅前
（1995年5月23日摄）
前排：张旦光　后排左起：
王健飞、鲍翔麟、沈咏嘉

屋，搞以二十四孝为主要内容的儒教陈列；而后又想到建"孔圣园"，立孔子及其四大弟子像，阁内陈列与孔子有关的书籍和图片资料。这个设想得到了文化局、柴永强副县长和我的认可和支持。在"孔圣园"的建设期间老鲍曾与我、博物馆副馆长陈加生以及陆毓孝去上海拜访过孔子第七十六代孙孔令朋先生，征求意见，征集资料。在1999年9月28日——孔子诞生日举行了"孔圣园"落成仪式，出席仪式的有柴副县长、政协许琳副主席、文化局徐敏局长等，我在仪式上致了词。"孔圣园"的建成恢复了我县的儒教场所，填补了空白，在南北湖风景区范围内与云岫庵的佛教、谈仙岭的道教相映生辉。为建"孔圣园"，老鲍多方奔走做了大量的具体工作，可谓功德无量！

1996年12月27日，县政府办公室就"海盐腔艺术馆"筹建事宜召开了会议，会议决定成立"海盐腔艺术馆"筹建领导小组。筹建小组前期的主要任务是收集、抢救与海盐腔有关的实物（包括音像）资料，做系统的整理和研究；编印内部刊物《海盐腔研究》。《海盐腔研究》由宋兵、老鲍、王依依负责编辑。在老鲍参与编辑的一至三期中，每期都插入他撰写的或"工作简讯"或"来函摘登"，刊物办得活泼、红火，很有特色。

数月后老鲍向我建议，这份工作由接触戏曲比他多的陶维安先生去做较为合适，他则去做他更熟悉的事。事实证明他的选择是对的，多年来陶维安先生在与全国各地戏曲专家的联络和海盐腔资料的征集上做得卓有成效，老

鲍则在南北湖、佛教等其他领域做出了不菲的成绩。在这段时期里，老鲍著有《嘉兴太平寺史话》一书，编写《南北湖志》初稿，撰写《海盐云岫庵》《海盐历史上的孔庙》《载青别墅与尚胥里朱氏》《海盐天宁寺》《惠泉寺》《状元朱昌颐》《陈从周与绮园》《海盐县历代进士录》等文约二十万字（与他人合作的不计在内）。最有成果的是他与顾朗椿先生点校了明代县志《海盐县图经》，为今人查阅此书提供了许多方便。

老鲍执掌博物馆的二十来年里，工作拓展用的是"咬住青山"的韧劲和艰苦创业的精神。这韧劲，这精神，一直延续到他退休后的今天，对早已迈入古稀的我来说，仍觉感人至深。兴之所至，赋诗以赞：

春去秋来又一春，经霜历雪满风尘。

寻仙五岳不辞远，夕照金波映素身。

今天，海盐县社科联选用鲍翔麟先生的部分文章作为社科丛书结集出版，书中除了少量论文外大多是作者亲历亲为的历史记录，再现了20世纪70年代以来老一辈文物工作者的艰辛足迹。这些是我们研究历史，特别是研究文物保护和利用这方面历史的珍贵资料。鉴于我与作者有三十余年的合作、共事经历，县社科联社科丛书主编要我为是书写个序，我仅记述与作者间的点滴事例，揭示隐于其文章背后的几则故事，若此能辅其正文反映那个时期人文历史之一斑的话，我这不成序的序便可权充为序了。

2016年3月

《绮园图文精选》序

我国私家园林起源于汉，至唐代私家园林已成为人们寄托思想、陶冶情操、表现高洁隐逸的世外桃源，从而形成了私家园林的文人化。文人化的不断演进，使园林逐渐发展成为中国文化艺术内涵最为丰富、最为深刻、最难领悟的混合载体。在快节奏的当今，若要去了解、欣赏古典园林，那么学习一点传统文化知识将会给我们带来许多方便。

绮园准备出一本《绮园图文精选》，这是继1991年海盐博物馆馆刊《海盐文博——绮园研究专辑》后又一本绮园专题的书。这将为我们进一步研究、保护和利用好绮园，进一步提高绮园的品位起到积极的作用。绮园负责人万金先生要我为是书写个序，对于曾是绮园管理者的我来说情不可却，便借此机会谈一点自己的学习心得，与大家共同讨论，共同提高对古典园林的认识，如能沾上一点抛砖之功乃此生之大幸。

综合园林学家的观点和自己的体会，我认为园林之美与文学、书画、音乐、舞蹈、戏剧等艺术一样，都注重于情感的抒发，园林与其他艺术是同一情感不同形式的表现。园林又是建筑与文学艺术的综合体，园林中那些富含文学色彩的景名、匾额、楹联、题词、碑记以及题写者的生平事迹，名人（包括伟人）与园林的关系，等等，均足以体现其情感精神。中国园林蕴含涵诗情画意，与诗画结合颇紧，但诗表达于文字，画表达丁表面之象，而园林则表达于具体之物。中国人的情感能表达于具体之物，这是中国园林的高深奥秘之处，叠山又是中国独有的艺术！贯穿于古典园林艺术的是中国传统哲学思想的血脉。

绮园的造园规则、法度和特色，梓翁[1]的《此园浙中数第一——记海盐

①梓翁，陈从周号。

绮园》和其高足刘天华的《十大名园——绮园》均有论述，拙文《浅谈绮园的保护和利用》以及与王加丽女士合著的《绮园散记》中也有所涉及，在此不再赘述。刘天华在《十大名园——绮园》一文中两处提到绮园的"野"——"自然野趣"和"山野景色"，这是对梓翁评价绮园特色的发挥。植物是组成园林不可或缺的重要元素，是有生命的元素，除了管理以外还需经营，修剪整理、疏密安排都得符合造景法则，故有一定难度。有些人把刘天华所说的"野"理解为植物的自然生长，殊不知自然生长之"野"乃是荒芜之"野"，无趣之"野"，这恰恰与我们的传统审美相悖。中国画中，山石树干上的数点之苔能起到提神醒目作用，然而点多了反倒给人一种臃肿累赘之感，园林野趣的追求与点苔一样要有个度。"大胆落笔，小心收拾"是艺术创作的经典之句，这"小心收拾"就是要敢于舍去，添加务求恰到好处。

记得二十八年前，绮园刚移交给文化部门由博物馆管理的初期，有人费尽心思在绮园寻找十二生肖象形石，居然也引起了几位管理者的兴趣，差一点成了挖掘绮园文化内涵的导向。我国园林艺术是高雅艺术，即使有几块象形石，我们也没有必要以此入手去做研究。苏州"狮子林"名称由来并非仅因园中众多状如狮子的怪石。1341年，高僧天如惟则禅师①讲经苏州，受到弟子们拥戴。翌年，弟子们为之营建禅林，因惟则得法于浙江天目山狮子岩普应国师中峰，为纪念佛徒衣钵、师承关系，取佛经中狮子座之意，故名"狮子林"。"狮子林"落成以来未见有人单一从狮形石的造型、朝向、布局等方面做过研究。造景与绘画一样以意境、神韵为上，其思想情感的寄寓、爱好追求的隐喻，等等，只有回味无穷才能使"园景如画境"。东坡先生有句云，"论画以形似，见与儿童邻。赋诗必此诗，定非知诗人"，这是评价诗画艺术境界和水准的高论，亦即评价"美"的高论，它同样适用于园林。

绮园"美人照镜"石，是梓翁于1983年春再次考察绮园时所题，其含义我们一直以为梓翁点佳石为美人，喻石孔为明镜，便组合成"美人照镜"之景。1993年春的一个清晨，我巡园至该石西部。突然，一个神话般的情景扑面而来："美人照镜"石孔中七色之光熠熠闪耀，绿树青石金碧辉煌，如若仙

①天如惟则禅师，元代高僧，曾遁迹海盐澉浦海门寺，与贯云石（号酸斋）交往密切，他的《筚篥引》诗中写到"钱塘月夜凤凰山，曾听酸斋吹铁笛"。

女舞彩袖，神镜洒丽景①。情景交融若此，不枉梓翁椽笔。我顿然悟得："美人"者，游人也！真是十载相识犹未真，今朝邂逅竟是缘！梓翁未见此景而能悟得此情，其高深处于此可见一斑。又，梓翁美石题词引出佳话，彰显了园林文人化的魅力。

2006年7月12日下午，时任中共浙江省委书记习近平同志来绮园视察，我应县委书记武亮靓之嘱为习近平同志一行做讲解，从而留下了几个使人难忘的故事，这里简述与匾额有关的两则。

进冯宅大门，我简单介绍了冯氏酱园及清末民国时期海盐占有上海酱园、棉布两大帮之盛况，引起了大家的兴趣，多有问答。行至三乐堂，我把典出孟子的"三乐"内容一一道来，当我讲到二乐的上半句"仰不愧于天"时，下半句只出来一个"俯"字就顿住了。一则我离开绮园十年有余，退休亦已三年挂零，岁增记忆减；二则为省委书记当讲解员怕讲不好不免有些紧张。冷场了一两秒钟，习近平同志马上接着说："俯不怍于人。"习近平同志为我解了围！我敬佩习近平同志的博学和细微处的精到，不由自主地脱口："哇，习近平同志好厉害！"胆大之语引得周围的领导们哈哈大笑。

进园后，我着重介绍了绮园的造园艺术手法和特色，园中逗留近四十分钟，视察接近尾声。出西边石库门，我向习近平同志介绍，门上青石匾额"绮园"二字为名儒高燮所书。因匾高，落款又小，"燮"字字迹不清，习近平同志问是哪个"xì"字。我说："中间一个'言'，两边各一'火'字，下边一个'又'，也有写成'火'的。""哦，是'xiè'字。"习近平同志微笑着说。习近平同志为我纠正了读音！我自嘲道："我讲的是'海盐普通话'。"又引起了一阵笑声……我把高燮是南社社员，南社是辛亥革命时期的进步文

①本文作者见此奇观后即拨海盐电视台记者杨家华BB机与之联系。约七时，杨家华和另一记者周勋骑自行车速速赶到，然日已升高，只能趴在地上往上拍，好在动作利索，还是抢到了镜头。自此，美人照镜奇观就被电视台用作每周末"今日海盐"栏目片尾的镜头，且连续用了好几年。惜二十余年来未能再现此奇观，该珍贵镜头又未能刻成光盘保存，致使今人无法一睹其当年风采而终成憾事。分析出现奇观的条件应该是：春季（它决定了太阳与美人照镜石的合适角度）、早晨、晴好天气和美人照镜石东部合适的枝叶密度。"合适的枝叶密度"最为难得，这是至今未见此奇观的主要原因。

学团体，高燮与南社发起人之一的柳亚子相交甚厚，毛主席曾写过三首《和柳亚子先生》的诗词等做了一番介绍。介绍完后，习近平同志走到"绮园"匾额之下留了影。这是习近平同志在绮园主动照相的两个地方之一，可见匾额之类题记对人的吸引力并不亚于景色本身。从匾额所派生出的故事是其文人化的必然产物。

园林艺术失却了灵魂就显得单薄枯乏，人文的不断积累，内涵的不断丰富，精神的不断充实，使园林遗产的价值得到不断提升。就单体而言，物质与精神的紧密结合莫过于园林，物质与精神的紧密结合造就了园林之美！

沈咏嘉谨识于2017年1月6日

园林

绮园杂谈

海盐园林自明以来见诸记载者十有六，未入志乘者四，共约二十所，均为私家园林。数历天灾兵祸，兴废易主，至今唯绮园独存矣！我国私家园林之胜莫过于江南苏杭，谚云，"不到苏杭，死得冤枉"，可证其胜。绮园虽小，竟能兼苏州、扬州两地之长，成为我国私家园林之一奇葩，可见造园者之学识水准与其经营之良苦用心。六十年代初，陈从周教授应浙江省文管会之请在调查古建筑中首次发现绮园的艺术价值。陈教授慧眼识名园，已传为美谈。

大多数园主人或为炫耀华贵，或为实用，园内建筑设置多且繁，喧闹而无"隐"趣。"姚元白造园，请益于顾东桥，东桥曰：'多栽树、少造屋，园成，名曰市隐。'"（周漫士《金陵琐事》）"园林之胜，言者乐道亭台，以草木名者盖鲜。"（童寯《江南园林志》）通观苏州、扬州等私家园林，多以建筑物为主眼，而绮园独以林木泉石取胜不无根据。绮园古树名木知名者五十余种，不知名者甚众。园林之花草树木欲成品格，亦非易事。东坡书雪堂曰："台榭如富贵，时至则有；草木如名节，久而后成。"童寯云："园林兴造，高台大榭，转瞬可成，乔木参天，辄需时日……"绮园之古木绝非近百年可就，盖旧园改葺及移栽倚晴楼拙宜园、砚园古树之故也。清陈许有《咏拙宜园"得树堂"》诗云：

堂依老树绿垂垂，矮屋修柯自蔽亏。
拔地磊砢遥作势，受风池诏近生漪。
蔚蓝霁色浓于染，琐碎层阴密似筛。
磅礴古根还共抚，相看不厌爱奇姿。

"得树堂"为拙宜园诸胜之一，从此诗可知当时拙宜园已树老根古，枝叶茂盛，阴密似筛。陈许另有《再赋拙宜园之一"得树堂"》诗云：

> 柯老梢森干拆鳞，堂名得树迓嘉宾。
> 平铺苍翠虬髯古，异样青黄鸭脚新。
> 璎珞碧垂悬靺鞨，蔚蓝雨洗净埃尘。
> 莫言才大愁难用，任尔参天逼汉津。

此诗虽语多双关，然园内古树垂碧、干老拆鳞、苍翠虬髯之景象犹在眼前。《海盐县志》载，砚园在拙宜园西，张胐创造，后为陆氏所毁，黄燮清购得旧址，蒔花种竹，自号"两园主人"。黄燮清为绮园主人冯缵斋之岳父，黄得砚园后曾作诗云："五亩城南地，茫茫茂草愁，废垣敧仄径，颓石互寒流……冷花如媚我，红上倚晴楼……"砚园既为几易其主之旧园，黄燮清得后又只需"蒔花种竹"，可见园内古木尚存，只是荒芜而已。绮园历史仅百余年，而其山下数百年古树之来历由此可证。

绮园北山之峭壁，取清初造园家李笠翁法，筑壁如墙，蔽以小亭，仰观如削，与穷崖绝壑无异。园林学家陈从周赞之为园中一大妙笔！绮园南、北山多峡谷、曲径，有势险意隐之感。钱梅溪论造园云："造园如作诗文，必使曲折有法，前后呼应……方称佳构。"（《履园丛话》）。滴翠亭东侧之山即有"横看成岭，侧看成峰"之胜。造园忌水多且大，"多水泉者艰眺望"，有视觉疲劳之弊。而绮园用大面积水域，配以密林崇峻，前后掩映，隐现无穷，升堂入室，含蓄不尽，无旷荒之感，如绘画之大胆落笔小心收拾法。

"金无足赤"，绮园亦有不尽人意之处。绮园墙界似太显眼，此为玉中之疵。如沿墙适当筑以曲廊，间植常绿林木与竹类，一可遮掩粉墙，二可增多情趣，锦上添花。

绮园为清末富商冯缵斋之宅园，冯宅落成于同治九年（1870）。按先有宅而后有园之习惯，冯园最早当建于同治十年（1871）。陈从周教授亦考证此园始建于同治十年。相传缵斋岳父黄燮清曾督造绮园，又缵斋妻黄琇（字佩瑜）曾主持该园建造，经考证，皆为误传。志载黄燮清殁于甲子年（同治三年），黄燮清所著《倚晴楼诗续集》诗稿亦至该年。"韵甫（即黄燮清）所著虽经兵燹，曩年子城（韵甫之大女婿）为之收罗散佚汇刊诗馀及帝女花乐府，今又集其自戊午迄甲子古今体诗，续编四卷……"（吴镔铁《倚晴楼诗续集》序）。集中诗作均按年代早晚编排，该集末卷尾有《哭次女琇七月初二日殁于沪上寓楼》诗，如此韵甫女黄琇当殁于甲子（同治三年）无疑矣！至同治十年，黄氏父女都已作古多年，不可能参与绮园之建造。

冯氏老宅原名"大树堂"，后更名为"三乐堂"，其意为"父母俱存，兄弟无故，一乐也；仰不愧于天，俯不怍于人，二乐也；得天下英才而教育之，三乐也。"富商冯缵斋以培养子女成材为一乐，颇具卓见。我国园林往往作为文人雅集、交往之所。"冯园"（即绮园）见于记载者已步入民国二十年后，即三十年代时期。由此推测，绮园至三十年代方成规模，这与鲍翔麟《三乐堂冯氏大事记》记述相吻合。1933年闽西邱翙华与高吹万弟子谈文灯（梦石）相识于冯园。邱为谈《梦石未定稿》撰序云"癸酉（1933）夏予……得识梦石于冯园，睟然道貌，相见恨晚。予有句云：'相逢地主饶清福，小坐林亭亦快哉。'"谈文灯女弟子朱念英（砚英）经文学名儒金山高吹万（燮）介绍，从大画家黄宾虹学画，后又从高燮学书法与诗词，尝应冯氏请，执教于绮园，后编有《海盐画史》。高赏识砚英才能，极为推崇。砚英曾为高燮作葩庐图并系诗二绝，丙子年（1936）高次韵以题《海盐画史》云："将母晨昏苦下帷，名园设教海之涯。乡邦画史披罗尽，宏识何堪俗士窥。"高自注"近年其邑之冯氏礼延砚英，课读其子于花园中，极泉石亭台之胜"。吹万居士又为《海盐画史》撰序云："……自往岁砚英去吾家，改馆其邑中冯氏之绮园为童子师……园中花木亭台之胜甲于一邑，朝夕俯仰不啻身入画中，故绘事益神妙不可……"是时，海盐还有"徐园""朱园""富园"等，而绮园已雄冠一邑！绮园入画之景比比皆是，致使砚英可"身入画中""绘事益神妙不可"。高吹万先生为"绮园"题额之遗迹至今犹在。陈从周教授疑为高燮所题。待考。

绮园拱桥额曰"罨画"，当取之于黄燮清《西湖柳枝词》。词云："罨画深深燕子风，隔帘人面太空濛。长条遮住花间阁，只露阑干一段红。""罨画"一词，元学者吴莱亦曾用过，吴莱有"锦屏罨画散红青"句，这里作彩色绘画解。今用于桥上，意为用罨（捕鱼之网）捕取池中画图，誉绮园景色之美，又寓继承外家之意。

冯宅与绮园建筑内之家具及陈设至今荡然无存。园中唯一主要建筑——潭影轩尤需添置合适家具，如花几、茶几、琴桌、桌（或方或圆，或可并拆之长方桌、半圆桌）、统背式椅、凳（或方或圆）等。花几置盆景二三，琴桌置古琴或古筝一架。轩内增抱柱对二至四副，既有雅趣，又有装饰效果。

另添置什景灯与宫灯若干，每逢节日，潭影轩周廊、滴翠亭和小隐亭均可挂什景灯，轩内可挂宫灯，增加节日气氛。

绮园景点目前尚发现如下几处：

美人照镜（潭影轩旁太湖石，陈从周教授取名并题字）；
潭影九曲（九曲桥）（以下均为笔者暂定名）；
卧虹落雁（卷画桥）；
蝶来滴翠（滴翠亭）；
绝谷听琴（北山峭壁下之沟壑）；
古藤盘云（园北之数百年紫藤）。

现代书法人家，被日本誉之谓"古有王羲之，今有王蘧常"的王老先生曾为绮园撰联挥毫，联云："两浙名园此称首，参天乔木更无俦。"

中华诗词学会常务理事、浙江诗词学会会长戴盟先生游览绮园后亦挥毫作《减字木兰花·绮园一阕》词云："绮园如镜，池涵碧空波不定，绿树参差，鸟语花香总是春。深闺谁识，南国名姝难再得。摄入红楼，宝黛无猜情影留。"

中央电视台《红楼梦》电视剧摄制组来绮园拍摄"宝钗扑蝶"等几个片段，作为特邀顾问的红学家邓云乡为此写下《绮园"红楼"杂诗》，诗云："滴翠名亭沾绿鬟，绮园有梦入红楼，多情老树知人事，记得沧桑几度秋。""梓翁笔墨有清致，'镜照美人'对夕曛。我榜小亭名'滴翠'，风流还让蘅芜君。""玉貌绮年尔独古，人间彭寿应如君。偶然也入红楼梦，便布清阴拟绿云。""藤花故事总销魂，谁记红楼旧梦痕。吏部槐街凋零尽，海隔又见老云根。""清潭沉碧乔木高，掩映名园第几桥？影入红楼成梦境，疑真疑幻十分娇。"

1991年8月26日

原载于《海盐文博》，1991年第2期，海盐县博物馆编

朱园拾遗

朱园系清同治年间（1862—1874）盐邑进士潮州府台朱丙寿（字少虞）的私家花园。朱园坐落在海盐旧县城新桥弄西、大营弄东。园南是朱氏住宅，面街为平屋平厅，有屏门十八扇，进则天井，后为数进走马堂楼。

园分南北，中隔以矮垣。住宅置于南园，布池塘、假山、亭台楼阁，周围树木稠密，庭院幽深。藏书楼前有方形小池一塘，面积不过一百平方米，旧时左侧假山之上一曲清泉潺潺注入水池，清澈的流水声反衬出院墙内的静谧。佛楼建于藏书楼后，供白玉观音一尊，藏宋版佛经两书橱。20世纪80年代初藏书楼尚存，内住居民十多户，张玉生先生曾居于此，其间，我常去玉生先生处品茗闲坐，谈艺论文，与朱氏残园结下一段情缘。楼西小土山上建一方亭，亭前一跨双并石板桥，桥简易无护栏。桥西有百余龄罗汉松一株，苍劲挺拔，翠绿常青。楼前小池、假山依旧，唯山泉涸绝风韵大失。藏书楼层高、开间与徐家花园住宅相比低小许多，但其间大小天井东拐西弯结构复杂，初次上楼如入迷宫，其布局独特情趣别具为徐宅所不及。楼层面南一字长廊，宽仅一米二左右。廊前栏杆为花格通透式，廊上饰挂落，凭栏俯瞰山水景色，仍可找回些许雅趣。廊轩弯椽、柱子等虽用料不多但精致细巧，梁下雀替举手可触。雀替、挂落等构件满是做工精良的透雕或浮雕，内容有飞禽、花卉和人物故事等。廊内房间窗棂花格简洁明了，款式各异。整座建筑剔透玲珑，为清末颇有特色的江南民居之一。1987年，我随南京工学院土木建筑系教授和实习生对该建筑做过测量，印象尤为深刻。

玉生先生回忆，抗战前绮园监管较严，平日很少有人进去，而朱园则不同，他童时常去玩耍。北园西边有一片梅林，后曾在梅林前辟一篮球场。近代的体育设施进入古典园林尽管格格不入，但也体现了一种潮流。北园有石山一座，土山两座。土山遍植枫林，一山顶建有茅亭。两土山之间有荷花小池，上覆板桥以沟通两山，池中塑造的喷水仙鹤几可乱真。清初营造家、园艺家李笠翁曾赞誉筑山以土代石法，谓："此法减人工，又省物力，且便于种树，与石浑然一色，所谓混假山与真山之中也。"可知朱园构筑土山亦合章法。山池之外余皆花圃，亦有玻璃暖房。花卉品日繁多，色彩绚丽，清晨傍晚、日出日落时光怪陆离，一花一草都使人留恋。玉生先生于此颇有感慨："……游后常作'渭树江云[①]'之想。"

朱园还有一段与抗日有关的不可忘却的小史。1932年4月29日，上海虹口公园发生了震惊中外的"天长节"大爆炸。日寇以六十万元赏格通缉一个叫金九的韩国人，他就是后来被尊为大韩民国开国元勋的伟人。其时，金九在褚辅成的安排下由其儿媳朱佳蕊（朱载青后裔，人称褚夫人）陪护，避难海盐澉浦北湖朱载青别墅，途经武原夜宿于朱园。金九在朱园留下的足迹是中韩两国共同反法西斯斗争的足迹。为此，抗日英雄金九永远忘不了朱氏对他和韩国人民的情义。他在日记中写道："若国家独立的话，我的子孙或我的同胞谁能不感谢褚夫人这样的诚意和亲切呢？"

抗日战争时期朱园被侵华日军所焚毁，仅存的藏书楼和南边的小池、假山以及西边的小方亭也均消失于1988年的旧城改造。现今的海盐宾馆就建在朱园的遗址之上，宾馆前的罗汉松为当年朱园唯独存世的旧物，它见证了历经沧桑的朱园盛衰史。

1995年9月

原载于《海盐文博》，1995年第2期，海盐县博物馆编；《海盐风景览胜》，1996年3月，海盐县政协文史资料委员会编

①渭树江云：或作"碧天云树"。杜甫《忆李白诗》有"渭北春天树，江东日暮云"句，后人引用此诗以表思慕之意。

绮园保护初探

1980年，绮园公布为县级文保单位，后由于陈从周先生的推荐列入全国十大名园，继而成为省级文保单位，如今又升级为全国文保单位。这个过程并非由于绮园自身的价值的提高，而是人们对它价值的认识不断提高的过程。因此，对绮园的保护也随之逐步升级，提出了更高的要求。为此，县委、县政府非常重视，在2001年7月绮园被国务院公布为全国文保单位两个月后就举办了有我省、市、县专家及有关领导参加的"绮园维修和保护座谈会"，广泛听取意见。2002年初，县委、县政府又提出在旅游节期间举办一个全国性的"中国私家园林保护和利用学术研讨会"，目的在于更有力地保护绮园、推出绮园、打响绮园品牌，使它更好地为两个文明服务。这个研讨会由浙江省文化厅和海盐县人民政府联合主办，于5月底召开。届时，全国古建筑和园林专家们将云集海盐，从多角度、全方位对私家园林，特别是对绮园的保护和利用提出高见。

绮园的价值在于它独特的造园风格与古树名木众多特色的有机结合。由于环境的逐年恶化以及管理的不到位，20世纪80年代就有专家对绮园的古树名木下过"未老先衰"的结论。近十余年来，我们虽然采取了一些保护措施，但大多是墙圈内的小范围动作，有些种类的古树枯萎现象日渐明显，绮园古树名木的生存已到了"最危险的时候"，对它的保护已迫在眉睫。试想，古树名木大量"减员"后的绮园还有多少价值！到这个时候，绮园才会由于自身价值的下降而退位于"省保""县保"，乃至无须国家保护的普通园林。绮园是海盐人民的绮园，是海盐人民的骄傲。绮园环境的改善和保护并非只是政府和专家们的事情，而必须引起全社会的关注和重视。为此，我把在去年"绮园维修和保护座谈会"上请沈国良先生代为转达的《关于绮园保护工作的一点意见（提纲）》附录于下，尽管不很成熟，但可使大家对绮园有更深入的了解，以便共同探讨，起到抛砖引玉的作用。

2002年4月22日

原载于《海盐日报》，2002年4月24日，第三版"理论实践"栏目

浅谈绮园的保护和利用

所谓私家园林，顾名思义是附属于住宅的私人园林。私家园林一般都建于城镇的平地之上，园地范围有限，缺乏真山、真水之景，周围环境也较为闭塞。这些都与皇家园林、自然风景园林和风景区的景观园林有所不同。

绮园——俗称冯家花园，地处沪杭快速道中间的海盐县城武原镇的东部，南临海滨路，西接绮园路（原名混堂弄、花园弄），北近文昌路，东百米处是县城南北向主干道新桥路。绮园是海盐县明清时期二十余处私家园林中仅存的一家，且具有其他私家园林无可类比的自然山野风光特色。1960年，陈从周教授发现了绮园在江南私家园林中独特的艺术价值，并于此得出了"水随山转，山因水活"的叠山理水论。他认为，绮园"在浙中现存私家园林中规模最大，保存亦最好，是不可多得的佳构"，把绮园推到了"浙中数第一"的高度。在陈教授"加强绮园保护力度"的呼吁下，绮园于1980年被列为县级文物保护单位，1989年被列为省级文物保护单位，1990年，海盐县人民政府把绮园从武原镇划归县文化部门。自此，绮园的保护和利用逐步踏上规范、健康的道路。

历史沿革

明嘉靖三十七年（1558）文人彭绍贤在武原镇南城下建彭氏园。它是武原镇历史上最早的一座花园。

清康熙年间，彭氏园为海宁杨中纳所得，更名为拙宜园，俗称杨园，在福业院西。后为海宁许焞所得，改名乐迁园。邑人黄燮清（清道光、咸丰年间著名诗人、剧作家）祖父购之，传至黄燮清益加葺治，复称拙宜园，又购得西邻砚园废址，莳花种竹，自号两园主人。咸丰十一年（1861）两园毁于兵火。黄次女琇嫁于海盐富商冯缵斋，黄死后（琇先父而亡）两残园由婿冯缵斋继承。

同治九年（1870），冯缵斋在混堂弄口建宅四进，名曰"三乐堂"。

同治十年（1871），冯缵斋移来拙宜园、砚园废址旧物，于宅东北建造绮园，俗称"冯家花园"。冯缵斋病故，园暂停建。

1927年，冯缵斋大房出资兴建"凌波水榭"，作为缵斋子树铭疗养肺病之住所。自此，绮园逐渐恢复建设。

1930年，建"醉吟亭"（1985年，为拍摄电视剧《红楼梦》，邓云乡更其名曰"滴翠亭"）。

1932年，"一·二八"事变后，国民党一旅长驻扎冯宅，在园北假山顶建"小隐亭"。

1935年，由冯氏后裔冯伯乐以杉木重修"小隐亭"。

1937年，建四面厅，曰"树百堂"，由张元济书匾，因抗日战争全面爆发，未及做匾（1987年，陈从周题匾曰"潭影轩"）。

1941年，日军第八十五联队第二大队第七中队100余人占据海盐县，中队部设在冯三乐堂，绮园为其所占。

抗战胜利后，冯伯乐回乡出资修缮冯宅和绮园。

新中国成立前夕，国民党嘉兴团管处曾将冯宅作为抽壮丁的临时办公处。

1950年上半年，解放军208团团部驻扎于冯宅，并从徐用仪尚书厅前搬来石狮一对置于宅前（现存放于绮园西门前）。

1958年8—9月，海盐县卫生系统"整风反右"学习班在绮园举办，有100余人参加学习。

1958年，绮园辟为嘉兴地区疗养院，把"凌波水榭"拆建成人字架封闭式建筑，与轻灵通透的原貌大相径庭。后，绮园又成为海盐县人民政府内园。

1961年起，冯宅用作中共海盐县委、县政府干部宿舍。

1963年6月，县人民委员会批准绮园对外开放。

1964年3月，冯缵斋长房长孙冯之盛代表冯氏后裔致函海盐县人民委员会，将绮园和冯宅无偿捐献给海盐县人民。1950年，冯伯乐、冯之盛、冯之椿为捐赠之事曾联名写信致海盐县人民政府，后因后裔未曾统一而搁浅。

1964年，绮园更名为"人民公园"，由武原镇政府负责管理。

20世纪70年代初，冯宅第一进楼房被拆除。

20世纪80年代初，冯宅第二进平厅、第三进楼厅被拆除。

1985年，恢复绮园名。

1990年2月28日，海盐县政府把绮园划归县文化部门管理，并将冯宅纳入绮园范围。

保护管理及利用简况

（一）保护管理简况

1980年，列为县级文物保护单位。是年，潭影轩大修。

1985年，重建小隐亭。

1988年，浙江省林学院园林系专家带领学生对绮园树木全面调研，形成了一套完整的古树名木资料，结论是"有很高价值，但未老先衰"，并提出了一系列复壮措施。1990年起，复壮措施在经费严重不足的情况下开始艰难地实施，数年后部分树木略见好转。

1989年12月，列为省级文物保护单位。

1990年2月28日，海盐县人民政府（1990）27号文件决定将绮园划归文化部门，并决定将冯宅划入绮园范围，由博物馆管理。

1990年5月，县财政拨款人民币三万元，开始对绮园进行维修。

1990年10月，在南池安装排水设施。

1991年4月，成立绮园文物保管所，隶属海盐县博物馆。

1991年6月，园内动物迁至园外新建的"鸣春苑"。

1992年1月11日，未经报批，罨画桥北堍樟树一下伸池面的粗30余厘米、长约6米的枝条擅自被锯，遭到人为的破坏。

1991年—1992年6月，冯宅仅存第四进楼房的二十户居民全部迁出。

1992年11月25日，征用绮园东围墙外夹弄土地一百零五平方米，拆除属于绮园的水泥板围墙，清理夹弄内十余年积累的成堆垃圾。

1991—1992年，县财政拨款十万元，维修冯宅仅存的第四进楼房，恢复其原貌。

1993年1月初，迁出冯宅第四进披屋墙门间的居民。

1993年1月23日（农历正月初一），对外开通冯宅第四进墙门，恢复由宅进园的次序。

1993年4月，经浙江省文物局批准，改建绮园入口。把20世纪六七十年代的原钢筋混凝土建筑改为清式民居建筑三间，计六十六平方米，与绮园风格相吻合。

1993年7月，在冯宅与绮园的衔接处建二十平方米半亭一座。

1993年，征用绮园北边东门渔业队面积为一点二亩的水池——大池海；同时，海盐县政府把大池海周围的4亩土地划拨给绮园。

1994年1月起，清理大池海周围的土地，彻底改变了垃圾满地、蚊蝇肆虐、臭气熏天的恶劣环境。

1994年，古树名木始建档案。

1994年，浙江省人民政府同意划定绮园的保护范围和建设控制地带。保护范围：以绮园及现存冯宅为中心，东至绮园东围墙以及私人住宅东侧；南至冯宅前县府宿舍南侧，即海滨东路北侧；西至绮园路、绮园西围墙、私人住宅西侧及县府宿舍东侧；北至武原镇政府南侧围墙以内地区，计一万五千八百二十平方米。建设控制地带：东至大营弄；南至海滨东路；西至戚家井；北至义昌东路以内地区，计四万六千七百六十三平方米。

1995年11月，清除园内西南部老围墙外（绮园入口内）新中国成立初种植的胸径在六十厘米左右的法国梧桐五株，改善了该区域古树的生长环境。

1990—1995年，维修潭影轩、滴翠亭、小隐亭。

1990—1995年，园内择地增种南天竺、红枫、鸡爪槭、白玉兰、迎春花、樱花等花木八百余株，慈孝竹二十墩，须带草四点五吨，北池西北角围种荷花一方；山林培土三百余立方米；改造原园内水泥路面为卵石花径，加上增筑部分共计六百余米；疏浚南区水池淤泥约二百八十立方米，取起数十年来掉落池中太湖石八十余块；加固帮岸坍塌六处，假山松动数十处，维修罨画桥以南堤岸约三十二米。整理园内西北角、东侧偏北部、西南角和西侧偏南部废墟死角计一千余平方米；开辟了桃园、梅园、桂园、竹园。基本完成文物保护四有工作。

1995年，拆迁大池海东北部居民两户。

1996年初，修复凌波水榭。

1997年，拆迁大池海西南部居民两户。

1997年，在园东北角榉树附近挖井3口，不定期抽水，降低该处地下水位，延缓榉树衰老。

2001年6月，列为国家级文物保护单位。

1994、1995、2001、2002年，分别请来杭州市园文局和浙农大专家到绮园察看检查，专家们提出了古树名木的复壮管理意见。近几年来，为保持园内适当地下水位复壮林木，用抽去水池与井内过量之水以及用硫酸亚铁叶面喷洒等方法取得一定成效。

（二）利用简况

1985年5月15—16日，中国电视制作中心电视连续剧《红楼梦》中"宝钗扑蝶""黛玉葬花""滴翠亭小红私语"等场景在绮园拍摄。

1989年9月，安徽电视台电视连续剧黄梅戏《聊斋》中"痴情宦娘"部分场景在绮园拍摄三天。

1993年7月22日，北京电影制片厂《霸王别姬》摄制组，"花影"拍摄小组来绮园取景。

1993年10月，中国工艺美术学会民间工艺美术专业委员会成立十周年纪念暨第十届年会于海盐县武原镇召开，在冯宅三乐堂陈列展出了全国各地民间艺人的作品、藏品2000余件，交流、切磋、献艺，盛况空前。濒临灭绝的海宁皮影戏在绮园潭影轩演出三天，观众不绝。会后，长期在三乐堂陈列李寸松先生捐赠的800余件民间玩具，并以寸松先生斋号"泥香室"为其名。

1991—1993年，海盐县政协书画会（后更名为政协诗书画之友社）与县博物馆在冯宅三乐堂联合举办中小学生暑期书法、美术培训班各3期，总计学员1200余人。

1995年，应冯氏后裔冯之榴之要求，拍摄制作了专题录像资料《绮园》。

1992—1995年，绮园举办彩灯、菊花、风筝等展览五个，冯宅三乐堂举办书画及根雕艺术等展览二十六个。

绮园的价值

绮园在造园设计上吸取了苏州园林的雅致、扬州园林的豪放，融合浙江古园之风格，雅致而不纤巧，豪放而不生硬，是"浙中现存私家园林中规模最大，保存亦最完好的不可多得的佳构"，号称"此园浙中数第一"。

绮园是一座名不虚传的城市林山。它不落私家园林之游居并重、园内厅堂馆舍较多的俗套，而以树木山池为主，略略点缀建筑，采取以自然风景为特色的造园手法，除潭影轩较大、水榭次之外，仅有小亭两座，其余全是山水。园中山峦起伏，连绵奔走，溪水曲折，湖泊广博，林木森森，古树参天，老藤盘绕如巨蟒缘树，俨然一派山野自然风光。拱桥、三跨平板长桥、小平板桥与长堤的有机组合，展示了江南水乡田野风光中极富代表性的景色，使游人有入水乡郊野之感。其中桥墩极薄的四剑桥（即三跨平板长桥）是我国园林桥景中的孤例（曾有外宾介绍，此类剑墩桥除绮园外国外亦仅见于一处）。山中花径更是变幻莫测，它们由滨湖岸道、越山磴道、山间飞梁、山中曲洞以及低于地面的隧道组成，时隐时现，迂回盘曲，如飞鸟入林，惊蛇遁迹，形成复杂迷境，"为江南园林所仅见"。

绮园艺术处理上的两大特色。一是，南区山小而密，水窄而曲，特别是南山磴道出奇的狭窄，务须侧身方可上；而北区则舒展开阔，用大面积水域营造疏朗透彻的旷野空间，运用了疏可走马密不插针的艺术手法。二是，滴翠亭后的假山，东望则万马奔腾，列嶂排空，气势雄浑；北望则层峦起伏，危峰比叠，巍峨壮观，合于"横看成林侧看成峰"的山水画理。

绮园造景手法上的两大特色。一是山水布局。"假山前后皆有丘壑，不像苏州园林囿面积小而略其背的做法""用大面积水，以聚为主，散为辅，形成水随山转，山因水活的布局"，有别于其他江南私家园林。二是植物造景。在面积不足一万平方米的小天地中，着重植物造景，别具山林野趣，自成天然画图，创造了一种幽深、雅致、闲适的意境。园内植物58科，115种，树龄最长的当大大超过冯氏造园的年代。其中古树名木约14科，40余株。园中不乏乡土树种，如：榆、朴、榉、杨、樟、槐、银杏、梧桐、枸骨、瓜子黄杨、紫藤等。这种以植物造景的手法为江南私家园林所独见。

存在问题

绮园存在的问题主要有以下三个方面。

（一）泥土大量流失

泥土的大量流失严重遏制了树木根系的发育，造成了近水假山基础的不均衡下沉、山石的松动和石梁的断裂，促使了水池淤泥的快速增厚、水质变坏。

泥土流失的主要原因：

1.绮园地下水位升高

随着城市建设步伐的加快，特别是20世纪70年代初盐平塘（绮园南边的市河，与绮园相距仅数十米）的拓宽工程，所挖之土均堆于河道两近，再加上绮园周围高层建筑逐年增多，地基越加越高，绮园地面相对则降低许多，地下水位也必然升高。地下水位升高的另一因素是，由于盐平塘和护城河河床的不断升高，拒纳之地下水均潴留于绮园水池和绮园周围的地下。1994年4月，绮园南池清淤抽水，水面下降近1米时，九曲桥西帮岸石缝中的水哗哗地泻入水池；1997年，在绮园东北角榉树周近挖井三口，井水与地面仅距零点六米左右，可见地下水位之高。

　　2.水系的破坏

　　原绮园水系的出路是，北经大池海、关刀池注入护城河（大池海和关刀池尚在），南、西分别渗入盐平塘和护城河。周边高层建筑的基础对绮园的水系造成了一定的破坏，紊乱了自然调节地下水位的功能。

　　园内地面相对下降，地下水位升高，水系脉络堵塞，使绮园水池的水以及周围的地下水进来容易出去难。一年四季，绮园大多处于高水位浸泡之中，长年的旱涝更替导致了泥土的大量流失。

（二）古树名木未老先衰

　　长期以来，由于种种历史、自然和人为的原因，古树名木部分出现"枯枝、焦梢、露根、腹中空和大孔洞"等极为明显的衰老现象，甚者导致了个别的死亡，其主要根源是外部环境的恶化，其次是内部管理的不力。绮园四周高楼林立，阳光不足，通风不畅，加上地下水位不断增高，长期络石缠身、病虫害侵入，以及对初起征兆未能及时做出科学的处理，等等，导致了古树的提前衰亡。文化部门接管绮园时，园北边及西北角的两株百年老榆树已是病入膏肓。其中，西北角的百分之九十以上是枯枝，到第二年春天再也没有发出新芽来。而北边的树干空洞严重，当年险些被台风刮断，扶持加固、喷药施肥，也只活了三年便西归去也。年逾百龄的北山鸡爪槭和中山古柏也奄奄一息，终因不及救护而相继谢世，成为千古遗恨！

（三）管理滞后

　　管理人员素质欠高，专业知识不精，专业人员严重不足（现有的六名管理员中只有一位是园林系大专函授毕业生），管理人员对绮园的历史和它的艺术价值了解还较肤浅，等等，与全国文物保护单位的管理要求相距较远。

对绮园保护和利用的意见

（一）绮园的保护

1.整修帮岸，加固假山

由于绮园水池长期处于高水位而造成帮岸空洞、假山下沉和山石松动，必须对绮园所有帮岸做一次全面的整修，充实加固近水假山基础，彻底清除隐患。

2.降低地下水位，改善地下隐蔽环境

①降低河床，营造水系，使绮园水池和周围地下水脉与盐平塘和护城河相通。

②在绮园外围适当地方开挖深沟，以为蓄水之用。水系排水和深沟排水相结合，若所营造的水系在丰水期失去作用时，可用水泵抽去沟中过量之水，保持绮园适宜的地下水。

3.营造良好小气候，改善园内外空间环境

小气候有自然小气候和景观小气候之分。

①自然小气候。"园林兴造，高台大榭，转瞬可成，乔木参天，辄需时日"。古人对园林中"老树难"多有感慨，故今天我们对绮园古树名木的保护须加倍重视。

A.绮园的树木不在于添种，而在于整修，使之"草木华滋，好鸟集聚"。如果考虑到季相变化的需要，适当用可移动调换的盆栽植物点缀。以前，我们为了增加季相景观，在园内树木本已相当繁密拥挤，阳光、空气、土壤、营养、水分（枯水期）严重不足的情况下，盲目种植了大量花木，这是极不科学极不合理的，应该吸取这个教训。

B.剥低绮园周围一定范围内的地面，园外建筑必须与园保持相当距离，且控制建筑高度，使园内外气候相近，以利古树生长。

C.所有围墙宜改为花墙，改善园内通风光照条件。文物保护法虽有"严格遵守不改变文物原状的原则"，但鉴于绮园的特殊性，为保护古树名木这些活文物，必须灵活运用法律。

D.调整改良土壤，提高土层质量。我们曾为保护园东北角榉树而挖了三口井，以降低局部地区的地下水位，不料发现地下多为砖屑，土质极差。如此，一是地下水容易渗漏，二是土少质差造成营养不足，树木根系发育受

遏。故应对绮园的土壤情况做一次全面调查，逐年逐块置换改良。

②景观小气候。在园林建筑布局中设计对景和借景，是丰富园林景观、营造景观小气候的重要手段之一。造园如此，修园亦如此。故在改造绮园周围环境时也应遵循内外景观互补的原则。这样做既经济又实惠，可谓"资源共享"是也。

A.留出视廊，互借景观。古典私家园林的营造均施以借景之手法。旧时，登临绮园北山巅小隐亭，东越朱园、百可园、徐园，敕海庙与滔滔东海尽收眼底；西透枝叶，天宁寺三殿一塔隐约可见。此它景为我所用之法，日后在绮园的环境改造中应于考虑。

B.恢复绮园西围墙。中国园林布局上的一个显著特点就是用划分景区的办法，既扩大了园林的空间效果，又获得了丰富变化的园景。绮园不用墙体，而用假山、建筑、树木来划分，也达到了出奇的效果。然而，绮园现有的南部西围墙是后来向西扩展而建的，实际空间增大了，但给人的感觉反而小了，尤为重要的是已与原貌大相径庭。故从目前还保留着的南山西侧的老墙向北延伸，与现存的北部西围墙相衔接，恢复西围墙原貌很有必要。

C.恢复南池石峰。绮园南池东侧原有一峰破水而出，蔚为壮观，与西侧之玲珑九曲小桥遥相呼应；峰北岸头，古枫斜出，繁枝错落，片叶层层，轻盈洒脱。两者纵横池面，微风之下，奇景妙生。惜今枫石无存，风景大煞。进园东望，除水上九曲桥外一览无余直达园墙，有悖于营造之初衷。1994年南池清淤，东侧池底曾发现一块凿有榫眼的巨石基，佐证了传说。至于古枫，笔者于20世纪60年代还瞻仰过它的英姿。为丰富南区水池的景观层次，除了恢复列于帮岸之上错落无序的假山石、墙边增种爬山虎之类藤本植物外，该石峰不可不立。

D.整枝的实用与美观。树木的复壮整枝既要考虑通风透气，又要讲究整体之美。就绮园的特色而论，它的美是自然之美，野趣之美。人们往往把"野"和"荒野"混为一谈，以为"野"就是"荒野"，就是"自然"，而且为遵循其"野趣"之风格，竟是不可动其毫毛的"自然"。其实，这恰恰与我们的传统审美相悖。真正之"野"并非是"荒芜之野"，而是"艺术情趣之野"，即在野与不野之间。出于复壮的需要，必须对古树名木做一定的整修，而整修又要照顾到它的"野趣"，尽量做到"由人造而不留人造之痕迹"。

4.建立民间联谊组织，提高管理人员素质

A.与苏、杭、扬等地私家园林建立联谊组织，就技术措施、管理工作等方面交流、研究，不定期联合出刊《通讯》，报道活动信息，刊登研究文章。

B.与省内外及本县的园林专家挂钩，把情况较为复杂的绮园作为他们的实验基地，借助专家的力量指导管理。

C.树立爱岗敬业精神，努力提高自身素养。管理人员只有爱园才能管好园，而对园的情感基础是熟悉园，故要不断学习古典园林知识，掌握古树养护技术。另外，采取管理人员业务培训提高专业水平与引进专业人才相结合的办法，迅速改变管理脱节的现状。

5.摆正关系，解决经费

建议政府要保证绮园有足够的管理经费，把绮园从差额补助单位升格为全额拨款单位，使工作人员的精力从考虑自身吃饭问题的小圈子里跳出来，真正用到管理上去。

（二）绮园的利用

"园林须有历史、文化，文物古迹可丰富文化内容，使游人产生更多兴会、联想。""亭榭之额是赏景的说明书，可发人遐思，而对联文字之隽永，书法之美妙，更会令人一唱三叹，徘徊不已。""园林的理景往往重在它的名人效应，即与前代名人在此游憩、题咏、居址或瘗埋相联系。后人羡慕前贤，历代有所兴作，遂成名胜。"所谓"山不在高，有仙则名，水不在深，有龙则灵"是也。园林之利用在于挖掘它的历史文化，充实它的文化内涵，利用它的人文效应，提升它的文化品位。

就绮园而言，"仙""龙"亦当不少。如：南社社员高燮与绮园的关系；大画家黄宾虹女弟子、海盐籍画家朱砚英在绮园教过书，而高燮是朱砚英拜黄宾虹为师的介绍人；绮园价值的发现者、园林学家陈从周，学者苏渊雷，武侠小说家金庸，中华诗词界前辈刘征、袁第锐、梁东、鞠国栋，红学家邓云乡，油画家、书法家朱乃正，中国工艺美术家张汀，中国民间玩具专家、海盐籍学者李寸松……都到过绮园，有的还留下过佳作。其中，《中华诗词年鉴》主编、著名诗人鞠国栋曾多次光顾绮园，对绮园有很深的感情。因我之请，鞠老写了一篇绮园碑记，文中主段用词的艺术形式表达，颇具新意，将来立碑，必能传世。又如，1993年10月，中国工艺美术学会民间工艺美术专业委员会成立十周年纪念暨第十届年会在海盐武原召开，各地专家、学者曾在冯宅三乐堂和绮园潭影轩举办过一些艺术活动等。对于这种宝贵的人文资源，我们为什么不好好去利用它呢？绮园的利用大致可从以下四个方面去考虑：

1.陈列展览

三乐堂内可办两个固定展览。一是海盐园林史展览。以文字、图片、模型等活泼的形式介绍明清以来海盐园林的历史以及各园不同的艺术特色、人文内涵，重点以绮园为主；二是海盐历代名人展览。另外，还可不定期组织各类临时艺术展览。

2.设立碑廊

绮园现有碑廊的内容均与绮园无关，日后要做调整。整理、征集以往与绮园有关的名人诗文、书法、绘画，请名人新创作与绮园有关的诗文、书法、绘画，勒石成碑。

3.充实联额

征集名人楹联匾额，制作悬挂，营造氛围。

4.接纳社团

鼓励诗社、琴社、书画社等相关艺术社团来绮园三乐堂落户，提升绮园品位。

以上粗浅认识，还请各位专家学者批评指正。

2002年5月28日

原载于《海盐史志》，2011年第3期，海盐县史志办编

张细榜的良知和决策者的开明

"中国私家园林保护与利用学术研讨会"（以下简称"研讨会"）由浙江省文化厅和海盐县人民政府主办，浙江省考古研究所和海盐县文体局承办，于2002年5月29—31日在海盐武原召开。会前，副县长马小平嘱我代表海盐写一篇关于绮园的文章。会议将十一周后召开，时间极为紧迫。

我主持过绮园的工作，对绮园有过一点感情，也用过一点心。离开后（先去县政府后转县政协），曾胆大包天地请朋友刻过一方闲章，云"六载绮园主人"。至开研讨会，我别离绮园亦已六载，有些事情渐已淡忘，重拾旧事谋篇成文非十天半月所能为，对马小平之嘱深有"却之不恭，受之有难"之叹。无奈，下班后做个拼命三郎，好在有两天休息，总算草草完稿，题为《浅谈绮园的保护和利用》（以下简称《浅谈》）。宣读时，就凌乱处临时做了调整，会后又做了修改，以俟付梓之用（承办方原计划将汇集所有文章出版论文集，后因故搁浅）。

2010年7月，为考证县志某些条目，在查阅记事本时无意间发现了几页为写《浅谈》而收集素材的记录，觉得有些价值。该记录的时间是2002年5月27日上午9时半（研讨会前两天），内容是向县政府原行政管理办公室副主任蔡再荣了解有关海滨路老政府大院在1991年计划建九层办公大楼中的几个细节。仓促间这个素材不易恰当地表达，故未写入《浅谈》。往事如烟，唯十九年前"素材"中的这件事却历历在目，清晰如昨。

那是1991年秋天的一个近午，蔡再荣副主任带了一位中青年来到绮园。老蔡介绍，那人是浙江省建筑设计院副总工程师张细榜，正在为县政府新的办公大楼设计图纸，今天县里通过了初步设计方案，带他轻松一下，看看绮园，正巧碰到我，就请我当一回讲解员。

县政府要建办公大楼，我虽第一次听到，但终因不感兴趣，也就不太在意。既然是杭州的客人,出于宣传之目的,就带着他们边走边把绮园的历史沿革、造园特色、艺术价值、人文内涵等做了一番详细的介绍。张总时而点头时而叹息,自语道:"没想到政府大院旁边有这么好的花园!"眼神中流露出一种莫名的不安。突然,沉思中的他面带歉意地对老蔡说:"蔡主任,这楼不能建了。"老蔡惊奇地问:"怎么不能建?""我总不能在这么好的花园旁边设计楼房吧!"张总的声音虽轻但却坚定。老蔡说了句"回去再说"就匆匆与我握手告别。望着他们渐渐模糊的身影,我的头脑竟渐渐清新起来——绮园隔壁的政府大院里要盖大楼!对此,我竟然一无所知。

数天以后,老蔡跟我开玩笑说:"早知道就不请你讲解了,你这一讲把政府的大楼都讲掉了!"他告诉我,县委常委会重新讨论决定撤销在绮园旁边建造大楼的方案。模型也做好了,前期费用也付过了,现在都泡汤了。正在等待结果的我当然高兴,继而又有一点点的惋惜,并不宽裕的县财政又损失了一笔经费。十年后,为写《浅谈》,从老蔡处得知,县政府早于1989年就计划在中共海盐县委和县人大两楼之间盖一幢九层办公楼,建筑面积约五千至六千平方米,后来付的方案模型费是一千八百元,初步设计费是四千元⋯⋯

好在张总是一位有良知的设计师,决策者们也是从不知到知,开明有加。

为了保护绮园,设计者否定自己的设计方案,放弃这笔业务,需要下多大的决心;决策者推翻自己的决定,更需要有多大的勇气!

在那个做事相对不太张扬的年代里,对信息不大灵通的我们来说,这件事是"自己撞到枪口上来了",而且光凭几句讲解词就消除了绮园的重大隐患。有人戏说我的运气好,是"癞痢头捡了个辫子"!

"捡辫子"是一件不可化之为烟的往事。

2011年8月于以风当歌斋

绮园十景简介
——为绮园展示屏所撰

一、别有洞天

绮园被纳入中国十大名园之列，自有它与众不同之处。月洞状园门把喧嚣的城市与静谧的园林分割成两个截然不同的世界，洞门之内别有一番天地。

别有洞天

二、潭影九曲

潭影九曲为入园第一景。曲桥跨水变幻多姿，轩厅隐林稳重端庄，一泓碧水掩映天幕，蕙枝摇曳紫云穿桥，大有丽景荡心胸，闲情洗尘埃之感。

潭影九曲

三、美人照镜

美人照镜石为园中最佳之石。镜者，石项处有一大圆孔，晴好清晨，孔中五光十色流霞似镜；美人者，喻石美、环境美、游人心情美，游人观景如美人照镜也。

美人照镜

四、四剑探水

四剑桥简洁疏朗，俊逸秀美。桥墩瘦削如剑，直插静穆之水以探其深；桥身横卧其上，构成险峻之势以显其伟。其构思奇特，为我国造桥史之孤例。

四剑探水

五、晨曦鼍画

景在鼍画桥东一带。晨曦，水中景色如画，正如桥联所云："两水夹明镜，双桥落彩虹。"桥将清池分成东西两水，桥拱与倒影相合成镜，实桥与虚桥构成双桥，有似彩虹落水，此为以网捕画最佳之处。

晨曦鼍画

六、蝶来滴翠

蝶来滴翠

滴翠亭原名醉吟亭，三面环山，前有堤桥古藤、蔷薇翠柳，景色宜人。电视连续剧《红楼梦》之"宝钗扑蝶""滴翠亭小红私语"等场景在该亭一带拍摄，为记其盛事遂更名滴翠亭。

七、海月小隐

　　小隐亭别称望海、依云，亭高筑山巅，隐于林中，上可揽月，下可罨画。相传古时越过朱园、百可园、徐园，东海潮汐尽收眼底。海月等为我所用，借景之法可见一斑。

小隐亭

八、古藤盘云

数百龄紫藤盘根错节如巨蟒缠树直上云霄，伴以古木顽石，苔藓山草，尽显山野风光，为我国私家园林所独见。

九、幽谷听琴

山势回环萦绕，峭壁之下自成幽深之谷，谷底有潭，潭中有岛，岛置石桌，上架古琴，抚琴释怀，幽静闲适，恍若世外桃源。

古藤盘云　　　　　　　　　　　幽谷听琴

十、风荷揽榭

风荷揽榭纵情于怀，碧水携来云影天光，于此品茗赏景，心胸顿觉旷荡。把自然界的风云雨雪亲和到人为的花榭山林之中，从不经意间潜见匠心。

2013年4月15日

风荷揽榭

绮园散记

绮园雪景

　　海盐，这座有着两千余年悠久历史的城市，坐落于东海之滨，杭州湾北岸。在这块古老的土地上镶嵌着一颗晶莹闪亮的绿色宝石——绮园，她是"海盐的眼睛，浙江的明珠"①。

　　从县城武原镇东西向主干道海滨东路拐进狭小的绮园路，那一大片浓郁的绿色乔木越过高楼送入你的视区，这就是全国重点文物保护单位，被

————————

　　①"海盐"句：见于陈从周《记海盐绮园》一文。

誉为中国十大名园之一的绮园的处所。该园为明清时期海盐二十余处私家园林中仅存的一家，且拥有其他私家园林无与伦比的自然山野风光。绮园并非为常见之后花园，它偏于宅之东北，与宅并不相连而自成一区，在布局上已显绮园之个性。园占地约一万平方米，水面积约两千平方米，树木遮盖面约七千平方米，整个园几乎被树木所覆盖，再显绮园之奇特。绮园堪称小小植物园，园内树木近千株，计五十八科，一百一十五种。古树名木四十余株，有朴、榆、榉、黄杨、雀梅、香樟、枫槭、梧桐、银杏、皂荚、虎刺、紫荆等，均百余年乃至数百年旧物。置身山深林密、幽静闲适的绮园，可感受古人净心体悟、潜心品味这种悠慢的生活节奏，沉浸斯园，一切胸中杂念、世事烦恼皆烟消云散。

清同治九年（1870），海盐酱业富商冯缵斋于混堂弄口建宅四进，名曰"三乐堂"，次年于宅后东北建园，冠名绮园。此后，混堂弄又有花园弄和绮园路之称谓。绮园为冯缵斋把岳父黄燮清（清代著名诗人、剧作家）经营过的"倚晴楼"（可追溯到明代的彭氏园）之园林精华及所存旧物移建而成。新中国成立后，冯氏后裔把宅园一并捐献给家乡海盐，成为公共游览胜地。至20世纪七八十年代冯宅前三进被拆除，仅存第四进七开间二层楼房。为再现前宅后园江南民居式建筑格局，海盐县人民政府于2005年在原第四进堂楼前重建住宅二进（囿于街道已被拓宽，原四进之旧貌已无法复原），第一进平厅九开间，第二进厅楼七开间，原第四进堂楼遂成第三进。

冯宅照壁式院墙正中置石库门，门前设石庭，相接于海滨东路。进石库门穿过平厅，北边庭院分区左中右，东院"桂馥"，西院"洞天"，遍植四季花木，葱郁宜人。第二进厅楼正间上挂"三乐堂"匾额，系著名园林学家陈从周于20世纪80年代末所书。"三乐"取孟子语："父母俱存，兄弟无故，一乐也；仰无愧于天，俯不怍于人，二乐也；得天下英才而教育之，三乐也。"以"三乐"为堂号，冯氏之世界观可窥一斑。"三乐堂"左右两侧为东、西厢房，其陈设展示了清末浙北富户家眷生活场景。出"三乐堂"，过"穿廊"，即至第三进石库门。"穿廊"左右两侧设小天井，与石库门左右披屋附房相接。石库门背侧则是制作精良的砖雕及水磨砖墙，门斗上饰飞檐斗拱、隐堂匾额，额曰"竹苞松茂"。进而便是石板天井。江南多雨，为便于泻水，天井均以石板铺就，两角设地漏。而冯宅尤为讲究，天井中部用的尽是拱形条石，下水更为畅便。长条石板凿成拱形费料又费工，此类做法颇为少见。20世纪90年代初，第三进堂楼楼层曾用作陈列"中国民间玩具展览"

的"泥香室",其近千件藏品为我国著名民间玩具专家、海盐籍画家李寸松所捐赠；底层举办各类艺术展览。现整幢建筑辟为"韵甫书院",既可供文人雅士聚会交流之用；又可开设文化讲堂,让更多的百姓了解祖国优秀传统文化。转过堂楼东次间北边小天井,出边门有半亭可避风雨,右旁瘦天井立石笋二三,参差错落,左右呼应,墙角稀植天竺,倚墙傍石,摇曳扶疏；粉壁之上镶有著名书法家启功为李寸松所题的"泥香"砖雕,为此小景之点睛。

出半亭为花径小院,院西侧有平屋三间,为绮园西入口。正间石库门额之上嵌有"绮园"石匾,系著名诗人、南社社员高燮(字吹万)于20世纪30年代所书；院北侧之"兰园",展出各类名贵兰花百余盆；院东侧南北向云墙一堵,有月洞门可通园,洞门之上"绮园"匾额,系原中央美院副院长、海盐籍著名书画家朱乃正所题。月洞状园门把喧嚣的城市与静谧的园林分割成两个截然不同的世界,洞门之内林木森森,古树参天,风叶瑟瑟,鹊闹枝头,别有一番天地。绮园之景已命名者有十,首景"别有洞天"把人带入幽深清凉的山林之中。

进洞门,一蘑菇状太湖石迎面而立,似屏似壁,不使园景有一览无余之弊。左侧云墙镶有"绮园记"石碑一通,为上海楹联学会副会长、《中华诗词年鉴》主编鞠国栋所撰,中国书法家协会理事、上海书协副主席刘一闻书丹。

沿蘑菇状太湖石旁花径穿林东往,不觉来到南山山麓,狭窄的山道劈山而出,唯侧身挤躯方可上,于此,便可感受"密不插针"的艺术手法之妙。拾级东行,山径迷离,曲折无常,左盘右旋,顾盼不及。倏忽,一太湖石耸立山脊,山石透漏出奇,穿过那一个个东拐西弯的孔中之孔,绮丽小景隐约可窥。向北俯瞰,便是"潭影九曲"景区,小巧玲珑的九曲桥与敞轩的四面厅尽收眼底。

下南山,沿山脚傍水池左转西行,那不规则的九曲小桥跨水北去。桥身朱栏低护,桥板长短不一,曲势随意自然,似乐曲之华章,或高扬激昂,或平抑如诉,踱步其上,古韵无穷。水池幽深,横护厅前。厅面南设小庭,临水低列望柱栏板,有如微塑。庭东西两侧各有一株数百年樟树,枝繁叶茂,直上云霄,荫庇厅池,尽司其职。四面厅原名"树百堂",张元济曾为之题匾,不久抗战爆发未及悬挂而失于战乱。1987年,陈从周命其曰"潭影轩",并题之于匾。轩内楹联有二,一云"两浙名园此称首,参天乔木更无俦",一云"绮丽幽藏泉石,园林独辟湖山",分别为当代著名书法家王蘧常和沈鹏所书，两联把绮园出众之处恰如其分地概括了出来。庭前隔水望去，南山绝壁之上的碧石翠树和轩前旁侧婀娜多姿的九曲桥都宁静地沉入池底，池面开阔处掩映出白云在蔚蓝的天幕上缓缓飘动，继而又消失在树影之中。这一动一静的水中景色足以让人流连忘返，大有丽景荡心胸、闲情洗尘埃之感。池水于南山东麓急转北向窄而成溪，水流渐趋湍急，绕潭影、穿中山、过暗洞，汇入北边的大水池。跨过架于暗洞前的"折桥"回首望去，刚才的潭影曲桥皆隐没于丛林密石之中了。这种以林木山池为主，略略点缀建筑的造园手法与今之以风景为主的风格相近，构成绮园的一大特点。

躬身下探折桥东堍低于地面的中山山洞，逶迤曲折向西北蛇行而去，幽暗之中漏进几丝光亮。须臾，豁然开朗，宽广的水面跃然眼前，与前所感受到的苏州园林式风格迥异。出山洞，过一条贴山脚临水面的险道东行，至中山东麓登级向西，越过山间飞梁，透过枝叶缝隙，南北两区景色依稀可辨。山顶偏北那胸径近一米的400余龄皂荚树穿天而去，为园内树中之王。它是明末清初的遗物，冯缵斋造园时此树已是260余龄，若把如此古树移植山上是断不会成活的，故可推断此树其时早已长于假山之上，冯缵斋只是利用旧时地貌营造而已。由此可知，绮园应该建在明末清初不知名的废园之上。中山是潭影轩北的屏障，也是分隔南北景区的界山。山自东向西由低入高呈台阶状层层向上，山脊时窄时宽，时险峻时平缓。西部山顶，平坦宽敞，上置石凳石桌，于此纳凉品茗端坐观景好不悠哉。

山西北丘壑处石级陡险，护壁而下可达山腋小洞，下行至洞底，隧道分叉南北，履南道，上两阶级，洞尽天开，竟至潭影轩北。绕山西行，一石拔地而起，石壁之上有陈从周"美人照镜"题字。东望该石，揽入广角之内的是"美人照镜"景区。何谓"美人照镜"？"镜"者，石颈项处有一圆孔，晴好清晨，孔中光耀四射流霞如镜；"美人"者，一喻石之美，二喻环境之美，三喻游人心情之美，游人观景如美人照镜也。

转过中山西麓，水域开阔，平静如镜，湖碧天清，万象澄澈，高傲的九天也倾倒在她的怀抱之中。于此，更可体念"疏可走马"的艺术效果。踱过石板小桥，一堤向东折北蜿蜒而去，堤岸垂柳依依，樱花含笑；堤东桥曰"四剑"，中、北两山山脚相汇于桥之东堍；堤北过罨画桥可达北山西麓。三座石桥一曲长堤，把大水池分割成大小不一的三个区域。三桥形制殊异，繁简相间，造就变幻莫测之水景。

单跨有栏石板小桥质朴无华，简约平实，融于绿水青山之中，俨然江南小桥流水之缩影。

四剑桥为三跨石板长桥，它简洁疏朗，俊逸秀美，桥面梯形，略寓动势。桥墩瘦削如剑，直插静穆之水以探其深；桥身横卧其上，构成险峻之势以显其伟。其构思独特，为我国桥梁建筑之孤例。20世纪90年代初，有外宾谈及距此遥远的某国亦有一座相似之剑墩古桥，可见尽管地域差异很大，但人类的文化与审美尚有相通之处。

堤南水池石矶相望，岩壁参差争让，一曲流水躲过石矶随中山体势逶迤东去，与南边穿过暗洞的潭影溪水汇聚北往，向四剑桥悄悄涌去，最后归于罨画桥西大水池。山石间苔藓葱绿，草木俊茂，有的跃水而出，有的争先向上，山野之趣更见一斑。陈从周因之悟出"水随山转，山因水活"之造园精论。剑桥与堤南之山水竟成"四剑探水"景区之经典，亦即绮园精华之所在。

罨画桥为拱形石桥，桥拱高抬，桥洞宽敞，与江南河网地区便于行舟之高拱桥何其相似乃尔！私家园林一般占地不多，池面处理不大，若布此类拱桥恐有失调之嫌。眼下这气势雄浑造型遒美的罨画拱桥蚕卧于偌大水上，与北堍双人合抱之樟树浑然一体相得益彰，再现江南水乡之景，可谓园林艺术一大胆之举。于池东岸西向取镜罨画拱桥，便即"晨曦罨画"之景。桥额隶书"罨画"二字，为捕取水中如画佳景之意。拱旁有联云："两水夹明镜，双桥落彩虹。"句出李白《秋登宣城谢朓北楼》诗，移来谢朓之景为我所用，其用典之雅与人更多联想。以罨画桥为界，池分东西为"两水"，桥拱倒影合圆"镜"；实桥虚桥为"双桥"，水中虚桥犹如五彩落虹，美不胜言。

以堤、桥分隔水面的手法在江南私家园林中实为罕见，显然当年设计者吸取了杭州西湖和扬州瘦西湖理水之经验而灵活运用于这小园之中。长堤与拱桥是江南水乡田园风光中极有代表性的景色，游园至此，往往令人瘭生如入郊野水乡之感，纵成绮园布景之一大特色。

堤东水滨有亭"滴翠"，背山面水而筑。亭前，太湖石列岸一周，游人行于滨水花径，隔岸遥望仅感身移未见步展，飘飘然如若游仙。岸边，蔷薇粉白，清香四溢；亭旁，紫藤虬曲，直上梧桐，大有与石争怒之势。是亭原名"醉吟"，1985年，电视剧《红楼梦》"宝钗扑蝶""黛玉葬花""滴翠亭小红私语"几场戏在此拍摄，红学家邓云乡遂更其名曰"滴翠"。邓老一时兴起赋诗以记其事："此亭曾入红楼梦，拍蝶宝钗事有无。古木老藤依旧是，从来难觅美人图。"绮园曾因"有蝶仙来"而名盛一时，终成"蝶来滴翠"之景。

亭后北山山脉由南向北折西而去。东望其山，列嶂排空，万马奔腾；北望其山，危峰比叠，威武壮观。这与大自然造化的"横看成岭侧成峰"的艺术效果难道纯属巧合？大假山前后皆成丘壑，登临其上如入真山，这异于苏州园林因面积小而略其背的做法。陈从周认为绮园"所以能颉颃苏扬二地园林者，山水实兼两者之长。故变化多气魄大，但又无苏州之纤巧，扬州之生硬……但三地园林相互影响，孰前孰后，在此园中颇堪寻味，实为研究造园学与园林史之重要实例"。绮园之艺术价值于此可鉴。

绕亭登级，山峦起伏，栉比鳞次。山巅为园中"制高点"，上筑小亭，隐匿于林，呼作"小隐"，又名"依云""望海"，上可揽月，远可望海，此即"海月小隐"景区。相传于此东望，越过朱园、百可园、徐园，滚滚海涛皆入胸怀；西望，天宁禅寺镇海宝塔历历在目，钟鼓梵音朝暮相闻。海月等为我所用，中国古典园林的借景手法于此得到验证。呜呼！时过境迁，东部三园均毁于侵华日军之炮火，而后绮园之东西又高层林立，寺塔、海涛皆拒于高楼之外不复寻觅矣！

山脉以此亭为转折向西伸展，势渐平缓。山径之上雀梅老干悠悠而晃，再添山野情趣。山体又于凌波水榭处往北向东急转而去，势更低平，继而回环消失于亭北崖下。这一回环恰恰造就了亭西北的深谷，妙成绮园"幽谷听琴"之景。谷底聚水成潭，潭中小岛南北架条石以通陆。潭周峰障林复，仰望，小隐亭矗立于黄石所垒的峭壁之上，尽展北国大斧劈山水雄浑之势，又构成江南私家园林之特例。岛设石桌、石凳，抚琴操弦，清音环绕，鱼虾嬉戏，微波荡漾，天成一幅"幽谷听琴"画图，人间烦恼于此顿消，真世外桃源也！

出谷北上，入"古藤盘云"景区。亭北崖下小岗之上古藤苍虬，盘根错节，攀树搭枝，如巨蟒缘树而上。邓云乡见此连连叫绝："北京历史上有著名的吏部藤花、槐树斜街藤花均数百年旧物，惜皆不存，今在海盐绮园见此古藤实为奇迹！"慨叹过后吟就一诗以抒胸臆："藤花故事总销魂，谁记红楼旧梦恨。吏部槐街凋零尽，海隅又见老云根。"

返径幽谷西北，有枸骨树所结之果春绿秋红，经冬不凋，偶有入春返青、入秋又复红之两代果实同生者，甚为奇异。冯氏后裔之榴①先生回忆，幼时曾听长辈说起此树系从西欧购得，想必品种与本土的有所不同。

---

①之榴：冯之榴(女)，生于1922年，著名物理学家，归国华侨。

西往，下山南拐，尾景"风荷揽榭"徐入眼帘。水榭取名"凌波"，东向临水而建，南翼鹤顶红莲花在片片荷叶的映衬下揽榭轻拂，摇曳多姿。隔水东去，但见樟树、蔷薇枝下的罨画桥相对而出。置身水榭，凭栏把赏东区丽景，吟诵"雨丝风片，云影天光"桥西楹联，竟悟得千树翠叶沐尽雨丝风片、一泓碧水包罗云影天光之意境，心胸顿觉旷荡，无不游目骋怀悠然自乐。把自然界的风云雨雪亲和到人为的花榭山水林木之中，从不经意间潜见匠心，这恐怕是对罨画桥西额"观濠"二字的最好诠释吧。

著名学者苏渊雷来到绮园，被该园小中寓大的江南山野景色所迷恋。适值细雨绵绵，景物时隐时现，感其如入董其昌《云山小隐图》，以为平生得意之游，当即唱吟得联："六代高文无此绮，平生快览最兹园。"又联："四大海水入于毛孔，一朵野花可见天国。"此为苏渊雷继陈从周之后对绮园特色的再一次总结。

沈咏嘉、王加丽

2013年6月

原载于《海盐旅游故事》，2013年12月，海盐县旅游局编

文论

文徵明《古木幽兰图》^①赏析

在中国绘画中，文人画是有别于民间和宫廷画院绘画的一个大支脉，它是我国封建社会中文人、士大夫用山水、花木作素材，以发抒"性灵"或牢骚等情绪的绘画。文人画滥觞于唐代王维，到明代文徵明已达最高峰。王维又是"南宗"的始祖。明董其昌把文（徵明）、沈（周）推为"南宗"正统，所谓"文人之画自王右丞始……吾朝文、沈则远接衣钵"。文徵明的画风在明代的影响极大。

文徵明（1470—1559），初名壁，后作璧，字徵明，后以字行，改字徵中，号衡山、衡山居士、停云生，长洲（今江苏苏州）人。擅长山水、花卉、人物画，花卉受赵孟坚、倪瓒、沈周的影响较多，常作意笔兰、竹，是苏州文坛画界继沈周而起的又一中心人物。"沈周为吴门画派的创始人，画派形成于文徵明，逐渐取代明代宫廷画派和浙派，反映了文人的情绪、爱好，推动了文人画的发展。"（潘天寿《中国绘画史》）

《古木幽兰图》是文徵明水墨写意花卉精品之一，纸本，纵五十九厘米，横三十厘米，画芯中上部斜钤"金粟山藏经纸"朱文长方印。"金粟山藏经纸"是宋代名纸，"金粟山"即今浙江省海盐县六里乡茶院之金粟寺。根据文徵明用笔"粗细兼备"和落款"徵明"的"徵"字中的"山"字一竖特别高的特点，此画当为晚年之作。《古木幽兰图》布局平衡疏秀，用墨轻淡，使笔柔和以及诗书画三者的有机结合，构成了文徵明绘画艺术特有的风格和情调。其中平稳得势、淡雅空寂和简洁虚散的特色，集中表现在构图、意境、笔墨之中。

---

①《古木幽兰图》，或作《古木兰竹图》《古木幽兰图轴》《水墨枯木幽兰图轴》，叫法不一。

平稳得势

清王概在《画花卉草虫浅说》中说："画花卉全以得势为主。"此图中的树石兰草在点缀布置上气脉贯串、交义而不紊乱，参差而各条畅，颇得其势。古木从画幅右出，主杆弓曲向上，越过中轴线分叉左右，右向枝为主干延伸之枝，故甚粗密，左向枝为分支，故而细疏，整棵树的走势由险趋稳。其左傍，兰叶一二弧弯点地，虽柔尤刚，是支撑画面的主要力点。中轴线下部偏左置一巨石，中轴线上部偏右书五言绝句一首，一书一石，上下斜向呼应，以求得画面的平稳。正如明沈颢《画尘》中所说："文衡山行款清整……每侵画位，翻多奇趣。"在经营位置上的各个局部是那样的欹侧险峻，整体效果却又是如此的平稳妥帖。文徵明一丝不苟的绘画作风以及他那过硬的传统功力和超脱不凡的气质于此可窥一斑。

淡雅空寂

此图画的是冬尽春初之景，给人的感觉当然不是喧闹热烈、百花怒放的场面，而是文静淡雅、空无幽寂、阳春初发的深谷妙景。树、兰、石是画的主要部分，都用淡墨法。树枝似枯，空荡静寂，且用中锋勾勒以示其凝重苍老，枝头芽苞浓墨点染，遥寄古木逢春之怀；以"风意写兰"，用笔中侧兼用，显得秀丽婉润、活泼天趣；顺笔点花，质美如玉，阵阵清香由纸递来，使人体念到作者那忘掉世间一切烦恼的空无思想而陶醉于淡雅静穆之中；用枯燥毛涩的笔法表现土石，虽惜墨如金，然而在空寂宁静之中增添了些许根基的阳刚之气。周阳高在《论中国山水画传统》中讲到，我们在欣赏中国山水画时"不能满足于仅仅作为空间艺术而存在的视觉形象的展示，而必须在时间延续的进程中增加它的容量"。这虽然是针对山水画而言，但同样适用于花鸟、人物画的欣赏。图中把山谷的真实形象忽略隐去，突出表现古木与幽兰，从兰、树的清淡、空冷，使人联想到山谷的空幽、深远。在这宁静的环境中却又微微闻到兰花清幽的香味，从而进一步地揭示了文徵明怀才不遇、无心仕途、寄情于书画聊作自娱的内心世界。

文徵明在《古木幽兰图》上方题诗曰："古木澹空枝，幽兰美如玉。何处迎清香，佳人在空谷。"文徵明诗风清丽自然，以写景抒情，出入于白居易、吴宽之间。"空"在这里作"虚""无"解。在这短短的五言绝句中用了两个"空"字，分量极重，道出了文人、士大夫阶级的人生哲学。一个"淡"字点出了这幅画中恬静的意境。"古木淡空枝"，意思是老树已不喜与充满青春活力的新干那样富于表现，去追求那些有形的东西，这空无的枝头偏可恬淡宁静地与造化灵妙共处。"幽兰"与"佳人"照应，当理解为"隐居之士"，即文徵明自己。"空谷"指虚空的深谷，意思是在深谷中虽有"如玉""佳人"，但簇拥她的却是一片空无静寂。然而又隐露着根基的阳刚和古木的生机，即便是枯枝亦将萌发新芽。在追求高洁脱俗、空无淡泊的深处隐约暴露了文徵明对美好未来的向往。

题画诗的书写，用笔、结构法度严谨，古拙遒劲中透灵秀之气，久观，回味无穷，可谓大器晚成。浓墨干笔，声嘶力竭，与淡雅的画面形成强烈的反差，起到调节意趣的作用。这幅作品中把诗、书、画这三种不同的表现形式紧密无间地熔铸在一起，产生极妙的艺术效果，从而集中地表达了文徵明人到晚年万念俱灰与世无争的"空无"观念。

简洁虚散

简洁是一种"返祖现象"。后人总结宋人画繁，无一笔不简；元人画简，无一笔不繁。文徵明继承了元四家，特别是倪瓒那种构图简洁的风格。此画不作繁复状，整幅构图给人以一种简明洁爽、虚和疏散的感觉。画树一杆二杈，分枝寥落；写兰疏朗通透，如霜裾月珮，翩翩自由；小竹一二，菖蒲三四，洁石一块，虽撮聚一处，但无繁密冗杂之患；竹小兰大，用夸张的手法把竹置于似有若无的地位，以突出兰、树。文徵明在他的《漪兰竹石图》跋中说："昔赵子固写兰往往联幅满卷而生意勃然，郑所南疏花老叶仅仅数笔而生意亦足……余雅爱二公之笔，每适兴必师二公。"元汤垕《记赵孟坚画兰》云，子固"作石用笔轻拂如飞白状"。此图中的兰花满而不密，散而不松，巨石淡墨飞白，简洁虚和，可窥见文徵明既有意匠赵孟坚的痕迹，又有师法郑思肖的本色。他不同于沈周所具有的那种粗笔沉雄的蕴蓄之意，使人感受到因文徵明本人的气质与功力所造就的清界逸韵、简洁虚散的艺术特色。

"文人寄兴，则放逸之气，见于笔端"（清王概《画兰浅说》）。"兰、竹、梅、菊……文人高士常常借它表现自己清高拔俗的情趣，或者作为自己鉴戒

古木撑空枝
幽兰美如玉
日夕匹清香
佳人在空谷
徵明

文徵明水墨《古木幽兰图》

或讽谏"（潘天寿《中国绘画史》）。历代文人画家均有高洁洒脱、闲适宁静的人格思想，他们托物言志，讲究笔墨情趣，脱略形似，强调神韵，并重视文学修养，对画中意境的表达以及水墨、写意等技法的发展起到极大的作用。作为文人画家的代表，文徵明表现得尤为突出。他在《论画花卉》中说："宋名人花卉，大都以设色为精工，独赵孟坚不施脂粉，为能于象外摹神，种种勾勒，种种脱化，秀雅清超，绝无画家浓艳气，真奇珍也。""文人画就是东方艺术至高无上的'自我'"（潘天寿《中国绘画史》）。文徵明所追求的就是这种"超脱"和"自我"。文徵明早年曾十次参加乡试，至五十多岁也没有考上。有人评说是因不合时好而未被录取，也有人评说他是早不慧，不管何种原因，名落孙山的情绪总是不好的。投身仕途的欲望与抱负多次被现实击得粉碎，从此，他致力于诗文书画，不再求仕进。在这种客观条件下接受儒释道的"空寂""虚和"思想是极容易的，这是形成文徵明艺术风格的主要因素。

文徵明在绘画方面是"吴派"二大家（沈、文）之一；在文学方面与祝允明、唐寅、徐祯卿并称"吴中四杰"；在书法方面也是有明一代大家，故文徵明的艺术成就在于他能"综合前人技法，形成自己的风格，并进一步把诗、书、画三位一体发展到更完美、更普遍流行的地步"（俞守仁《132名中国画画家——文徵明》）。

附　记

文徵明《古木幽兰图》原由浙江湖州鲍约棠收藏，在图的右下角钤有"存在鲍约棠家"收藏章。"文革"期间，湖州某氏把传家之宝——文徵明《古木幽兰图》的画芯割下，藏于箱底，得幸免遭劫难。"文革"后，将此画寄售于湖州文物商店，历久竟无人问津。其原因不外有二：一是"文革"余波未息，恐犯复古立旧之嫌；二是文徵明的名头太大，真伪难辨。1976年，嘉兴地区博物工作会议在湖州召开，市文化局丁仲康把此画介绍给海盐县博物馆鲍翔麟。因画幅中钤有"金粟山藏经纸"印，鲍翔麟以收藏海盐地方文物为目的，与主人多次协商，终于以40元人民币成交。问其姓名、住址及画的流传经过，她一概不做解答，想有苦衷不便告人。此画后请上海博物馆中国著名书画鉴定家谢稚柳先生鉴定，果然是文徵明真迹。1987年又经中国书画鉴定小组鉴定，定为文徵明水墨写意花卉之精品。

文徵明与海盐许相卿同为诗友，过从甚密，或许文徵明作画所用的"金粟山藏经纸"来源于许相卿亦未可知。许相卿于正德间任兵科给事中，因反对奸相严嵩，谢病归，隐居于海盐县六里乡茶磨山。文徵明有《寄茶磨山许相卿》诗：

> 茶磨清风不可攀，高人先我十年闲。
> 懒摇玉佩联青琐，故掷银鱼傲碧山。
> 新水旋开田二亩，紫云深锁屋三间。
> 若为便置苍生望，见说青青鬓未斑。

从文徵明与许相卿如此密切的关系中，不难看出他用海盐"金粟山藏经纸"上作《古木幽兰图》的情感所在。

1990年2月22日脱稿于怀古斋西窗灯下
1990年2月23日在嘉兴市文博考古学会成立暨讨论会上宣读

海盐县城外发现纪年三国吴墓一座

1992年11月，海盐县博物馆野外考古调查组在县城西南约500米，东距海塘约750米处的南台头出海排涝干河平湖施工段发现纪年三国吴墓一座，当即进行发掘清理。现简报如下：

墓葬形制

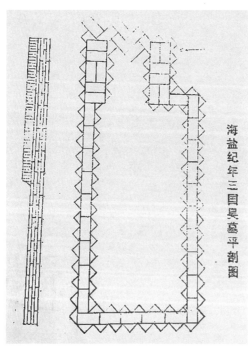

海盐纪年三国吴墓平剖图

墓室平面呈"刀"形，长4.80米，宽2.05米，残高0.47米。墓坐西朝东，墓向西偏北10度，由墓室与甬道两部分组成。墓壁由长方形砖错缝平砌四层、再横砌一层的"四顺一丁"法砌筑。墓壁下以一层斜铺平砖作基础。墓底无砖。甬道外地砖一层斜铺呈"人"字形。墓砖大多素面，相当部分为一侧有铭文的纪年砖，少部分一侧为几何纹，以青砖为主，间有少量红砖。砖长37厘米，宽17.5厘米，厚5.5厘米。纪年砖均为模印阳文，直行隶书，铭文有"天册元年七月廿日袁氏"和"天纪元年七月十日吴氏造"两种。

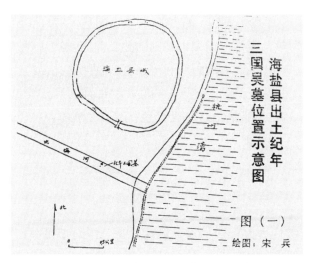

海盐县出土纪年三国吴墓位置示意图

墓室内棺木尸骨皆腐朽，仅存残骸一二。

随葬遗物

墓葬出土随葬品均为青瓷器，共6件，除鬼灶外皆残缺。现介绍如下：

钵：口微敛，圆唇，平底微凹，口部饰弦纹、连珠纹和斜方格纹。胎灰白，内外施青黄釉，釉不及底。高8.3厘米，口径16.5厘米，底径11.7厘米。

唾盂：扁球腹，假圈足微凹，肩部饰弦纹和斜方格纹。胎灰白，内外通体施青黄釉。残高7.1厘米，最大腹径10.8厘米，底径7.6厘米。

鬼灶：船形，灶面上有两圆形孔，灶尾有一出气孔，灶门呈"n"形。胎灰白，通体施青黄釉，有剥釉现象。高11.4厘米，通长20.3厘米，最宽处14厘米，两孔径均4.8厘米，出气孔径1.8厘米，灶门高3.7厘米，宽约2.6厘米。

双耳杯盘：侈口，圆唇，平底微凹。器内底一边残存一耳杯底部，另一边存耳杯与盘黏合痕迹。胎灰白，内外施青黄釉，釉不及底，器内剥釉严重。高3厘米，口径16.4厘米，底径10.6厘米。

鬼灶

　　熏炉：直口，平唇，圆肩，扁球腹下收，圈足。肩口部贴附耳一对，肩部饰弦纹和菱形纹，腹部三周镂不规则圆孔，并饰弦纹两周。胎灰白，内外通体施青黄釉，肩以下部分剥釉严重。残高12.8厘米，孔径约1.5—2.2厘米。

　　井：直口，平唇，斜肩，直腹，凹底，肩部饰两周弦纹。胎灰白，器上半部施青黄釉，下半部露胎，呈土红色。高16.1厘米，口径9.3厘米，肩径13.5厘米，底径11.3厘米。

结　语

　　该墓墓室结构为典型的"刀"形墓，是三国时期墓葬沿袭汉旧制的佐证。从出土青瓷器物的造型、纹饰和釉色看，均为三国吴末年、西晋初年的风格，与纪年墓砖"天册元年"（275）和"天纪元年"（277）所示年代相符。青瓷双耳杯盘明器与汉泥质灰陶耳杯和釉陶耳杯有着承接关系。从出土的钵和双耳杯盘的烧造粗糙、有多处气泡和粘砂现象看，当时应有不少的劣质产品进入市场，反映了东吴末帝孔皓荒于政事、沉湎享乐、国库空虚、人民失业、经济衰落、影响生产的现状。

　　墓砖隶书三种。"天册元年七月廿日袁氏"用笔方圆相兼，结体浑穆，带篆意；"天纪元年七月十日吴氏造"以方笔为主，古拙质朴，遒劲厚重；"天纪元年七月"残砖方笔瘦劲，整饬飘逸。两块"天纪"砖字体风格不同，明显出自两位民间书家之手。三国砖文结体一般带有强烈的装饰味，这是由于受砖面限制（如瓦当文字结体一般）所致。而"天纪""天册"砖文除"天纪元年七月"残砖较整饬外，余皆不囿于砖面，布局自然随

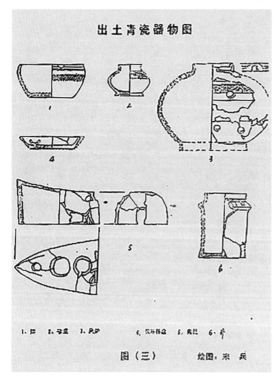

出土青瓷器物图

意，大小疏密错落有致，颇具天趣，为研究三国两晋书法艺术提供了一份新的资料。

墓砖隶书

海盐地处杭州湾北岸，史载东晋时的海岸线自澉浦经储水陂至王盘山往北至柘林。宋《武原志》："晋咸康七年（341）移县治于马嗥城。"马嗥城在今县城东南的杭州湾中。《闲窗括异志》："案光绪二年六月海潮不至，居民于数里外掘得古砖有……'蜀师'……文字。"惜当时实物均佚，竟成史载。这次在出海河海塘西边又出土数件"蜀帅"铭文墓砖，证实光绪之事。从三国吴墓至出海口之间单因开挖河道而出土汉晋墓砖就多达20余处，可知这里原是马嗥城外西北处范围可观的一片墓地，马嗥城是一座人口密集的繁华城市。

浙江纪年三国吴墓至今发现尚少，该墓的发现对研究当时的墓葬习俗、砖窑和青瓷生产技术以及杭州湾的变迁等有较大的参考价值。

1993年4月

本文在1993年4月浙江省考古学会第二届年会暨考古工作汇报会上宣读

原载于《海盐文博》，1996年第1期，海盐县博物馆编

日军侵占海盐罪行的见证

——记"重建海盐县府公廨"奠石的发现

像徐尚书宅这类清末建筑在海盐已是凤毛麟角了，虽然我在孩提时代经常去那里嬉戏玩耍，但对建筑的艺术风格却一无所知。1991年8月的一天，我对徐宅的近况做了调查，就在那里发现了"重建海盐县府公廨"的奠石。该宅系光绪年间兵部尚书徐用仪私家花园（俗称"徐家花园"）的一个小单元——徐四房的一进住宅。花园和其他所有建筑均毁于侵华日军兵火。著名园林学家陈从周教授的《说园》中收了徐园图三十二幅，颇有研究价值。新中国成立后钱塘江管理局海盐工务所（现更名为盐平管理处）在这里办公。

徐宅这一进建筑保存完好，轩宇月梁等木构件上精美的雕刻完好无损，只是惹上了许多尘埃。落地长板窗上的钟、铙等古玩木刻浮雕依然清晰如故。步入宅北天井，迎面是一堵高墙，正中的石库门槛双门紧闭已不作通道，里边一大片徐宅废墟上新建起了宿舍大楼。西侧的简易房是海盐工务所食堂。那块"奠石"就在食堂南边洗衣裳水泥板下支撑着。"奠石"为国民党海盐县县长俞斌于民国三十五年所撰，楷书，七行，一百零五字。现录于下：

八年圣战，邑当首冲。长蛇封豕，窃据其中。荜居栉比，一炬而空。县府公廨，翦为榛丛。故土光复，人和政通。绸缪重建，询谋金同。择地卜吉，计日课工。政治枢纽，百里从风。奠兹基石，爽垲尊崇。经之营之，观厥成功。海盐县县长俞斌谨识。中华民国三十五年十一月十二日奠石。

据新《海盐县志》载，民国二十七年5月7日，日军在县城"烧关帝庙、县立图书馆、国民党县党部，以及何宅、吾宅、周宅等巨家大院，前后

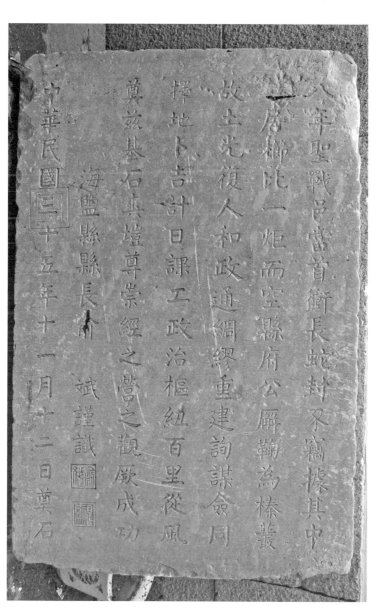

重建海盐县府公廨奠基石碑

十二昼夜火光不熄。尚书厅徐宅、资圣寺一带和东门外北网舍一带亦尽焦土……"。"奠石"是佐证这段日军焚烧海盐县城暴行的实物资料。

1971年开拓盐平塘时，在工务所前市河南岸边出土了这块"奠石"，后一直存放在工务所内。原县府公廨在今武原镇东海桥东堍北侧五十间头处。从"奠石"出土地点看，有可能当时"择地卜吉"后定在徐宅河对面原县党部旧址上重建县府公廨的。考俞斌县长的任期为民国三十五年1月至三十七年9月止，但为何在民国三十五年11月12日奠石后总不见动土建造呢？新《海盐县志》载："民国三十七年10月，县参议会第一届八次会议检讨离任县长俞斌'究属瑜不掩瑕，过多于功'，监察院苏浙区监察委员行署调查专员到县，调查俞斌任内所犯之贪污田粮案件。结果此案不了了之。"大概是由于俞斌不检，真有"贪污田粮"之事，造成财政漏洞，经费紧缺，未能实现"重建县府公廨"之举，从而引出这件悬案的吧！

"奠石"现藏于海盐县博物馆。

1995年7月7日记于以风当歌斋

原载于《海盐文博》，1995年第2期，海盐县博物馆编；《海盐文史资料》，第29辑，1996年7月，海盐县政协学习文史资料委员会编

海盐县石泉高地出土良渚玉器一瞥

20世纪70年代，海盐县石泉高地农民在高地上垦地时先后出土一些良渚文化的小件玉器，为海盐县博物馆所征集。后又征集到新中国成立前夕在高地上出土的良渚玉璧一件。经调查，高地为一处新石器时期遗址。高地原有3米多高，四面坎水，后在平整土地时高地被耙低，四周河道被填。高地现状：四面为水田。高地高出水田约2米，东西长约120米，南北宽约50米。现将出土的玉器介绍如下：

玉璧1件。直径16.5厘米，孔径4.1厘米，厚0.9厘米。玉质坚密、细腻、洁润。酱茄色，蚌裂处呈黛绿色，色沁较重，局部呈钙化状。形制规整，表面不平。一面近边缘有两处凹陷，另一面近孔有一处凹陷，均似切割痕迹。圆孔为双面钻。

玉镯1件。直径14厘米，孔径5.4厘米，厚0.6厘米。玉质坚密、润泽。青灰色，微色沁，有细丝如蓝，局部钙化。较圆，体扁，屈曲不平，有一处裂纹。

玉璜1件。外弧长6.7厘米，内弧长5.5厘米，厚0.7厘米。玉质较坚密，稍润泽。黛色。局部色沁，呈灰色条块状。略小于半璧，内弧厚处平直，外弧厚处鼓状。两端削薄，各单面钻一小孔。

玉璧

玉镯

玉璜

玉坠6件。（1）长4.2厘米，最大径1.4厘米。玉质疏松。淡土红色，微色沁。垂腹，体略弧如茄形。上端作小榫状，双面钻一小孔；（2）长3.2，最大径0.9厘米。玉质较坚密、稍润泽。紫酱色。椭圆锥形，上端作小榫状，双面钻一小孔。体中段处稍残；（3）长3.4厘米，最大径0.8厘米。玉质疏松，无光泽，灰白色，钙化较重。梭形，上端两面修削稍扁，单面钻一小孔；（4）长4.4厘米，最大径0.8厘米。玉质较坚密，有光泽，土黄色，微色沁。圆锥形，上端四面修削，双面钻一小孔。残斑数处；（5）长2.9厘米，厚0.8厘米。玉质疏松，光泽差，酱褐色。方锥形，上端四面修削，双面钻一小孔；（6）长8厘米，宽1.2厘米，厚0.9厘米。玉质较坚密，光泽差。老土红色。长方锥形，上端作小榫状，表面有不甚明显的钻孔痕迹。

锥形物2件。（1）长2.8厘米，宽0.7厘米，厚0.6厘米。玉质较坚密，光泽差。青黑色。长方锥形，上端平，无孔。（2）长3.6厘米，最大径1.5厘米。玉质较疏松，无光泽。糙米白色。鼓形体，上端作小榫状，有孔。下部急收成陀螺形。

玉锥形器

玉珠2件。（1）长1.4厘米，最大径1.0厘米，孔径0.4厘米。玉质较坚密。紫红色，微色沁。椭圆柱形，双面钻孔，孔偏一侧；（2）长1.1厘米，最大径1.2厘米，孔径0.4厘米。玉质较坚密。紫红色，微色沁。鼓形，正中双面钻孔。

石泉高地是目前所知海盐县唯一出土玉器的良渚文化遗址。去年底，海盐县博物馆对该遗址又做了调查，采集到属良渚文化的灰陶豆、夹砂红陶鼎、石刀、石凿等残件。当地农民反映几年前又有小玉璧出土（未征集到）。该遗址的文化内涵究竟如何，还有待于更进一步的调查。

沈咏嘉绘图

1995年7月20日

原载于《海盐文博》，1996年第1期，海盐县博物馆编

金粟山藏经纸散谈

　　海盐县博物馆藏有明文徵明（1470—1559）《古木幽兰图》一轴，纸本，纵59厘米，横29.6厘米，画芯中上部斜钤"金粟山藏经纸"朱文长方小红印一方。大约由于数百年间揭裱磨损之故，印文只是隐约可见。

　　史载"金粟山藏经纸"六字为楷书两行。"金粟山藏经纸"为宋代名纸，"……由是金粟笺之名以箸……大江以南然只就金粟立名者志土物也"（沈茂德《金粟笺说跋》）。

　　金粟山者，海盐六里茶院金粟寺也，在金粟山下。吴赤乌（238—251）中康居国沙门僧会所建，为江南最早的三大名寺之一。"金粟寺……有藏经千轴，用硬黄茧纸内外皆蜡磨光……书法端楷而肥，卷卷如出一手，墨尤黝

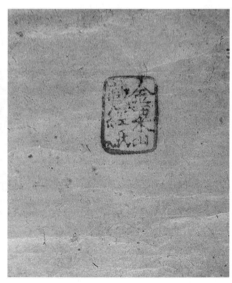

宋代"金粟山藏经纸"　　　　　　　　纸背每幅有小红印，文曰"金粟山藏经纸"

金粟寺是浙江的第一座寺院，也是我国东南沿海的第一座寺院

泽如髹漆。可鉴纸背每幅有小红印曰'金粟山藏经纸'。后好事者剥取为装潢之用。"（光绪《海盐县志·寺观》）

宣纸发明于六朝，虽汉代造纸即为书写之用，但以书法自矜用纸为底子者，记载中当以王氏父子（羲之、献之）为最早。六朝江宁"凝霜纸"（又名银光、凝光）之精良制作为宣纸之鼻祖。历经改良，到南唐时安徽的"澄心堂纸"便是我国宣纸史上的最高峰，素为书画家所推崇。宋代始盛笺纸和藏经纸，两种纸的精制情形相同，笺纸薄而匀净，藏经纸则用厚重之粗纹纸张。两种纸皆为书法用纸，而纸质大有出入。笺纸纸质或树皮，或竹料，或破布料；藏经纸除采用上述各种原料外并采用外来纸张。"大悲阁内贮大藏经两函万余卷也。其字卷卷相同殆类一手所书。其纸幅幅有小红印曰'金粟山藏经纸'，间有元丰年号，五百年前物矣。其纸内外皆蜡，无纹理，与倭纸相类。造法今已不传，想即古所谓白麻者也。当时澉镇通番，或买自倭而加蜡欤。"（《续澉水志》）"澉镇"乃今海盐之澉浦，孙中山先生未遂之宏愿——"东方大港"之南半部即是。南宋时置澉浦水军及造船场，为市舶要口，故"金粟山藏经纸"采用日本纸颇有可能。

海盐除了"金粟山藏经纸"外还有通元"法喜寺藏经纸"。"宋有张永自造纸（为天下最尚方不及）、藤白纸、砑光小本纸、蜡黄藏经笺（有金粟、转轮藏二种）……"（张应文《清秘藏》）"鲍以文'知不足斋'藏元文宗御书刻永怀二字墨帖卷子藏经纸引首上有楷书方印曰：'法喜大藏'……陆咸仲藏明朱西村题陈墨山画木芙蓉诗藏经笺有楷书长方朱印作两行曰：'法喜轮转大藏'。按吾邑藏经有金粟、法喜两种，今寺中散佚殆尽，收藏家间得尺幅亦颇宝贵。"（张燕昌《金粟笺说》）

"金粟山藏经纸"朱印　　　　　　白色"金粟山藏经纸"

宋宣纸又有叫"由拳麻纸"的。"由拳纸"也是藏经纸的一种。由拳者，一说在余杭，一说在嵊石，又说澉浦是古由拳地。由拳疆界究竟如何未能详考，但是无论什么手工业，它产地的范围绝不非以其行政疆域为界的。不过，"由拳纸工所用法，乃澄心（澄心堂纸）之绪馀"罢了。

"寺先有宋藏数千轴，皆硬黄复茧，后人剥取为装潢用，零落不存，世所传金粟山藏经纸是也。"（潘泽民《金粟寺记》）"……藏经笺，今并尺幅片纸视为奇货，即留心鉴赏家亦未易数数覯也，更阅数十百年不知珍重为何如

2017北京荣宝秋拍：北宋《金粟山大藏经》

耶？"（张燕昌《金粟笺说》）把"金粟山藏经纸"剥下为"装潢"之用实在可惜，结果"零落不存"，倒是物以稀为贵了。省文物鉴定小组把号称文徵明精品的《古木幽兰图》定为国家二级文物确实委屈了些。虽然此画尺幅偏

小，笔墨不多，但仅"金粟山藏经纸"已是不可多得的文物了。尽管我涨红脖子据理力争，然而专家总是专家。

　　文徵明是有明一代文人画的代表人物。文人画并非"精工"之画，而是以"寄情"为目的的。文徵明在"金粟山藏经纸"上作《古木幽兰图》不免还是"抒怀"。"金粟山"——"海盐"这对文徵明来说不但不陌生，而且还有一段情缘。文徵明早年数次参加科举考试，却因文章不合时好而总是名落孙山，后来便致力于诗文书画。54岁时由苏州巡抚李克成推荐，授职翰林院待诏，参与《武宗实录》的编修。期间目睹朝廷上下明争暗斗、枯荣无常的现状，屡屡上书请求辞退，终于在他57岁那年去职南归苏州。从此杜门不问世事，沉浸于诗文书画之中。在京城时，文徵明对曾任兵科给事中的许相卿（1479—1557）的清正人品极为敬崇。许相卿在朝时见世宗皇帝远忠勋大臣近宦官小人，多次进谏屡未采纳，遂称病归里隐居在海盐紫云里茶磨山，后屡拒出仕，清名益高。文徵明有《寄茶磨山许相卿》诗云："茶磨清风不可攀，高人先我十年闲。懒摇玉佩联青琐，故掷银鱼傲碧山。新水旋开田二亩，紫云深锁屋三间。若为便置苍生望，见说青青鬓未斑。"文徵明晚年得"金粟山藏经纸"作《古木幽兰图》，上有诗题云："古木淡空枝，幽兰美如玉。何处递清香，佳人在空谷。"文徵明从追求人生的"空""淡"到对"幽兰""佳人"的赞美，至此，我们该明白他的寄语了。

金粟山大藏经

乾隆题"神乎技矣"于金粟山藏经纸

1996年9月15日于以风当歌斋

原载于《海盐文博》，1996年第2期，海盐县博物馆编

澉浦赵青天碑的发现及其意义

　　1995年5月，我在海盐县通元镇新浦村银桥湾杜国明家中发现清康熙年间处理澉浦脚夫纠纷案的赵青天碑一块，该碑现由海盐县博物馆收藏。

　　碑为石灰岩质，长方形，下有榫，上部略残，左上角损数字。碑残高90厘米、宽49.5厘米、厚22厘米。碑文21行，满行39字，共计754字，阴刻楷书，少部分字迹漫漶不清。识读如下：

　　□□□赵大□□钱案谳语审得澉城货物皆从外方置归用度向有西北门两班脚夫分界肩驮

　　此例已久有陈在公□□开铺两处于三十九年间彼此争挑据赵觐臣等立明议合各执凿□何今

　　两门班之脚夫刘子干等突然背议争夺两门脚夫顾惟采等应挑之货遂致斗殴各皆负伤讦控到

　　□庭讯之下阅其议合实系刘子干等自恃强悍越界并吞应即痛责枷号念系军丁姑从宽押移口

　　衙堂发落至于界限须当分明以杜日后之争竞牒委薄衙亲诣该地唤齐两处脚夫头及保长人

　　等查照议合勒明竖石各自遵守永斩藤葛如有抗违控告重处立案备照

　　康熙四十四年十二月初三日给

　　嘉兴府海盐县正堂加二级赵为脚夫越界争夺阻货绝食公恳给示禁饬以安地方以全生理□

　　据澉浦镇店户里民陈宾虞赵德千陈甫升康叔宁朱俊公胡九皋步素公朱彦贞林开先徐□舟吴

　　修期陈子和陈文肇赵叙章邬君惠吴尔高蒋聚公杨朋来胡尧勋余绍芳吴永

叔朱亮采陈在公蒋

序□周□章许元公王尔和陈天甫敖霖远吴建章吴绍尧朱次藩吴宪章等呈词开称□□澉浦一

镇地居高阜不通河路四方客货至镇全赖脚夫搬运入城西北两门向有疆界北门至永福院北止

西门至永福院南止界限画然康熙三十九年间因两班争论曾立合同议单相安已久不料本年十

月间两门脚夫各依势攘夺越界肩运两相斗殴互相讦讼在案至今两月有余争夺不休各店货物

堆积六里坝上恐其两下肆打或致有伤人命丝毫不敢进城远来商贾闻风裹足可怜澉城边海穷

镇柴薪糇谷仰给四方各铺衣食全赖生理今固争界阻滞万姓绝食贻害非小公吁俯念海滨赤子

恩赐示禁仍照前议各守疆界毋许恣越攘夺阻绝商旅万姓戴德焚祝不朽等情前来据此监查脚

夫挑运客货各有旧定之界何得恣乱攘越争夺今据前情除差押将堆积货物肩运外各再出示严

禁为此示仰两地两门各脚夫知悉嗣后各照旧定界限肩运毋许故违恣乱攘越争夺敢再违悖许

各店户指名呈禀本县以凭立拿从重究处枷示断不宽假各□凛遵毋违特示

康熙四十四年十二月初一给

澉城合境里民公立

　　澉浦镇货物进出于西、北两门，脚夫肩驮疆界向有西门、北门之分。康熙三十九年（1700）曾因两班争论而立合同议单，康熙四十四年（1705）十月竟进而斗殴致伤，后又争论不休，两个多月来镇中各店货物堆积六里坝上，商旅阻绝，严重影响了澉浦城内居民的正常生活。当时的县令赵世禄于十二月初一日对此案做出的处理是"除差押将堆积货物肩运外"重申旧定界限，如"敢再违悖，许各店户指名呈禀本县以凭立拿，从重究处枷示，断不宽假"。对两门脚夫各打五十大板。民众对这个断决并不满意，故而两天后（十二月初三日）赵县令重新做出对"自恃强悍越界并吞"的军丁刘子干押移衙堂发落的处理，并派"簿衙亲诣该地，唤齐两处脚夫头及保长人等，查照议合，勒明竖石""永斩藤葛"，态度更为明朗，故民众呼此碑为"赵青天碑"。

该碑的发现有如下几方面的意义：

一、补正史载之误

清道光三十年（1850）方蓉浦《溦水新志》载："赵青天碑，在永福院后殿中庭。为溦地高阜，不通河路，四方客货至镇西、北两门脚夫肩运入城。向例西门至永福院南止，北门至永福院北止，毋许搀越，曾立议单为据。不料康熙三十九年，两班脚夫攘夺斗殴，各相越界，以致各店货物堆积六里堰上。远来商货（'货'当'贾'之误）闻风裹足，城内仰给百货阻滞不进，贻害地方不小，于是店户陈宾虞等呈词邑令赵公严申禁约，仍照旧议，各守疆界，毋许搀越，事平为立石，垂之久远，以息争端。"

从碑文中可知，康熙三十九年前溦城"西、北两门向有疆界"即原早有约定俗成的界限，但此时断未"曾立议单为据"。"合同议单"应在"康熙三十九年间因两班争论"而立，立后，两班脚夫也"相安已久"，此时更未"攘夺斗殴""攘夺斗殴，各相越界"是"本年（康熙四十四年）十月间"的事。故《溦水新志》所载有误，今可补正。《溦水新志》何以有误，推测原因有二。民国二十四年，程煦元为《溦志补录》撰序曰："清方蓉浦先生积四十年之采访编辑成书，名曰《溦水新志》，未及付梓先生即归仙道。其孙海珊世守藏之，尚不毁于兵燹为幸。清宣统三年九月，土痞纠众毁屋，斯稿散佚不知所在，既而拾得于字纸篓内……"稿虽归赵恐非完璧，或因缺页、损页，以致有误，此其一也；赵青天碑当竖于康熙四十四年底或四十五年初，一百余年后蓉浦先生采访、编辑《溦水新志》时或许未能亲见此碑而失实，此其二也。

二、溦浦搬运业之兴衰

我国搬运业滥觞于何时，尚无从考证。但作为一种行业的产生必具备一个基本条件，即社会经济发展到一定阶段，市场需求形成一定规模，分工逐步明确。搬运业亦不例外。中国是一个有着两千多年封建历史的农业国家，在这个漫长的历史时期里随着农业、手工业和商业贸易的发展及市场的繁荣，产生了临时性的搬运雇工。"搬运雇工"最早见于汉景帝时丞相周亚夫的儿子因买葬具而雇了佣工搬运回家的文献记载。在运输业（车运、船运和马帮等）的发展下产生了季节性的甚至职业的搬运工，这大概就是搬运业的产生吧。

《中国通史》载："南朝重要产盐地在江南是吴郡海盐县（浙江海盐县），在江北是兖州盐城县（江苏盐城县），海盐有大片盐田。"澉浦地处海地，多盐场。《常棠澉水志》载："东浦在镇东，大海透入东北石赖头潮入汲煮盐。"又"鲍郎浦在镇西北十二里，古老云，昔盐场开基于此。"后有著名的鲍郎盐场。由于盐业的发达，那时澉浦搬运业当是历史上的一个高峰阶段。随着东海海水盐度的降低，成本渐高，质量渐次，海盐澉浦的盐业逐渐萎缩，搬运业亦随之萧条起来。

澉浦是南宋到元代的主要贸易海港。《常棠澉水志》载，"淳祐六年（1246）（在澉浦）创市舶官，十年置场""市舶场在镇东海岸"。《元史·食货·市舶》载："至元十四年（1277）立市舶司……三于庆元、上海、澉浦。"可知，从南宋淳祐六年至元代是澉浦对外贸易的鼎盛时期。澉浦港为什么盛于南宋？《澉水新志》载："胡职方曰：'缘宋都临安，四方百货所凑，澉浦近畿地海，舶由鳖赭入钱塘者阻于江湍以收，舶澉墙为便，番货因而毕集。"澉浦之搬运业从此又兴盛起来。运输路线如《常棠澉水志》所载："番舶皆聚龙眼潭，诸货皆由招宝闸入运河（澉浦镇市中河道古称'运河'）抵六里堰，车盘过坝，流通吴浙。"明洪武年间开始海禁，隆庆初年又略开海，此后海禁时紧时松，沿海各省（包括海盐澉浦）的海外贸易受到了严重的影响。由此可见，一个地区的社会和经济的发展与否除了它自身的条件外，主要随统治者决策的变化而变化，大至国家、地区，小至部门、单位无不如此。历史的经验和教训还少吗？至清康熙二十四年（1685）复在澉浦设海关，然已不及宋元之盛。康熙五十五年（1716）实行海禁后极大地限制了海外贸易和商业的发展，搬运业亦随时起伏。宋元时期，货运船只可从澉浦镇市中运河进出，自明洪武海禁后运河渐为湮塞，至嘉靖年间另有出丁家桥会仓河、通六里堰的旧城河也差不多湮没将尽。嘉靖年间的《续澉水志》载："客舟不能及城，往来殊不便也，镇市荒凉职由于此。"而六里堰则是澉浦镇的咽喉。《常棠澉水志》载："六里堰在镇西六里，高下相去数仞，缘舟船往来实为入镇之门户。"日晖桥在澉城之西北外，与澉城之西门、北门最便。六里堰之货物运至日晖桥由搬运工（脚夫）经西门和北门搬运进城。这些生活在最底层的搬运工（脚夫）大都是破产的农民，他们"无田可耕，无本可贾"，流入城市"靠商昇货，风雨无休"，从事"徒手求食"的工作，搬运业是他们求食的主要所在。由于海禁的原因，搬运工（脚夫）的生机受到了严重的影响。

对外贸易的衰落、商业的萧条，脚夫基本的"求食"之路越来越窄，从而发生了康熙三十九年澉浦西、北两门脚夫"彼此争挑"及四十四年的越界肩运、攘夺斗殴事件。嗣后，由于港口的日渐淤塞，澉浦失去了以往贸易的优势，搬运业也随之一蹶不振。

三、封建社会执法的随意性

碑文初三日的给示中清楚地写明对刘子干"应即痛责枷号，念系军丁，姑从宽押移□衙堂发落"的减刑决定。"枷号"是将犯人戴枷示众的一种刑罚，这种刑罚始见于明，沿用至清，明代称之为"常枷号令"。是否因为军丁是维护统治阶级政权的一员，从而也可享受减免刑罚的特权呢？经考，中国旧制减免刑罚有"八议"的规定，即规定八种人的犯罪须经特别审议方可享受减免刑罚的特权。八议自三国魏新律始载入律文，一直到唐。明承唐八议制，在手续上，明律对于八议的犯人一律须奏请皇帝裁可，虽犯流以下罪亦如此，该管审判官吏不得擅自处断。清与明同。明清八议为"议亲（皇亲国戚）、议故（皇帝故旧）、议贤（封建德行有影响的人物）、议能（统治阶级中有大才干的人）、议功（为封建国家立大功勋者）、议贵（上层封建官僚）、议勤（为封建国家勤务服务者）、议宾（承先代之后为国宾者）"（《中国法制史》）。军丁乃底层人物，根本不在八议之列。"封建统治集团成员犯了罪，按照封建等级的高低可享有一系列减免特权，如'八议''官当'之类，而这些优惠与劳动人民无缘"（《中国历代名案集成》）。清代也有捐缴钱粮赎刑的规定，但并无捐缴钱粮减免刑罚的规定，恐怕刘子干案跳不出屡禁不止的"人情案""关系案"的圈子。可见封建社会执法的随意性是很大的。

四、为补兵饷不足，军丁可出卖劳力

刘子干享有兵饷，为什么还去干脚夫的行当？实在是所发兵饷不足以维持生机不得已才充当脚夫的。为了生机又穷凶极恶地攘夺他人的地盘，甚至铤而走险，斗殴逞雄。兵饷不足，军丁逃亡时有发生，后渐趋严重。为此，一百余年后清王朝终于批准增饷。光绪《海盐县志》载："同治六年（1867）奏定减兵增饷……"现把清初和同治六年减兵增饷的情况比较列表1如下：

表1　清初和同治六年减兵增饷的情况比较

兵种	每人每月兵饷	
	清初	同治六年后
马兵	银3两，米3斗	银4.5两，米3斗
战兵	银1.5两，米3斗	银2.5两，米3斗
守兵	银0.9两，米3斗	银1.5两，米3斗

从军丁刘子干允当脚夫争苦力钱这桩事可看出，在兵饷不足的情况下为稳定军伍，当时是允许军丁去创收的。脚夫是生活在社会底层的劳苦大众之一，封建历史往往把他们排斥在外而"名不见经传"。今天我撰写此文的目的是为挖掘和抢救底层社会的史料以及注重撰写劳动人民的历史起到抛砖引玉的作用。

以上一得之见，诚求教于方家、学者。

朱建潮与步仁良两位先生为我提供了有关法律方面的资料，于此一并致谢。

后　记

1995年5月，我应民间古玩收藏爱好者杜国明先生之请，去他家专为他所收藏的家具、陶瓷器及书画做鉴定，从中发现了这块碑，同时发现的是一件具有历史价值和有爱国主义教育意义的粉彩瓷盘。该瓷盘为民国二十年代的产品，瓷盘口径24厘米、高3厘米。盘中有"诗书最乐"三仕女图，有蝙蝠、寿桃（福寿）图案四组，匀布盘口四处，"提倡国货、挽回利权"八个醒目楷字分四组嵌于福寿图案中间。这八个字是后加的，是作坊工匠把未出厂的成品盘子写上字，放入窑中再次烧造后再进入销售市场的，所用功夫着实不小。该瓷盘反映了当时抵制洋货、保护民族工业爱国运动的一个侧面。

经动员，杜先生答应把这两件文物无偿捐献给海盐县博物馆。为满足他的要求，我写了一副对联给他。我想，只要文物工作者深入基层大力宣传文物法，不厌其烦地做过细工作，一定会得到群众的理解和支持，一个全民保护祖国历史文化遗产的局面必将早日形成。

1998年12月2日晚于以风当歌斋灯下

原载于《海盐报》，1998年12月22日第三版；《海盐文史资料》，1998年12月第33期，海盐县政协学习、文史资料委员会编

浅谈创业精神

　　创业一词,《辞海》释为"创建基业"。封建社会的创业是指创建帝王的基业。近现代所用的创业一词与之不尽相同,其使用的层次更加丰富,范围更加广泛。毛泽东等老一辈无产阶级革命家领导全国各族人民推翻了三座大山,创建了新中国的基业。人民的基业既建,创业已成,为何还要提创业?于是乎我想当然地把创业释为"创建前所未有的事业"。这样,上上下下、大大小小凡能创造前所未有事业的都可以说是创业。

　　大家都晓得创业是艰难的,那么守业是否容易呢?这里引《资治通鉴》中唐太宗与侍臣之间的一段对话,"上(唐太宗)问侍臣:'创业与守成孰难?'房玄龄曰:'草昧之初,与群雄并起,角力而后臣之,创业难矣!'魏徵曰:'自古帝王,莫不得之于艰难,失之于安逸,守成难矣!'上曰:'玄龄与吾取天下,出百死得一生,故知创业之难;徵与吾共安天下,常恐骄奢生于富贵,祸乱生于所忽,故知守成之难。方当与诸公慎之。'"唐太宗从自己的实践中体会到创业与守成各有艰难之处。既然创业难,守业亦难,那俗语又为何说"创业难,守业更难"呢?其实这与用人有很大关系,"上谓魏徵曰:'为官择人,不可造次。用一君子,则君子皆至;用一小人,则小人竞进矣。'对曰:'然。天下未定,则专取其才,不考其行;丧乱既平,则非才行兼备不可用也。'"(《资治通鉴》)魏徵在用人问题上作了很精辟的回答。在平天下的动乱(创业)时期,专取的是一个人的才能而不注重和考察他的德行;当动乱后的建设(守业)时期,则非德才兼备的人不能使用。而德才兼备的人总比有才少德或有德少才的人要少得多,要造就一批德才兼备的人是长期而艰巨的任务。从这个角度看,守业难于创业。我们所谈的创业是守业中的创业。守业不能守旧,求生存,求发展,要以守为攻。在以邓小平为核心的第二代领导集体领导下的改革开放走的是一条建设有中国特色社会主义的新道路，是一条通向实现民族振兴、国家富强和人民幸福的新道路，是新形势下的创业。

实现中华民族全面振兴的阶段是一个艰苦创业的阶段，创业的实践需要创业精神去支持，去鼓舞。一个创业的时代没有艰苦创业的精神就不可能完成创业的使命。随着我国现代化建设的发展，各方面条件有了较大的改善，很容易使一部分人忽视创业的艰辛，要防止"骄奢生于富贵，祸乱生于所忽"。古人云，大丈夫威武不能屈，富贵不能淫。从某种程度上说，软刀子更难对付。邓小平说过："我们的国家越发展，越要抓艰苦创业。"江泽民在党的十五大报告中强调要"大力弘扬艰苦创业精神"，其意义非常深远。

创业精神要求我们培育大批德才兼备的人才。毛泽东说过："世间一切事物中，人是第一个可宝贵的，在共产党领导下，只要有了人，什么人间奇迹也可以造出来。"毛泽东所说的"人"当然是"德才兼备的人"。建设中国特色社会主义文化很重要的一个任务就是培育适应社会主义现代化要求的一代又一代有理想、有道德、有文化、有纪律的公民。也就是说，文化建设是人的建设，人的塑造。思想道德素质是一个民族的支柱和灵魂，而提高全民族的科学文化素质是创业成功的智力保证。

创业精神要求我们树立远大理想。理想是上升为精神的基本条件。中华民族是一个勤劳勇敢的民族，几千年来，劳动人民从理想到精神到实践的不断斗争，写下了可歌可泣的光辉灿烂的历史。"精卫填海"的神话故事反映了远古劳动人民对征服自然的美好愿望和理想，大禹治水三过家门而不入的精神创建了制服洪水、造福人民的业绩。从某种意义上说，我们的历史是"理想—精神—实践"的历史。远大的理想、坚定的信念是创业的精神支柱。

理想信念是思想道德素质中的一个方面。处于上升时期的社会，其道德规范必然健康有力；而处于没落时期的社会，其道德规范必然松弛崩溃。我国历史上在奴隶制向封建制的过渡中，地主阶级开始了夺权斗争。奴隶主阶级内部的关系发生了很大的变化，天子衰落了，诸侯起来了；诸侯衰落了，士大夫起来了。奴隶制正在走向崩溃，同时也出现了"礼崩乐坏"的现象，周礼遭到了严重的践踏，道德规范逐渐崩溃。目前，我国正处在世纪之交的新的创业时期，务必要努力提高全民族的思想道德素质，树立远大理想，为我们的创业提供重要的保证。

创业精神要求我们艰苦奋斗。创业的过程本来就是艰苦斗争的过程，要付出代价，甚至是血。既然创业是艰苦的，为什么还要在"创业"前面加上

"艰苦"两字呢？无非是强调而已，以此提醒大家要创业、要有所作为就必须吃苦，不要过多地讲条件、讲待遇。古人尚且有"先天下之忧而忧，后天下之乐而乐"的吃苦在先、享乐在后的精神，何况我们共产党人呢？我们不能让人民群众失望。失去了人民群众的信任和支持，我们将一事无成，创业也只是空谈。

创业精神要求我们勇于开拓。我们处在建设中国特色社会主义的改革时代，许多方面没有样板可找，要根据我们的国情去探索、去开拓。然而，有的干部却不愿当改革的排头兵。观望的有之——待人家摸索到经验后再说；当群众尾巴的有之——待群众起来时再说，"群众是真正的英雄"嘛；因循守旧者有之——以安定为由，只求自己任期内太平。因循守旧、不思进取不是一个真正的马克思主义者。共产党人是在不断探索、不断开创新的业绩中茁壮成长起来的。

创业精神要求我们实事求是。实事求是是我党的优良作风，正是实事求是才使我党立于不败之地。但是，1958年弄虚作假浮夸风的余波还在某些方面出现，人们称之为"对上级负责"。具体表现为：说过算数、只说不做、做少说多和报喜不报忧等。总结成绩一页又一页，错误、缺点不敢见诸白纸黑字中，以致这个时期的某些档案失实。另外，批评和自我批评的武器在有的干部身上已经生锈了，或者已经蜕变成"表扬和自我表扬"的怪态。你好、我好、大家好，时新话叫作"皆大欢喜"，或美其名曰"以鼓励为主，不要挫伤积极性"，即使批评也是不痛不痒。于是，干好干坏一个样的思想时有抬头，民主气氛淡化了，和调的多了，从而滋生了大大小小的豆腐渣"工程"。我们要坚持"三讲"，必须摒弃不切实际的做法，大兴实事求是之风。

1999年4月18日

原载于《理论与实践》，1999年4月第6辑，中共海盐县委宣传部编；《海盐报》，1995年7月15日第四版

天宁寺前"父子名卿 兄弟司寇"牌坊之由来

去年六月下旬，县城建局陈锦祥副局长为建郑晓父子牌坊受胡根良局长的委托来征求我的意见，从而勾起了我对往事的回忆。

天宁寺金刚殿前的石板马路原名西大街，后改成水泥路面称海滨路。路南侧的河边上竖立着一座石牌坊。石牌坊毁于何年何月暂且不去考证，如果记忆无误的话，20世纪50年代末它还健在。学生时代的我对历史古迹还没有多大兴趣，当然不会去关心它的坊名以及它的坊字牌和立柱上楹联的文字内容。以圣旨建牌坊始于明代，故牌坊正中顶楼檐下一般都有一块字牌叫"圣旨牌"，上有"圣旨""御制""诰赠""敕命"等字样。郑晓父子牌坊上是否有"圣旨牌"呢？更是不得而知了。它的存在并没有像天宁寺佛殿那样引人注目。只记得它的材质是普通的花岗岩，结构非常简洁，与金刚殿相比并无雄伟之姿。现在分析，它简洁的构造是符合明代建筑风格特征的，所以说牌坊立于明代是没有问题的。说它不甚雄伟是相对佛殿而言的，毕竟牌坊在我国众多建筑中尚属小品或是次要的建筑。

县城建局副局长陈锦祥受局长胡根良的委托，特地来征求我对天宁寺前

"父子名卿 兄弟司寇"牌坊

牌楼重建与否的意见。他告诉我，就牌坊名已咨询过一些深谙海盐历史掌故的知名人士，或云"父子同朝，兄弟司寇"，或云"父子同朝，兄弟名卿"，等等，所记不一。对重建该牌坊的意见大多认为重建可增加文化内涵，少数则认为已经毁了再建也没有意义。因天宁寺建设时间紧迫，所以要不要重建牌坊必须马上定下来。如果重建，那么牌坊的名称亦将尽早定下。我意见先查一下历史文献资料，如果确定是为郑晓父子所立，那么还需查证它与佛教，确切地说它与天宁寺的关系，找到它能立在寺庙重要位置的依据，倘若是在朝纲不振、礼仪混乱之际所立，那就不必重建。锦祥恳切地要求我帮助查查。

我查阅了《光绪海盐县志》和《康熙海盐县志》，均称在天宁寺前立有"父子名卿，兄弟司寇"牌坊，就是没有一点为何立在天宁寺前的线索。后终于在《康熙海盐县志》的天宁永祚禅寺一节中找到了依据，我立即写信告知锦祥。现将全义列于下：

锦祥兄：

遵嘱，已查到天宁寺前郑晓父子牌坊资料，今抄录于下，供作天宁寺建设之参考。

一、《康熙海盐县志》舆图志卷之一·牌坊一节载"'父子名卿　兄弟司寇'坊为尚书郑晓、刑部主事郑履淳、南京刑部主事郑履准立，天宁寺前"。

二、《光绪海盐县志》卷四舆地考乡都一节载"'父子名卿，兄弟司寇'坊，（《图经》），天宁寺前，为刑部尚书郑晓、子光禄寺少卿前刑部主事郑履淳、刑部主事郑履准立"。

三、《康熙海盐县志》名胜志卷之二·寺院一节载"天宁永祚禅寺……明武初，梵琦重建佛阁法堂并塔七级，其后僧原伟……思达相继修建，先后塔工。郑公晓子刑部履准捐资倡率尤多。"

由此可见，该坊名应为"父子名卿，兄弟司寇"牌坊；郑履准为修建佛阁、法堂、宝塔"捐资倡率尤多"是为郑晓父子立牌坊于天宁寺前的原因。

沈咏嘉顿首

2000年6月28日

后在《康熙海盐县志》人物志卷八、卷九"士品""郑晓"中见有"晓子履准'然诺好施'"句，佐证了履准"捐资倡率尤多"之举，说明"好施"是他的品行和性格，"捐资"并非一时所为。立牌坊的目的是"旌别淑慝，表厥宅里，彰善瘅恶，树之风声"（《书经·周书毕命》）。"牌坊是一种独立的纪念性建筑物，常建于人们容易看见或经常往来的地方。它作为一种标志性、装饰性建筑物时，常建于大型建筑群的前端或行道中。"（《中国古典建筑美术丛书·牌坊》）所以，"父子名卿"牌坊建在金刚殿前并非不可。近日在翻志书时又发现有进士牌坊一座建在天宁寺前的记载："为万历戊戌科进士沈孝徵和吴中伟立。"由此可知，立于天宁寺前的牌坊不单是"父子名卿"一座。想来进士坊的旌表者为天宁寺出力也定然不少。

对"'父子名卿'牌坊由郑氏家族后人所立"的观点，我实在不敢苟同。明清时期，牌坊的使用已形成了一种定制，不仅对牌坊的旌表者有严格的等级制度限定，而且对牌坊的大小，如用柱的多少、用楼的多少都有规定，甚至对建牌坊的最终审批权也掌握在皇帝手中。立牌坊是一种光宗耀祖流芳千古的大事、严肃认真的大事，并非哪个想立就立的。所以"父子名卿"牌坊绝非"郑氏家族后人所立"。

2000年12月30日，省民宗委郑永年处长和著名的书法家、居士俞德明先生来海盐察看天宁寺修复工程的建设，我参与了接待。俞德明先生对"父子名卿"牌坊的建设提出了新的设想。他认为该牌坊已毁，现在恢复也可以，但也可改名为"天宁永祚禅寺牌坊"，在旁边立碑记载"父子名卿"牌坊的史实和郑晓父子的功绩，可谓是两全其美。俞老意见中肯，但我认为新牌坊已建，也不必更动，在旁边另立一碑介绍倒是好主意。

2001年7月5日于以风当歌斋灯下

原载于《海盐日报》，2001年7月13日第二版

海盐滚灯的着眼点刍议

中共海盐县委在《关于加强文化建设，打造"人文海盐"的决定》中指出，要"挖掘和弘扬'海盐腔''滚灯''三毛'等传统特色文化，形成一批在全省乃至全国有较高知名度的优秀文化品牌"。这是提倡爱乡、爱国，弘扬民族精神的一个重要举措，每一个海盐人都应关心自己文化生活中这件大事。现就我县特色文化中的"滚灯"谈些不成熟的意见，供大家讨论。

滚灯的成果

海盐滚灯已有七百余年的历史，明清盛行后渐渐衰落。直至1957年，文化部门把滚灯挖掘创编成舞蹈，海盐滚灯首次登上了文艺舞台。以后通过不断深入的挖掘，其理论研究成果和演出成果引起了省和国家艺术部门的重视。在1986年的浙江省首届音乐舞蹈节上，海盐滚灯艺术的前景已初露端倪。1997年的浙江省第五届音乐舞蹈节上，海盐滚灯首次获得音乐创作一等奖，表演二等奖。特别自2001年的"江、浙、沪滚灯大汇串"后，海盐滚灯在省和全国各项演出及大赛中屡获殊荣。据报道，全县现有从幼童到老年各年龄段的滚灯表演队二十多支，人数达九百余名，已形成了一定的规模。滚灯舞蹈在特色文化建设中取得了阶段性的成果，在海盐的群众文化史上谱写了光辉的一页。

滚灯的价值

滚灯者，何也？舞蹈乎？体育运动乎？《中国民族民间舞蹈集成·浙江卷》把滚灯作为舞蹈收入其中，概述末段云："滚灯，既是表演性的，又是竞技性的。"《中国群众文化辞典》"滚灯"条目云："滚灯，汉族民间舞蹈，流行于钱塘江畔浙江海盐、余杭等地……滚灯既是表演性的又是竞技性的，技巧性强，表演时伴以锣鼓。"由此可见，"滚灯"一词虽见于民间舞蹈之中，但它的竞技性始终未被抹杀。

1996年10月，我在余杭市（现余杭区）闲林镇第七届农民运动会开幕仪式上看到了滚灯队的表演。它与武术队一样，没有集体的动作，或是单个的表演，或是两三人的对接表演，个个自由发挥，人人随机应变，深有朴实无华、原汁原味之感。我们的滚灯之所以能在全国舞蹈表演和大赛中赢得广泛赞誉，也正是展示了他的力量和速度的阳刚之美之故。这是滚灯尚武的本意，也是舞蹈和体育运动有机结合的成功之处。滚灯是融竞技、武术、杂技、舞蹈为一体的民间艺术。所以，滚灯既有舞蹈表演艺术价值，又有强身健体的实用价值。

滚灯的前景

在全力打造"人文海盐"之际，海盐正在冲刺"浙江省民族民间艺术之乡"这个目标。据报道，"滚灯资料搜集、图片整理等相关申报工作已于七月底前完成"。至此，海盐滚灯登上"浙江省民族民间艺术之乡"的宝座已指日可待。这是海盐人民的骄傲，海盐滚灯看好！

海盐滚灯下一步着眼点在何处？必须做一番认真的思索和讨论。我认为应该从单纯追求获奖的圈子里跳出来，形成滚灯舞台艺术与滚灯健身运动齐头并进的创编思路。从某种意义上讲，健身比舞蹈更具广泛性，更具生命力。现有的滚灯舞蹈是把传统的尚武滚灯从台下搬到了台上，我所说的滚灯健身运动又是把舞蹈化的滚灯从台上重新搬回到台下。

滚灯舞蹈艺术的创编

我们的文艺工作者在把滚灯作为舞蹈艺术的挖掘、研究、整理、创编上走过了近四十个年头，近四十年来荣誉连连，硕果累累，积攒了丰富的经验。尽管如此，我们对滚灯动作的编排以及对滚灯的形式、音乐、服饰等方面还应做进一步的创新，不断地赋予它新的内容和新的形式。特别是灯的创新，要在色、光、声上有一个突破。由于近几十年来滚灯定位在舞蹈上，因此，它表演的力量不可能太大，速度不可能太高。如果有声，也不过是安装响铃而已。试在武警战士的滚灯上缚之"哨"，大小不一的哨在一定的速度下会发出各种音调的声响，力和威的展示也更为明显。总之，要采取各种手段把滚灯创编成蕴含时代气息、传递民族精神的高水平的舞蹈艺术。故它的理论要深化，形式要多样，以营造一个"百花齐放""百家争鸣"的良好氛围。

滚灯健身运动的创编

滚灯的健身有别于舞蹈，除了与舞蹈共有的表演功能外，更有强身健体的作用。所谓的滚灯健身运动就是滚灯的健身操。滚灯健身操既可传承和发扬滚灯的尚武精神，又可提高人民群众的身体素质，是一项非常实惠的运动。滚灯健身操动作的创作设计以及编制的难度很大，故必须组建创作班子。创作班子人员分三类：一是省、市指导人员；二是本县脱产的专职人员；三是半脱产的辅助人员。其次是确定创作方向。即在传统的九套二十七个动作的基础上参考外地滚灯队（如奉贤、余杭和太仓等地）特色，做适当的修改和补充，使之更为科学、更为合理、更为美观。所谓科学，就是每个动作都要有利于人体各部位骨骼、韧带和肌肉的锻炼，有利于气血、经络的通畅；所谓合理，就是适合该年龄段人员的运动难度；所谓美观，就是动作劲健洒脱，符合中国人的审美情趣。根据滚灯球形的造型和尚武、竞技的特点，可以吸纳武术外家拳的精华和内家拳的神韵。特别是太极圆运动的神韵。健身操可按其难度分成少儿段、中老年段和青壮年段三段。除少儿段外，其余两段均可分男子和女子两类。套路初创后可请省里专家和国家体育总局专家修正审定，然后试点，逐步向全县推出。几年下来，必将成为具有地方特色的全民健身运动。到那时，滚灯健身操与滚灯舞蹈交相辉映，海盐的"中国滚灯之乡"称号必然当之无愧。

滚灯队伍的建设

以往参加全国大型表演和比赛的滚灯队员，基本上采取从武警部队中挑选，再突击训练的办法。这些队员年轻力壮、吃苦耐劳，加上部队的严明纪律，很快就能达到预期的演出效果。若干年内，它仍然有着不可替代的积极作用。碰到的尴尬是，这些队员的流动性强，部门两年一调防，又得重新训练。再调防，再训练……长此下去，这种拿来主义的短期行为带来的只是人力、财力的浪费！而青壮年段滚灯健身操的推出，将培养一批又一批具有相当技能水平和强劲力量的运动员，成为我县高水平的滚灯基本队伍。这些运动员也正是今后滚灯舞蹈参加国赛的最佳队员人选。

滚灯物质产品的生产

要继承发扬滚灯这一优秀传统文化，除了滚灯舞蹈和滚灯健身操这两种精神产品外，不可忽视滚灯的物质产品。首先把作为器材的滚灯进行改良。一是材料改良：把传统的竹条用现代新型材料替代，使之更有弹性、更能承重、更为耐用。二是形式改良：把滚灯设计成便于携带和存放的折叠式滚灯。随着滚灯健身操的推行、辐射，如果全国有百分之一的人练的话，其规模已极为可观的了。因此，作为健身器材的滚灯进入市场也是势在必行的。从滚灯改良开始就要确定滚灯的开发生产单位，品种要多样化，要申请专利权。产品可按舞蹈和健身用途的不同、人群的不同，生产出轻重不一、大小不一的各类滚灯来。另外，观赏、收藏用的礼品滚灯的生产也不可遗漏。如此，滚灯从挖掘、研究、整理、创编到实施运用，从精神产品到物质产品的生产，一个优秀文化品牌——"滚灯"全方位开发、利用的局面将展示在国人的面前！

2005年8月12日

原载于《今日海盐》，2005年9月16日第七版"文化时空"栏目（有删节和次序调整）

关于我县历史文化遗产保护的意见

海盐县人大：

"海盐县历史文化遗产保护工作座谈会"的通知收悉。现就通知中的三个议题谈一点不成熟的意见，仅供参考。

第一个议题，"你认为目前我县历史文化遗产保护工作存在哪些主要问题，建议政府采取哪些有效措施保护文化遗产"。我们有那么多的文化遗产，包括物质的非物质的，首先是用法和行政手段保护，同时进行宣传，增强人们的保护意识以及保护的自觉性。这既是一种关键性的保护，又是一种初级的保护。所以接下来的保护是对遗产内涵做进一步的挖掘、研究、深化、充实，以更好地利用——展示、宣传、共享。这种成果的利用才能更好地彰显中华优秀传统文化，从而起到深层次上的保护作用。例如：

（1）滚灯。

（2）海盐腔。海盐腔的挖掘与研究至今度过将近十七个年头，已积累了丰厚的文字资料。近六七年来又开始尝试唱腔的研究，并有海盐腔艺术团的演出，把海盐腔的研究从平面发展到立体，做了大量的工作，这种积极性值得提倡和保护。因乏于研究班子，就唱腔而言，终究未能从科学性、合理性上有所突破。为慎重起见，我认为目前演出的海盐腔，还是称之为"海盐新腔"或"新海盐腔"为妥。或许有人认为，正因为大家都没有听到过海盐腔，那么我唱的就是海盐腔；你说我唱的不是海盐腔，那么你拿出真正的海盐腔来否定我。这种观点是不科学、不严肃的。建议组建一个唱腔挖掘、研究的多人的工作班子，把历代专家认为的受海盐腔影响的剧种中的唱腔列出来，梳理、排比、筛选、设想……做过细的（可能是乏味枯燥的）工作，也许五年、十年、二十年以后总会找到距历史上真正的海盐腔不太远的唱腔，那时，我们把它呼之为"海盐腔"，我想专家们是不大会有异议的。总之，我们不能操之过急，要从科学和合理上多下功夫。

第二个议题，"海盐作为一个古老县城，哪些区块值得进行有意义的开发，如何开发才能彰显其历史文化"。所谓文化就是人类活动所留下来的精神与物质的遗物、遗存、遗迹。我们要开发区块彰显历史文化，第一步是把区块内的历史文化作一调查，然后再作选择。有价值的"物、存、迹"较多的值得开发；有价值的"物、存、迹"虽少，但其价值特别高的，可以围绕它大做文章的也值得开发。我认为在县城里剩下的地方都不大，成不了区块，只能做好规划逐步改造，改造中要注意对有价值的历史文化信息的保护。现在可以做的，而且做起来既容易又花钱少的，那就是在县城中（也适合乡镇）把已经消失的有价值的历史文化信息在原址补上标志（在现有的墙上挂牌或在空地上立牌，并附有简单的文字介绍），以充实城市的历史文化内涵，尽可能把我们的城市较为直观地成为一本地方"简简史"。现简述几处，以为抛砖引玉：

（1）属"第一"的可以选用。如：

①朝阳西路（同安桥南块）海盐昌明电灯股份有限公司旧址。1920年8月20日，海盐昌明电灯股份有限公司成立，为开创海盐现代工业的里程碑。

②董家弄海盐电话股份有限公司旧址。1923年6月，海盐电话股份有限公司成立，开启了海盐的邮电事业。

③海滨路九九文具社旧址。

1946年9月1日，九九文具社开业，是海盐文具（包括体育用品）业的滥觞。

支持中共地下党活动。从1947年浙江大学进步报纸《学报》（内容多为指斥弊政、揭露腐败等）创办到1949年海盐解放后停刊，九九文具社是该报在海盐唯一的联络处和代销点，曾冒着风险为《学报》的征稿发行做了大量工作。是海盐县工商界唯一支持地下党活动的企业。

新中国成立后，九九文具社为恢复海盐国民经济的好转，在缴纳税收、购买公债、参加特殊储蓄、抗美援朝捐献飞机大炮、资本主义工商业社会主义改造等运动中，都起到了积极的推动和带头作用，是海盐县工商界的领头羊。

④董家弄商会旧址。1949年5月7日，宣告海盐解放的第一批解放军进城集中活动于董家弄商会。

⑤海滨西路朱家牌楼旧址。1949年5月14日，武原镇各界人士在寺西朱家牌楼迎接解放军，部队进城后解除了"义勇警察队"的枪支，对县城实行军管，为海盐局势的稳定翻开了新的一页。

⑥万禄浜吴宅旧址。1949年，中共海盐县委成立，并驻万禄浜吴宅办公。

另外，开启现代工业企业的缫丝厂、油厂、印刷厂、轮船公司等未及查考。

（2）有价值的可以选用。例如：

①天宁寺内建高僧梵琦纪念馆（有大量资料）。

②金九避难足迹旧址。1932年6月底至7月初，金九从嘉兴转来避难南北湖，途经海盐县城，在朱丙寿家（俗称朱家花园）住了一晚。今海盐宾馆即建于朱家花园旧址，其百余年的罗汉松为朱家唯一的遗物，于此可立"金九避难遗迹"碑牌。

③杨家弄口的城中小学旧址。成立于1946年的进步青年教师师训同学会，自1947年起在杨家弄口的城中小学（向阳小学的前身）频繁活动，出刊秘密油印刊物，揭露国民党的黑暗。

④朝阳路梅园路口二野二十七军七十九师师部驻地旧址。

⑤衬衫总厂旧址（已立）。

……

第三个议题，"你对武原镇历史街区杨家弄、北大街地块以及海滨东路的开发改造有哪些意见建议"。

a.北大街的改造应该注意它原有的地理位置和江南水乡式街镇的特点，注重亲水的设计，包括桥、帮岸、石渡、水阁、水湾、水池等，把新改造的区域融于水中。同时可以结合县城市河、护城河两岸的改造——美化（比如增设各种形式的揽船用的牛鼻孔石和揽船石）、亮化，与北大街沟通起来，开发水上风景文化旅游线。

b.海滨东路。在路南的盐平塘两岸建造临水建筑，重塑古人生活与水息息相关之文化现象，以利于与北大街的水上联系。改造中插入该地原有的有价值的历史文化信息——挂牌或立牌。

海滨东路城门外地区。历史上记载为伯牙琴台的有两个地方，一在武汉，一在海盐。海盐的伯牙琴台在东门外的闻琴村，该村四面环水，东与大海仅一塘之隔，西即县城东门城墙，现属海滨公园范围。该村旧址上塑有伯牙鼓琴石像一尊，四周均为绿化，没有相配的设施，显得过于冷清，瞻仰者寥寥。建议该处可重新规划建"闻琴知音园"，配以一定量的庭院、园林建筑，伯牙旁增设钟子期听琴塑像，立"海上琴台碑"（"海上""东海"均为海盐之别称）以记其事，可陈列（伯牙诸多的历史传说、民间故事、历代诗词等等，图文并茂），可活动，可休闲。鲁迅曾赠瞿秋白一联，云："人生得一知己足矣，斯世当以同怀视之。""高山流水，千古知音"为世人所仰慕和崇敬。伯牙东海学艺故事给人以"移情入琴，便成妙手"的启迪，其中的美学哲理异于西方，为我中华所特有。可以寻觅知音、理解、相知（大到对国家的相知，顾全大局，以达爱国）、相惜、平和、友谊、团结等方面与"移情入艺"的美的追求方面为主题，策划一些系列活动，打响"知音"品牌。

（3）杨家弄的改造。注意任宅等古建筑的保护维修，使之融入改造之中。弄西口陆宅北邻为富宅，后人富士英毕业于日本早稻田大学，为海盐最早留学生。民国二至八年任驻朝鲜总领事，为政清廉，爱国；后人富文寿毕业于美国哈佛大学医学院，获儿科博士学位，开办上海儿童医院，为国际上有名的儿科专家，爱国民主人士。亦可挂牌纪念。

沈咏嘉

2013年9月13日

参加过太平军的杨宗濂

杨宗濂，生于清嘉庆十九年（1814—?），字晴岩，海盐人。工诗文，擅书画，交游甚广，皆当时名士，曾参加太平天国革命，余族兄沈驾荪之外祖父。有记于清道光二十八年（1848年，即太平天国纪元前三年，时年三十五岁）的《晴岩日记》传世。《晴岩日记》民国三十八年八月为沈驾荪所重订，并题签"先外祖父杨晴岩公日记"。《晴岩日记》证先父沈国荣先生"工诗文，擅书画，交游甚广，皆当时名士"之回忆，记述了太平天国前夕海盐的风土人情、节庆习俗、文人交游、巷间琐事、物价波动等史实。《晴岩日记》墨迹原稿现由杨宗濂玄孙杨栢森遗孀李华英所收藏。《晴岩日记》复印件两册，一册藏张元济图书馆，另一册为万云所藏。1996年1月，万云将《晴岩日记》复印件赠送与我。

海盐县博物馆藏有杨宗濂行书条幅数件和楹联一副。其"'春夏秋冬'读书乐"四屏条中有一屏条落有年份款"戊辰夏五月"，两屏条分别钤有"劫后余生"和"生于甲戌"闲章各一枚。"戊辰"是1868年，即太平天国运动失败后的第四年；"劫后余生"是在太平天国运动失败后有侥幸存活的忏悔之意，以此可证先父沈国荣先生祖母"曾参加太平天国革命"之说。从"生于甲戌"可知，杨宗濂生于嘉庆十九年（1814）。

其楹联云："何以至今心愈小；只因已往事皆非。"落款："忆戊戌同门笙斋任君晨夕过从，无间寒暑，一日持联系书，并有'年及五十悬诸书室'云云，奈至四十九而竟逝矣！兹文郎学舒世讲不忘先人之意，嘱余补书十四字作座右铭。信手挥成，顿起昔今之感。时同治十二年立夏后三日晴岩杨宗濂年六十。"从落款可知，该联当于太平天国失败九年后所书。

考该联句最早见于明末清初著名书画家老莲陈洪绶所书之楹联，从任笙斋借陈老莲的"已往事皆非"的内容请杨宗濂书写楹联，与杨宗濂书后"顿起昔今之感"，以及杨有"劫后余生"闲章，可知两人均有忏悔之意，以此推测，任笙斋也参加过太平军。

2016年6月21日

附 沈国荣回忆杨宗濂手迹

杨宗濂，字晴岩，清道光时海盐人。工诗文，擅书画，交游甚广，皆当时名士。曾参加太平天国革命，年老双目失明，仍为人作书，其作品在本县甚少保存。杨晴岩生卒年代及生平事迹，志书无记载，后人亦鲜谈述。余幼时曾听祖母偶谈杨二三事，故略有印象。志此以待查。

沈国荣于1978年4月记

父：杨也鲁，乃晴岩父，清嘉庆海盐文人。
祖：杨樵谷。

沈国荣回忆杨宗濂手迹　　　杨宗濂书联（1873
（1978年4月）　　　　　　年立夏书）

碑记

金牛洞碑记

　　江浙名洞诸多，金华之双龙、桐庐之瑶琳、宜兴之善卷，虽变幻多姿，终皆石灰岩之溶洞。唯独海盐之金牛为火成岩之断层洞。故质朴雄浑，遒劲厚重，无纤巧媚丽之态，貌似平凡却是江南绝无仅有之第一洞也。《吴地志》载："昔有牛粪金，村民皋伯通与弟随之，牛穴山而入。二人凿山，山崩，兄弟俱死穴中。"因名。贪财丧命，足以为戒。至今洞上端尚留有凿痕。洞外窄内阔，外高内矮渐扁成缝，可容坐一二十人。曩在宋建炎初，黄湾居民多避虏于此。洞在金牛山，山又名二郎、会骸、观音，上有棋盘石。此山近百余年无人问津，满山芜秽，遍野荒凉，古迹几不可寻。而今改革开放，政通人和，百业待兴。邑人胡根良颇具远见卓识，发奋开发三湾旅游区，不遗余力。今秋，良邀姚沈良副县长偕步飞、永祥、晓轩及余等诸友，背柴刀、斩荆棘、登危石、攀二郎，险探金牛洞。良又遍访专家，出谋划策，筑公路，架桥梁，蓄水池，开辟景区，至诚至善，必将贡献于海盐之旅游事业。

海盐沈咏嘉记

1994年5月

碑立于金牛洞景点

碑文收入《海盐县志（1986—2005）》，海盐县党史地方志编纂委员会编

董家弄步行街碑记

碑立于董家弄步行街南

碑文收入《海盐县志（1986—2005）》，海盐县党史地方志编纂委员会编

海盐向有七十二条半弄之说，董家弄为其一。1923年6月，海盐首家电话公司——海盐电话股份有限公司开办于此；1949年5月7日，海盐解放，第一批解放军进城集中活动于弄内县商会；中共海盐县委成立于弄内吴宅。

2001年旧城改造中，海盐县城规划保留"董家弄"称谓，设海盐第一条步行街，分别由海盐县绿城房产有限公司和海盐县秦山房地产开发有限责任公司建造。首期工程自2001年7月动工，至2004年5月竣工，历时近三年。

董家弄步行街为市民休闲、娱乐、购物提供了一个良好的场所，是海盐县具有现代城市特色的景观之一，对提升海盐城市品位起到历史性的作用。

二〇〇四年六月立

记述

张燕昌"敝帚自享"印章征集记

　　1990年秋的一天，我应万云先生之邀与朱干生、鲍翔麟等诸同好去胡根良家看古字画和印章。根良的岳父朱永镜先生热情地接待了我们。根良先出示传为宋徽宗真迹的"白鹰"图轴说："古画仅此一件，咏嘉已鉴定为伪品。"永镜先生介绍，他父亲朱静侯富于收藏字画和印章，但几乎都在"文革"中被毁掉了。

　　根良捧出两盒印章，我们翻拣了一番，大多印章的印文和边款在"文革"时期被磨掉。突然间我发现一方落有长款的张燕昌的"敝帚自享"印，诸同好竞相观看。细阅，边款为"山舟梁太史论书述董文敏跋云，余不好书名故书中稍有淡意。前人作书不苟，亦不免为名使。此文敏书之所以入妙也！余聆太史此论，不特书有进益，即刻印亦渐近自然。推至立身，何事不当如是耶！甲午春日燕昌为南庐大兄作并跋"。张燕昌，海盐人，清嘉庆间举孝廉方正，著名篆刻家，为丁敬入室弟子。我对永镜先生说："这方印章是地方文物，捐给博物馆收藏吧！"万云先生也说："博物馆收藏最合适。"永镜先生不加思索欣然应允。干生先生笑着说："咏嘉，博物馆要发些奖金的。"但永镜先生和根良坚决不收分文。永镜先生从另一只盒子里取出一方印章递给我说："张燕昌老师的才是珍品。"印章用丝织的袋套着，印章被磨过，印文只存几个不成字的笔画，边款隐约有"作""丁记"字样。永镜先生说："这方章的印文是'小有清虚谷'，边款为'甲辰花朝月游于湖上戏作此章，钝丁记'。是我父亲朱静侯用三亩地换来的。"万云、干生和翔麟诸先生把玩良久连称可惜，可惜！

　　"敝帚自享"印已由海盐县博物馆收藏。适值新《海盐县志》编纂付印之际，万云先生告诉我，他已通知编委把这方印章增补到县志的地方文物图版中。宣传文物藏品是文物利用的一个主要方面，由此可看出万云先生对文物的重视和对博物馆的关怀。我请管琳道兄帮助细钤印文,精拓边款,送去制版。

"敝帚自享"印为张燕昌中年时期所作,它是我馆目前唯一的一方张燕昌刻章。张燕昌刻章传世确为鲜见,曾记得任小田先生保存过三方张燕昌的印兑,据说后来送给著名篆刻家方去疾先生,方先生视为珍宝。该印章后经省文物鉴定小组定为国家三级文物。鉴于该印有较高的艺术价值,特别是边款尤为高雅古朴,气韵生动,于自然中见法度,堪称精品。为此,我曾提出可定二级的建议,但专家们意见未能统一,权且屈居下位。

丁敬是浙派的创始人,又是"西泠"之首。"西泠"有四家、六家、八家之说。人们总怀疑张燕昌既为丁敬的得意门生,却为何未能进入"西泠"行列,是否张的水平在八家之下?经考,列入"西泠"的均为钱塘人。事实上在清代篆刻家中张燕昌的确被推举得不多,而当今又只注重介绍"西泠八家",张几乎被弃之门外了。我想,我们必须摒除那些陈旧的观点。艺术家的水平高低应该说与艺术家所受到的宣传力度无关,也与他参加哪级艺术团体无关。对中国的传统艺术要从全方位综合去评判,然后才会有一个比较公正的结论。

1995年10月3日于绮园三乐堂

原载于《海盐文博》,1995年第2期

海盐裱画店之始

史称秦汉时期的"经卷""屏风"都经裱背，以便于陈列和流传。由此可知这是书画装裱技术的滥觞。随着织造和造纸业的不断发展，书画装裱技术也逐步得到了完善和提高。至一千五百年前，我国的书画装裱工艺已颇具水平，且形成了系统的理论。宋代设有专门职官主管装裱书画名作，社会上有装裱行业，有的开店营业，有的上门到收藏者家中从事装裱服务。

据任小田先生回忆，海盐最早的裱画店当是抗日战争前金华人唐培生的"两宜阁"裱画店，借的是武原镇戚家弄口朱滋侯两开间门面。朱滋侯为海派大画家吴待秋的入室弟子，擅长山水画。

1937年抗日战争全面爆发，日军过境海盐。为安全计，唐培生卷起铺盖回了金华老家，将裱画台、糊壁板等器具折十多圆大洋转让给任小田、陶福绥。陶原在湖州南浔书画收藏家庞莱臣家裱画。任、陶合股接过店铺开了"养心居"裱画店，房租每月大洋一圆，招牌为国民党中央委员南浔人张静江的手笔。张静江能为"养心居"题字，原因是张经常出入南浔庞家观赏字画，与陶福绥极为熟悉。裱画店以陶福绥为主经营，任小田则仍从事中医妇科诊所业务。

"养心居"裱画店共经营了两年，由于日寇的入侵，人民生命财产得不到保障，"养心居"裱画店被迫停业。陶福绥逃至上海进酱园当职工（陶十年前已从上海酱酒食品公司退休）。自此至新中国成立再没有人开过裱画店。

1995年10月4日于以风当歌斋

原载于《海盐文博》，1995年第2期

我记忆中的天宁寺

天宁寺，全称天宁永祚禅寺，初名禅悦院，宋崇宁四年（1105）赐今额名。志载，天宁寺"占地九十余亩，前临乌坵塘，水四面绕之"，似一小岛。我们所见到的西水已不通前边的乌坵塘，西水南部是池塘，塘东另有一条与西水平行的小溪沟通北水。岛周架桥五座，东南有东西向小栅桥（即迎恩桥）和南北向大栅桥（即天宁寺桥，后改为宁武桥），西南有南北向同安桥，东有东西向酱园木桥，西木桥不知其名，东、西两座桥今均废。中有小石拱桥架于小溪之上，20世纪60年代，水池和小溪被填，拱桥亦废。风水之破乃是衰落之始，推测当在清末。而今旧城改造，恢复天宁寺，行动迅速，大刀阔斧，重塑形象，当是盛世之初。

寺正南有朝圣桥横跨东西，天宁寺曾是历史上佛教徒朝圣之地，"朝圣"之名大凡由此而得。站在朝圣桥上北望，高大的"父子名卿，兄弟司寇"石牌楼后面是威武雄壮的金刚殿，再透过茂密高耸的古树约略露出大雄宝殿和千佛阁的屋顶，直插云霄的七层宝塔——镇海塔稳稳地坐落在寺北。缭绕的香烟中夹杂着随风飘荡的木鱼声，好一块纯洁清静之地！原有的钟楼不知毁于何时，已无踪可觅。

我家在西门城外西大街新洋桥头（现秀水桥东），天宁寺是我们小时候玩耍的主要处所。新中国成立后，天宁寺挂牌为"人民公园"，成为人们休闲娱乐的唯一场所。那时候，政府每每利用农历六月十八传统庙会在天宁寺举办"海盐县城乡物资交流会"，其中打拳头卖膏药、唱小热昏卖梨膏糖、跑马戏三丈吊、猢狲赤膊戏、西洋镜拉洋片、变戏法、套泥佛头和摸彩等娱乐活动顿时一应俱全。六月十八那天，大街上人山人海拥向天宁寺，大人们形容为"推背走"。上了小栅桥更是拥挤不堪，我们小孩子被挤叠在人群中间不必走路，只要两腿一缩便腾空随流惬意地过了桥。

金刚殿两侧是通寺内的弄堂，殿阁两边是僧寮和民房，西边城西小学（后改天宁寺小学）原是供奉低一级菩萨的地方。整个天宁寺古木森森绿荫成片，更增添了许多神秘色彩。深秋季节，我们去天宁寺拣梧桐籽、白果（银杏）和"路路通"。梧桐籽和白果可炒了吃，特别是白果味道香糯可口。"路路通"是球形果，比乒乓球小些，浑身毛刺，拔掉毛刺留下一个个蜂窝状小洞，洞洞相通，故俗称"路路通"。"路路通"常用作饲养洋虫的窠，饲料是冰片、红花、胡桃肉和红枣等，洋虫的屎可口服，是治伤的偏方。1956年8月1日，十一级以上的台风吹落了镇海塔顶，把天宁寺内的古树连根拔起，金刚殿后面的一棵白果树算是幸存者。由于得不到重视，白果树被挤在密集的建筑之中，尽管凭借它自身强大的生命力却也逃脱不了新枝渐稀日憔悴的厄运，好在天宁寺地块改造动作迅猛，该树不日将重沐阳光雨露去焕发它的第二青春。

石牌楼西侧有河埠可下乌坵塘，新中国成立后这里曾当过多年的轮船码头，金刚殿是候船室。金刚殿后偏东处有一口三眼井，井直径约半丈许，大石板上有三只井圈，故名"三眼"。井上盖方亭一座，以遮阳避雨方便居民。该井终年不竭，即便是1934年（民国廿三年）历史上罕见的大旱时期也不干枯。新中国成立初，海盐也发生过旱情，市河河底向天，我们每天去三眼井排队吊水，就是这口井使镇上的居民渡过了难关。1980年拆金刚殿建食品站大楼时，多亏建筑设计师朱永祥说服了填埋的意见，采取了架空措施，才把这口三眼井保护起来。

新中国成立后，千佛阁曾用作粮仓，约于1970年改为海盐丝厂仓库。1984年县政府决定修复千佛阁，次年由县博物馆实施修复工程，1988年竣工后作为历史文物展览场所对外开放。当时嘉兴市博物馆长丁仲康曾与我谈起过五四运动后海盐青年在千佛阁举行"国耻大会"的历史，后我从1919年5月12日的《申报》上查找到更为详尽的记载："1919年5月9日海盐县各界民众在千佛阁举行'国耻大会'，到会的有上千人，会后举行游行，并演出由学校师生编导的《雪耻我天职》等节目。"千佛阁的这段光辉历史知者甚少，皆疏于宣传之故。

在小时候看来大殿的台基高不可攀，殿前台阶两边斜置的石灰岩条石（搞文博工作以后才知道它的学名叫垂带，台阶叫踏跺）非常光滑，我们常当作滑梯玩耍。大雄宝殿和千佛阁前都是平整宽广的月台，月台正中有两只形状不同的大铁香炉，是孩子们"追屁头"打闹的战场。20世纪60年代前后，大雄宝殿的佛像由于年久失修先后倒塌。1979年为建海盐丝厂托儿所，大雄宝殿被拆除。殿西是四面厅，厅长方形，台基高二尺许，屋顶飞檐发戗，四面立柱设廊，四周落地长窗，响亮通风。厅为清末民初建筑，拆除前曾是县图书阅览室。四面厅东侧有四角亭一座，方形石柱上刻楹联数对，亭中立楚石禅师碑一座。1959年4月支援宁夏时，此亭更名为"纪念亭"，楚石禅师碑改为"支宁碑"，碑文为武原人民公社书记李光泽撰的一首诗，用红漆书写其上。诗描述了塞上江南——宁夏的美丽风光，歌颂了武原青年响应党的号召踊跃支宁这一永载史册的壮举。

千佛阁的西北面是人民剧场，新中国成立初名"人民大会堂"。千佛阁的后面是镇海塔，为镇海而建。你只要把耳朵贴在基石上就会清楚地听到海潮的澎湃声。塔七层，内有小石梯盘旋而上直通塔顶。梯窄而陡，两人交臂必须侧身挤擦方可通过。塔内很暗，大人们告诫："登梯时不能说暗，反要说亮，否则会越来越暗。"这倒是怪了，见到菩萨反不能说真话！日寇侵华时，塔两次被日舰炮火击中，伤残面大，第七层更为严重，只有胆大的孩子才能爬上顶层。后来在维修千佛阁时，梁枋上也发现了许多被弹片致伤的痕迹，将永远成为日寇侵华的罪证。为消除安全隐患，20世纪60年代拆除了镇海塔上面的三层及所有檐椽、廊栏，后又作自来水厂水塔之用。1993年，俞辛初老先生曾告诉我镇海塔四至七层的匾额内容依次为"神龙守护""功成巍巍""直上青云"和"天雨宝花"。底层无匾额，底层中部有金身塔神，如佛寺中弥勒佛。他说："抗战前登塔，天气晴好时西望硖石东山宝塔，东望浩瀚东海，南望群山绵绵，北望阡陌纵横。远处景色一览无余。"

1999年2月1日

原载于《海盐报》，1999年2月9日第三版；《海盐佛教史话》，2000年11月，海盐县民族宗教事务局编

心系政协不断情

　　市河岸边茂密的夹竹桃盛开着团团红花，整个武原镇换上了仲春的季装，车来人往格外精神，人们正在为实现党的十二大提出的目标去体现中华民族的真正价值。1983年5月28日上午，庄严的国歌声拉开了政协海盐县一届一次会议的序幕。作为一名政协委员的我纯真地肃立在会场里，激动的心情无法用言语表达。回忆当年高中毕业，由于身体问题我未能参加高考而匆匆踏上社会，到处找临时工做。哪怕是一周半月的，也都卖力干活，吃苦耐劳，希望能"临转正"获得一只牢靠的饭碗。愿望终究还是愿望，九年后插队务农六年。"文革"后，我顶替上调当营业员，总算捧到一只长期的饭碗，一干就是十年，而且干得比较出色。人生历程的磨炼使我在享受上变得非常容易满足，每当我在领取先进奖状的时候反倒添生了许多惭愧。今天我被邀请为县政协委员，这么大的荣誉我从不敢奢望。我能当好一名政协委员吗？荣誉感和畏难情绪交织在一起，如同顺流和逆潮的碰撞激起了奇特的浪花。

　　1983年，我给政协的见面礼是一份"关于建造县人民医院传染病住院部的建议"的提案。县卫生部门采纳了建议，经过调整单独设置了传染病区。从此，结束了传染病人与内科病人合用厕所和盥洗室的历史。之后，我的又一份提案——"关于棒冰箱简易车轴承钢轮改为橡胶轮的建议"得到县环保部门的采纳。虽然案题很小，但是，街头巷尾从早到晚催人心烦的隆隆噪声销声匿迹了，市民们从怨声载道转变为对人民政府的万般称颂：人民政府还是为人民的！每当提案得到落实，我总有一种说不出的喜悦之情。

　　在一次对口联系活动中，俞戌生副主席提出"征用大池海"的建议。讲者有情，听者有心。这个金点子使我眼前为之一亮，便萌发了"征用大池海，建设绮园'园中园'"设想（当时我是县博物馆的副馆长）。我们在老俞的关心和支持下，经过两年多的努力，终于征用了占地5亩多的大池海，争取到了两户居民的拆迁费用，绮园的扩建项目纳入县城规划。紧接着对荒草萋萋、垃圾成堆的大池海进行了彻底的清理，并请省里专家做了初步的方案设计，为今后绮园的发展打下了良好的基础。

政协工作要靠配合才有起色。政协工作如果认真做的话压力也是比较大的，但是尽管我做得再辛苦，心情却是非常愉快的，因为事情一桩桩地做成了，政协的作用和地位也在逐步体现和提高了。由于老俞的精心安排和我们全体委员的积极参与，政协书画委活动开展得更为红火。他倡导了政协诗书画之友社，并策划出版了新中国成立以来我县第一本《海盐诗歌》，为加强海内外联系，为宣传海盐起到了一定的作用。老俞对我们特别对我，工作上严格要求，生活上亲切关怀，使我真正感受到政协的温暖。回顾以往，有许多好的工作作风和工作方法我都是从老俞那里学来的。

由于工作的调动，我于1996年辞去了县政协委员职务。人道有情总有缘，两年后我又回到了政协委员的队伍，但工作性质与前有所不同。以前我既可参政议政，又可办理其他委员的建议和提案，身份是双重的，现在是单一的专职政协委员。开始时不大习惯，总觉得使不上劲，心里直发急，通过不断实践和政协知识的深入学习才逐渐转过弯来。李瑞环指出，政协工作要"尽责而不越位，帮忙而不添乱，切实而不表面"，我与大家一样努力把握好这个度。然而要真正做到谈何容易，这并不是政协单方面能做好的，必须得到各部门的理解、支持和配合。有民谣云："不说白不说，说了也白说，白说也要说。"我想政协工作就是"说"的工作，我们要咬住青山不放松，认真地"说"。

1999年9月22日

原载于《海盐报》，1999年9月28日第三版；《我和政协》，2000年3月，海盐县政协学习、文史资料委员会编

千禧书画献礼记

岁在千禧龙年元旦，天朗气清，风和日丽，数日来之弥漫大雾竟宵遁殆尽。祥瑞吉日，千载一遇，乃吾辈之幸也。

是日，海盐县政协诗书画之友社举办千禧书画献礼①活动，志在新世纪、新形势下弘扬中华优秀传统文化，实践毛泽东"古为今用，洋为中用"思想，力创时代气息之艺术作品，教化民众，兴邦强国。此举深受群众欢迎，求书画者攒拥如潮，盛况空前。诗家书画家即席撰联挥毫，兴浓笔顺，一发而不可收。所备近三百整纸悉数倾巢，边角零纸亦作了书画之依附而无一漏网者。自上午八时半始，至中午十二时半许纸尽方毕，始觉腰酸背痛，饥渴交攻。总计作品六百余件，其中楹联三百九十余副、书法五十余件、国画一百六十余件。参加者沈咏嘉、管琳、赵慧忠、马飞熊、张二巍、许迪勤、陈伯蕃、林振汉、封友道、黄炳虹、周利坤、朱序先、王平、吴雄飞、黄心培十五社友。

千禧献礼，适时得道，成绩不微，意义深远，开吾邑书画活动之先河，故为之文以志。

2000年1月1日沈咏嘉拜撰

---

①由嘉兴金银饰品厂印制成金箔小镜框，分送每位参与者留作纪念。

寸草春晖

——千佛阁维修小记

千佛阁

千佛阁是海盐县天宁寺古建筑群中唯一的一座两层楼建筑，也是浙江省当今保存完好的最大明代古建筑，著名园林学家陈从周教授誉之为"浙江第一阁"。该阁初建于唐大历三年（768），后几毁几建。现存的千佛阁为明崇祯元年（1628）所建，从清到民国做过多次修缮，最后一次在1936年。1937年，侵华日寇两次炮击镇海塔曾累及佛阁。1919年5月9日，海盐县各界民众聚集于此举行"国耻大会"，这段爱国主义的光辉历史至今仍疏于宣传。新中国成立后千佛阁曾一度用作粮仓，20世纪60年代初辟为电影放映场所。1968年建海盐丝厂时，县生产指挥组批文调拨给丝厂，用作仓库。1980年12

天宁寺大雄宝殿

月20日，海盐县人民政府公布千佛阁为县级文物保护单位。1984年9月11日，浙江省文物局下达了《关于海盐千佛阁维修方案的批复》，并拨款三万元为前期维修经费。同年，海盐县人民政府拨款人民币五万元作为丝厂千佛阁仓库的搬迁经费。这是千佛阁得到有效保护的一个里程碑。1985年9月，试点维修底层西北戗角拉开了千佛阁维修工程的序幕，到1988年8月全面竣工，前后历时三年整，耗资人民币三十四万元（不含丝厂仓库搬迁费五万元）。该工程的维修特点是，在浙江省古建筑维修中心的指导下，组建维修队伍，自己管理自己施工，不定期请专家来做技术指导和操作培训。这在当时的条件下不失为既保证质量又节省费用的好经验。千佛阁的修缮成功是省县两级人民政府重视和支持的结果，是各有关领导、专家、工人和工作人员勇于实践、忘我劳动的结晶。1988年春节，千佛阁正式对外开放，并在楼层举办文物展览，至1993年1月共举办各类展览二十二个，发挥了较好的社会效益。1989年12月12日，浙江省人民政府公布千佛阁为省级文物保护单位。

1985年6月，组织上调我到博物馆工作。21日报到，副馆长鲍翔麟第一句话是"这儿没有礼拜天"。我这才知道博物馆只有鲍翔麟光杆司令一个。老鲍介绍了当前工作的重点，交代了工作任务。面对千佛阁维修和文物普查的扫尾复查这两项新工作，我举步维艰，如同驾着小舟在茫茫大海中摸索行驶，随时有迷失方向和覆舟的危险。唯一的办法是，白天干，晚上学，边学边干，急用先学。

1985年7月2日下午，老鲍和我去海盐县人民政府顾问万云办公室参加千佛阁维修计划的讨论会。参加讨论的还有张国华副县长和县文化局李莲英副局长。万云和张国华赞同老鲍汇报的分段维修方案。为简化管理便于开展工作，决定不设县级的维修领导班子，而成立一个实的工作班子——"千佛阁重修领导小组"，由李莲英任组长，章教行和鲍翔麟任副组长，我和褚仁良（博物馆维修队长）为组员。领导小组下设办公室，由鲍翔麟任主任。聘请本县部分建筑权威沈咏麟、虞正国和杨栢森为技术顾问。万顾问和张副县长表示"如果明年省里不拨款的话就由县里解决"。领导决心一大，群众干劲就足。万顾问还指出："重修千佛阁的目的是保护古建筑，宗旨是要修得像样。"

为节省费用，决定选用本县技术力量相对较强的建筑队——海盐县第二建筑工程公司下属的富亭建筑队参与维修，具体事项由我去洽谈。由于涉及经济利益问题甲乙双方讨价还价总无定论。从7月初开始协商，直到8月21日才分别与县二建公司和富亭建筑队签订了合同和协议，经济处理采取甲乙双方都能接受的点工加管理费的办法。参加维修的工人均为本地的能工巧匠，其骨干有老泥工褚仁良（参加过1936年千佛阁修缮）、朱进仁（擅长雕塑），老木工顾和观、王关龙，脚手工吴友林，等等。

千佛阁现状的勘测工作已于1984年由浙江省古建筑维修中心派员做过，由于丝厂仓库未迁，勘测不够全面，给维修工作蒙上了一层面纱。这次将做进一步的勘测。县二建公司对楼层作了水平测量，找出了下沉柱。我们与维修工人对梁、枋和椽子等霉烂情况进行检查，并做了详细的记录。检查中发现千佛阁底层四周出檐椽长度不一的怪现象（东、北出檐椽长三百六十厘米，南长三百八十一厘米，西长三百七十厘米）。这次大修当然做了统一。

为全面推进千佛阁维修工程的顺利进行，1985年9月，先对底层西北戗角作试点维修，由我负责。我们请来省古建筑专家黄滋老师，大家认真学习了省古建筑维修中心编写的《海盐天宁寺千佛阁维修说明》。黄老师对《维修说明》做了详细解释后带我们爬上西北戗屋面作具体指导。我紧随其后，走了几步就迈不开腿了。黄老师沿戗脊一直走到翘角梢头如履平地。我想看个明白，只得咬咬牙，紧贴屋面爬了过去，恐高症苦得我不敢站起来。老鲍笑我"像只癞蛳（蛤蟆）"，大家哈哈大笑，我也笑

天宁寺天王殿

了。我们就腰檐上擎檐柱的拆、留问题展开了讨论。按文物法规定，维修"必须遵守不改变文物原状的原则"，拆了擎檐柱是否改变了文物的原状呢？黄滋老师认为腰檐上的擎檐柱是清同治年间修缮时所加，目的是防止上层檐的下挂，南面的平座和东西北三面的博脊亦为当时所加。这既造成外形上的臃肿怪异，又带来结构上的不合理，致使腰檐承椽枋反翻和戗角斜梁的下挂，这是对原来上下檐受力合理分担的破坏。通过这件实例，大家对"不改变文物原状的原则"有了进一步的理解。古建筑的原状是指一座建筑物原来建造时的状况，也指原来建筑时期或历史形成的健康的内部环境和周围环境的面貌。以前维修时增加的擎檐柱等不但改变了千佛阁的原状，而且造成了不健康的内部环境，所以决定拆除。

维修工作紧锣密鼓地展开了。拆除了西北上下两层戗角的屋面、博脊和擎檐柱后我们大吃一惊，霉烂损坏的木构件比原来检查的要多得多！我一一摄下照片作为资料，对立椽、斜梁、斜穿、角柱、花矮柱、下穿的上翼、廊枋、额枋、斗拱和翼角封檐弯板等逐一修换复原。在打高戗角时为防止榫头翻掉，可真是小心翼翼，慢打细看。年近古稀的褚仁良和顾和观两位老师傅一个骑在斜梁上，一个管住千斤顶，用一来一去的吆喝声指挥着，很有传统号子的韵味。工人们认真负责、一丝不苟的作风给我留下了深刻的印象。

1986年1月15日，千佛阁底层西北戗角的维修工程终于艰难地完成了，其中的辛酸只有参与者才能体会到。一是人手少。博物馆只有五名工作人员，其中三名临时工。为节约资金采取点工办法，管理、施工和材料采购都由甲方负责，人力显然不够。采购材料既要考虑质量好，又要考虑价格便宜，特别是木材，更要考虑它的利用率。买木材都是我们自己动手翻堆挑选。我是外行，更觉吃力。知识的贫乏和经验的不足困扰着我，古人说"学然后知不足"，我还未学已深感不足了，也许干就是学吧！二是丝厂在千佛阁的仓库未曾搬出给勘测与维修工作带来诸多不便。老鲍与我多次去丝厂交涉仓库搬迁事项，但效果甚微。维修工作不能等待，于是又多了一层与丝厂安全保卫科、基建供销科及仓库负责人之间的工作关系。凡遇到需要搭脚手架、勘测、检查以及部件的拆卸、安装，我都得当天清早跑去与他们联系，麻烦他们打开仓库门。这种情况一周总有四五天，可谓不厌其烦。好在这是工作，如果是自己的事我绝对不会跑第二趟的。有时碰到这个不空，那个不在，开不了仓库门我们就干不了活，误工的事经常发生。误工造成的工期拖延和费用增加叫人说不出的痛心。对于派员开工的条件，富亭建筑队态度很强硬，"丝厂仓库不让出决不开工"，理由是"少了东西谁负责"。为抓工期，我硬着头皮说"我负责"。话是讲出了，却不敢大意，脑子里又多了一根弦。在万顾问的多次协调下，1986年1月12日下午四时，丝厂移交了仓库大门的钥匙。可喜得很，丝厂在清点材料时还真的未少什么东西。

维修千佛阁的消息不胫而走，三三两两的群众不时到搭了脚手架的千佛阁的周边烧香。人最多的一次是7月22日那天上午，千佛阁前聚集百余名群众点燃香烛，焚化纸元宝，严重影响了千佛阁的安全。张国华副县长得到消息后立即赶到县文化局把我叫去，了解情况后做了三点指示：一是劝阻；二是做好安全防火工作；三是请博物馆拟一通告张贴，宣传文物法。我们照办不误。至午后，烧香群众全部劝离。由于管理严密，整个维修过程中没有发生过一起火警。

为保证千佛阁二期工程的顺利进行和文物工作的正常开展，1986年2月，熟悉基建工作的孙笑梅同志调来负责千佛阁维修工程，我负责文物普查的复查和千佛阁资料的收集等工作。

1986年1月25日，黄滋老师来海盐指导二期维修工作，他对一期维修质量感到满意。黄老师的工作非常细致，细到对具体操作方法都考虑到了。例如，为确保质量和缩短工期，他提出"把要更换的木构件先全部制作好，但不开榫，待到梁架扶正后再按实际情况定位出榫"，以及"一层瓦面和楼板的维修可以同步进行"等意见，为维修的顺利展开起到了关键作用。2月，工程正式开工。在一期工程基本掌握了各木构件整理、制作及安装用工的基础上改进了管理，采用了点工和包工相结合的方法，既保证了质量又加快了进度降低了费用。8月上旬，请来了金华古建专家黄青等人，在千佛阁举办了为期四天的技术操作培训班，解决了许多技术上的难点。后又派来一位经验丰富的老木工师傅长期参加维修。浙江省文物局博物馆处处长傅传人来千佛阁视察时肯定了三点：一是千佛阁维修资金来源体现了以县为主省补助的办法是行之有效的；二是第一期工程自己管理、自己施工的试点是成功的；三是请洋专家和土专家作多层次的技术指导和培训的办法是切实可行的。傅处长的话为维修工作的深入开展指明了方向。

1986年3月，武原自来水厂准备在千佛阁与镇海塔之间建四至五层楼房一幢，他们拆除了旧房并已着手平整土地。在万顾问的积极奔走和呼吁下，终于制止了建造。千佛阁和镇海塔的环境得到了保护。

1986年7月，开始对千佛阁的雕刻进行传拓。千佛阁现存雕刻360余件，

天宁寺镇海塔

风格有明末和清两类。其中，石雕44件，分布于石柱、柱础和须弥座；木雕310余件，分布于枫拱、雀替和廊攀的全部以及部分的隔架科、梁头和角拱。每件拓3张。这项工作是利用正在施工的脚手架进行的，所以必须赶在脚手架拆除以前完成。暑假里，领导安排了两名学生参与，由我指导传拓技术。年底另换两位青年参加。紧张时，临时工仇柏林也拉来帮忙。由于这些木雕的保护层已剥落，它的吸水程度不一样，因此比石雕难拓。拓到三部梁以上的雕刻最为艰巨。那时正是酷暑季节，又只有我和老仇两人，加上没有水喝，渴热难熬。要喝水得爬四台脚手架下去，多有不便。为赶进度，我一上去就是半天。千佛阁高大凉爽，但蹲在屋顶下就不那么舒服了，与现今的"桑拿"差不多，要不了几分钟就大汗淋漓，半天下来身上的汗衫、短裤全湿透了。十多天，天天如此。老仇佩服我有"骆驼"功能！底层62只枫拱的拱翼雕刻在做粮仓时被全部锯除，这次一概补上。图案大多从楼层枫栱图案中挑选移植而来，另外根据领导指示由我设计了一套十二生肖图案补于明间，设计原则是与原有风格保持一致。到1987年3月，三百余件木雕的传拓工作基本结束。

千佛阁屋面到处漏雨，梁架木构件霉烂严重，需更换的颇多。丝厂在千佛阁楼板上建起屋中屋来储放茧子，长年累月，地板上的油毛毡钉了一层又一层。由于不透气，整个楼面三百多平方米的地板和大部分楼搁楞都霉烂得必须换掉。如此等等，在维修工程量大、难度高和经费紧张的情况下，全馆上下紧密配合，实践了"放弃几年节假日，高温严寒不停工"的口号。经过两年半的努力，1988年8月，千佛阁维修工程终于全面竣工了，其中老鲍和老孙倾注了很大的精力。每当看到千佛阁那庄严肃穆的身影，我们就会回忆起这些同甘共苦的岁月。

2000年5月28日

原载于《海盐文史资料》，2000年6月政协第36期；《文物之邦显辉煌——考古发掘与文物保护纪实》，2000年12月浙江省政协文史资料委员会、浙江省文物局编

琴瑟和鸣

——海盐西塘桥王坟遗址的发现和保护琐记

海盐县地处浙北杭嘉湖平原，东濒杭州湾，是一个滨海城市。海盐以"海滨广斥，盐田相望"而得名。自秦王政二十五年（前222）置县以来，历世不废。海盐历史悠久，源远流长，古遗址自马家浜文化至古吴越文化延续不断。北有胜丰，西有彭城，南有高地和吴王庙，东有黄家埝海底遗址，计近40处之多。证明早在7000多年前已有先民在这块土地上渔猎耕种，繁衍生息。

浙江省文物保护单位王坟遗址坐落于海盐县西塘桥镇北约1公里处，距海5.5公里。根据第一期考古发掘资料证明，该遗址是崧泽晚期至良渚早期的古文化遗址。王坟遗址是迄今所知的浙北地区距海最近、年代最早的遗址。它的发现对研究崧泽文化的社会性质、文化内涵以及与良渚文化的关系等有着较高的科学价值，它的发现为海盐地区的成陆、海岸线的变迁和当时的政治、经济、文化的研究提供了丰富的资料。

王坟遗址发现于1994年2月。2月9日，农历大年三十下午我从博物馆下班出来，路上碰到程剑兴，他是海盐县政协副主席、县土管局的副局长。老程告诉我，他刚从西塘桥回来，一个小地名叫王坟的地方在砖瓦厂取土时出来了一些陶片。砖瓦厂已放假，暂时停止了取土。我们约好2月14日去调查。王坟是一个东西向椭圆形的高墩，最高处约4米，东西长约470米，南北宽约150米，东近公路，西、南、北均为农田，墩南150米处有一条叫文武漾的河道环西折北而去。为方便取土，砖瓦厂特地挖了一道新河通到墩中央，墩的东半部保存完好，西半部已挖掉了一大半。取土后的地里不时露出一些陶片，密度较高。这么大面积又含有这么多陶片的遗址，是我参加文物工作十年来第一次所见到的，我很兴奋。我们专拣一些有特征的陶片，大多是双鼻壶、平底罐、澄滤器和各种鼎足等，有崧泽的，也有良渚的。当时我想，如果这个遗址还存在考古价值的话一定是个很重要的发现。20世纪60年代上海青浦崧泽遗址主要是墓葬，它的下层有马家浜文化，但上层不见良渚文化的东西，而王坟遗址却同时兼有大量的崧泽和良渚的实物。我向嘉兴市文管处副主任陆耀华汇报后，耀华很快就赶来对土坟遗址作了初步调查。他说："这个遗址很有考古价值，要很好地保护起来。但面积这么大怎么保护还是个问题，主要牵涉到经费。"我向县文化局做了汇报，张关华局长指示先由博物馆出面与有关部门协商保护办法。

协调会于3月26日在西塘桥砖瓦厂办公室召开，参加会议的有土管局程副局长、县计经委矿产办小姜、西塘桥朱副镇长、镇土管办汤主任、砖瓦厂黄厂长以及文物干部小宋等人。会上我把文物保护法中有关古文化遗址受国家保护及奖惩条款做了详细介绍。镇政府和砖瓦厂也介绍了情况。西塘桥的地势较低，能取土的只有王坟墩和镇东这两个地方。王坟墩就在砖瓦厂附近，取土运费小、成本低，为在王坟取土开挖300米河道花了30万元。王坟墩的土地涉及数十户人家，砖瓦厂已付了部分青苗赔偿费。因此，停止取土所造成的经济损失必须补偿，按高墩已取土三分之一计算补偿数额在21万元左右。会议决定，在王坟取土的船只减少到一半以下；在取土中出土的文物由镇土管办和砖瓦厂专人负责收缴。补偿问题待向县政府汇报后再定。会议结束后，我们到取土工地察看，铁锸在高墩上不断留下新的痕迹，几只卖泥船在源源不断地装泥。有村民悄悄告诉我，这些船上都有出土文物，平湖贩子每天都来收购。我到船上友善地与他们聊天，又把地下文物属国家所有，未经批准买卖文物是违法行为等政策告诉他们。听后，一位村民到后舱取出一大一小两件陶罐来交给我们，很完整，我请小宋付给他五元钱作为奖励。接着，另外两只船上的村民也都主动上交了文物，我们也发了奖金，并把器物的出土地点一一记下。这次我们采集到的器物有牛鼻耳罐、灰陶罐、夹砂红陶鼎、石锛等以及数量较多的豆把和陶片，另外还有一件刻细花纹的灰陶罐。

回来向县文化局汇报了会议情况后，我们着手整理采集到的器物。4月8日，县文化局向县人民政府打报告要求拨款对王坟遗址进行考古发掘。张关华和我向县长和分管县长分别做了多次汇报。6月6日，我接到通知去财政局讨论发掘经费问题。预算股长转达了县里领导的意思，口径是除5000元发掘直接经费由县财政解决外，取土费、青苗赔偿费等由文化部门与砖瓦厂协请砖瓦厂承担。对此，我持不同意见。等我介绍了砖瓦厂为保护遗址已经造成一定损失的情况后，预算股长答应再作商量。

6月10日，在嘉兴市"文保单位四有培训班"结束的那天碰到省考古所的刘斌老师，我把王坟遗址的发现和保护的情况向他做了汇报。午餐后，刘斌放下饭碗就和我直达西塘桥实地调查。看后他对我们的工作给予了肯定，并慎重地说："这是一处很有价值的遗址，要千方百计保住它。只要落实好经费，发掘的事我们会向考古所领导争取全力支持，尽量优先安排到这里来。"刘斌的话为我们保护遗址打了一针强心针。回到博物馆，刘斌看了王坟的采集品，对其中的一件刻细花纹的陶罐很感兴趣，他说："这件刻花陶器很少见，如果不是采集品它的价值就更高了。"花纹细而浅，不是几何纹，但花纹的内容是什么现在还看不清楚，要等洗后才知道。一天，全馆动手洗陶片，东西很多搬了一批又一批，财会股的几位女同志很积极，不等业务人员指导就用板刷狠命地洗刷了。我赶紧制止："这又不是洗衣服！要泡、漂，动作要轻。"忽然发现那只刻细花纹陶罐已洗好放在水盆边，我捧起来一看。完了，罐上的花纹竟消失得无影无踪了！我大叫："怎么手脚这么快！谁刷的？"大家知道情况不妙，没有一个应声的。我像一只斗败了的狮子，浑身没了劲。怪谁？怪她们？一件珍贵文物就这样葬送在我的失职之下！今天回想起来负疚感竟有增无减。

7月7日下午，王坟西高墩发现三座古墓，西塘村民委已擅自挖掘过。第二天上午，县文化局会同公安、土管与西塘桥镇政府协商了保护措施。一是擅自挖掘的行为必须立即制止。虽然西塘村民委的出发点是为了保护文物，阻止文物贩子和装泥民工的哄抢，但做法是错误的；二是由博物馆组织力量抓紧清理；三是由当地派出所、村民委和砖瓦厂协助做好安全保卫工作。公安部门积极配合，局长柳金根和副局长吴骏强亲自到会并察看了现场，部署了工作。西塘村民委和砖瓦厂主动上交出土文物。会后，文化部门的同志先去了现场。我们从墩北的机耕路往墩走去，附近的村民告诉我，围在墓边的人中间有几个是文物贩子。大家加快了步伐，墓边那几个人看到我们撒腿就跑了。我拼命地追，文化局办公室主任胡海麟和钱向阳等跟在我的后面。突然"扑"的一声一阵风把我的草帽吹落了，我头也不回紧追不放，不料他们跳上两辆摩托车飞也似的逃了。我们喘着大气，眼睁睁地望着他们转瞬消失的影子感慨万分，我们的自行车与之相比太落后了！下午，博物馆长鲍翔麟到现场布置值班和明天清理前的准备工作。9号清晨开始清理，中午大家在工地上吃了粽子继续工作，到天黑才清完两座墓。10日上午，另一座墓也清理完毕。出土随葬品有北宋钱4枚、铁牛4件、陶鼎2件、陶俑8件、铜板1块等。

7月11日，省考古所刘斌和蒋卫东两位老师闻讯前来调查，看到王坟东半墩又挖去了一块，墩卜堆着大块大块的红烧土。两位老师从墩下的红烧土和高墩剖面的红烧土层分析，东半墩是人工所堆，可能与祭祀有关，并划定东半墩为重点保护区域，提出了抢救性发掘的方案。7月18日，张关华、程剑兴、宋兵和我与西塘桥镇政府达成口头协议：保护东墩；由砖瓦厂和镇土管办各派一人现场值班，费用由博物馆支付；每天限止取土100吨，以船运吨位计算，由于西墩取土下河较远每吨补0.2—0.3元，由博物馆支付。7月底，县人民政府核拨发掘经费1.2万元，比原定的增加了一倍多，比我们要求的少了0.8万元。尽管不够，但文物保护的抢救性发掘工作必须跟上。8月1日，县博物馆按规定向省文物局办理王坟遗址发掘的报批手续。3日，鲍翔麟和我一起去省考古研究所要求派员主持发掘工作。考古所的同志都说，夏天高温季节是考古人员的休整期，恐怕很难派出。尽管这样，我们还是向刘军所长请示。刘军说："现在是休整学习期，你们能不能再推迟？"我们把保护的难度和乘农忙季节发掘的想法告诉了刘所长。刘军左右为难地说："为了工作应该派员，但考古队员一年到头风餐露宿在野外够苦的，这时节安排他们出去于心不忍。"看着我们焦虑的样子他又说："这样吧，我们商量一下。"刘所长叫来了熟悉王坟情况的刘斌，刘斌爽快地答应了。刘军交代刘斌抓紧组队。老鲍和我欢天喜地回到了海盐抓紧做准备工作。

考古现场

8月8日，省考古队员陈欢乐、方中华和葛建良先到达海盐。刘斌还在安排工作，他委托陈欢乐暂时负责。海盐方面由我和宋兵、李林参加。原先老鲍也一定要参加，是我硬劝住了他。我说："你年已花甲，又是高温季节，我们怎么放心得了。"老鲍虽然没有直接参加发掘，但一切后勤和辅助工作都由他操心办理。

起初，我们住在西塘桥招待所，住宿费每人每天12元，双人房间，房间里只有一只面盆架和两只热水瓶，非常简陋。就餐在镇政府食堂。安排好住宿后大家踏勘了王坟地块。9日，发掘工作正式开始。陈欢乐领着我们先布探方，后安排民工剥表土，我和宋兵、李林先清理墩下已暴露的遗址底层部分。11日，刘斌队长来了。他察看了发掘工地，了解了前几天的发掘情况，根据发掘需要重新布了探方。为便于工作我们在王坟附近找了一家叫钟志林的农户住下。说来也有缘分，一个月前清理宋墓的那天晚上，我由于暗不择路而向公路边亮着灯的人家走去借手电筒，一位年轻妇女听说是考古发掘的，二话没说给了我一只三节电筒。后来才知道她是元通乡党委副书记沈振英，这儿是她的婆家。今天，我们一下子找不到合适的房子就又想起了她。住在沈振英家隔壁的钟志林是她的小叔，这里到王坟只有一百多米远。第二天我们搬到小钟家，又从海盐调来了李文华负责炊事后勤工作。工作安排得很紧，白天发掘晚上洗陶片。好在小钟一家三口空房多，阳台又大，晾陶片不成问题。为避中午烈日，我们下午迟出工晚收工，一般都干到夜幕降临的时候才结束。晚饭后数百架"战斗机"出来寻找目标，这儿的蚊子大而凶。每当我们伴着星星在水泥场洗完澡，身上总免不了增添了许多痒痒的包。房东看了心痛，第二天傍晚就在房子的周围喷洒农药，情况有所好转。发掘已过半月，杭州队员产生了想家的念头。这些队员是良渚农村的农民，农忙季节家里都脱不出身，这次全是被刘斌说服而来的。刘斌与我商量，我让刘斌做思想工作，我们则更多地关心他们，努力把后勤工作做得更好些。最终，杭州队员的事业心和责任感战胜了家庭观念。一天，县政协副主席俞戍生来工地看望我们。老俞向刘斌询问了发掘工作的进展情况，又问到这里的伙食怎么样，生活习惯不习惯，药品全不全，等等。老俞跟杭州来的同志说："你们离家那么远，出来也有不少日子了，有什么事可以与家里多联系。"近中午时分工地气温达到摄氏45度左右，大家汗如雨下，衣服都湿了又干干了又湿。俞副主席感动地说："长期在高温烈日下作业太辛苦你们了。"刘斌告诉老俞："老沈五十多岁了，有时还赤膊上阵光着膀子硬晒，我们年轻人算不了什么。"老俞说："干劲要有，身体也要注意。"老俞的王坟之行如同"时节好雨"滋润了大家的心。

发掘工作到了后期，墩下的两个探方都清理完毕，内涵非常丰富，出土了不少的器物。几个井里的器物虽然不多，但东西很好。就是墩上的几个探方多的是黄土坑，虽说也有几座墓葬，但器物出得很少，不免使人有些失望。刘斌看出了我们的情绪，耐心地解释说："器物只是人类社会生活、生产的一个方面，我们要全面了解整个历史社会就必须把各种迹象都记录下来进行综合研究。比如这十多个黄土坑，它是古人祭祀活动留下的很重要的资料，与生活、生产有着密不可分的关系。考古工作千万不能有任何亲疏思想。"刘斌认真负责的作风给我留下了深刻的印象。考古发掘的过程是一个育人的过程，一个学习的过程，一个长进的过程。我在思考，一般人多只注意出土的器物，而忽略地下的迹象。这些祭祀坑只有在科学发掘中才能清楚地暴露在人们的面前，使人们去重视它。但在基本建设的动土工程中，普通人即使看到有不同颜色的泥土，也不会认识到这是异常迹象，也就不会去重视它。所以文物保护还要注意迹象的保护。由此可见，加强文物知识的普及和文物法的宣传是多么重要。

考古队员们顶烈日、战高温，克服了经费少、人员紧的困难，到9月5日历时近一个月，顺利地完成了第一期考古发掘工程。这次发掘连同三座宋墓清理费用在内总共只花了19422元，除县财政拨款12000元以外，均由博物馆自筹解决。发掘工作结束的那天，中国考古学会理事、著名学者王明达来到海盐，他看了部分出土器物后很感兴趣，连声说："好东西，好东西。"随即要刘斌和我一起陪他去发掘工地。我说："昨天雷阵雨下得很大，工地上都是烂泥不好走，而且气象预报今天仍然有雷阵雨，还是明天去吧。"王老师是个爽朗人，他说："考古工作本来是艰苦的，没有关系，走吧。"电视台的记者也抢着跟去，他们连套鞋都来不及换就径趋西塘桥王坟发掘工地。王明达边走边听刘斌的介绍，频频点头，兴奋的眼里不时露出光亮。不一会，他们的凉鞋都成了草鞋，厚厚地沾满了两团泥。到了西墩地方，王老师在清理宋墓的泥里拣起了几块陶俑的碎件放在信封里。后来又拣起几片红漆小木片，我不以为然地说："这是宋墓烂掉棺木剩下的。"他把小木片在水潭里洗了洗，竟然光泽如新！王老师一边把红漆木片放到信封里一边说："考古工作要一丝不苟，凡是发现的实物都要收集。这个时候用不到，说不定将来用得到。"是呀，同样是漆在木头上的漆，为什么有的已不存在了，有的却保存得这么好呢？我这才明白，这就叫"做学问"。记者请王老师谈谈王坟遗址发掘的意义和价值。王明达说："西塘桥王坟遗址的发掘，是得到国家文物局批准的科学发掘，在海盐还是第一次，而且是一次规模较大的发掘，它开了海盐考古史的先河。海盐的古文化遗址不少，但都是采集品，还不能全面完整地了解历史。科学发掘所获得的资料才是揭开人类历史奥秘的根本途径。王坟遗址是浙江省的一处重要遗址，它内涵丰富，有遗址、有墓葬；它从崧泽文化一直到古吴越文化，时代跨度大。彭城遗址虽然是6000多年前的，但只有采集品，而且实物不丰富。""其他的请刘斌同志讲讲。"王老师谦虚地说。记者的话筒转向了刘斌。刘斌介绍说："王坟遗址是一处重要的崧泽晚期到良渚早期阶段的遗址，这个墩应该是崧泽文化晚期人工堆积的祭祀址，上面很可能有重要的墓葬。14个黄土坑的填土大多是从别处搬来的纯黄土，应该是祭祀的时候形成的某种迹象。墩的表面发现印纹陶片，说明战国时期仍在使用。从墩上大面积的红烧土层以及被砖瓦厂取土后剩下的红烧土块看，很厚很大，最大的一块有一米见方，有许多红烧土有烧硫的情况，说明火候甚高，可以推想当初火祭的盛况。土墩堆筑部分的面积达10000多平方米，平均厚度约2米，堆筑如此之大的祭祀址必须要有足够多的人力和足够大的社会组织力量，它为研究当时的社会发展提供了资料。王坟遗址是浙北地区发现的离海岸最近、年代最早的一处祭祀址。从其盛大的规模看，说明在此附近也是一个从崧泽文化到良渚文化的中心分布区。"

这次王坟遗址的发掘共布5米×10米的探方10个，其中墩上8个、墩下2个。清理良渚墓葬3座，崧泽墓葬1座，祭祀坑14个；另在发掘区外清理水井4个，其中崧泽晚期的1个、崧泽晚期至良渚早期的3个；出口器物共计112件，其中石器7件、角器13件、骨器21件、陶器58件、砺石2件、石器料石1件。这次出土的陶器以井内的最有特色，其中漆绘泥质黑陶杯和涂朱灰陶罐等均属少见的陶中精品。

考古发掘工作结束一个多月后的一段时期内，个别农民在王坟零星取土的事件偶有发生。为使王坟遗址得到法定保护，县文化局曾向县人民政府打报告要求公布王坟遗址为县级文物保护单位；县文化局又批准县博物馆建立文物管理工作小组，委托该组织协调解决全县文物工作中的一些重大问题。1995年10月以后，王坟遗址未发生过一起取土事件。为保护遗址，西塘桥镇政府积极配合，并在经济上承担了约40万元的损失。

省文物局在要求推荐第四批省级文物保护单位的函中指出："在全省专家评审会上专家们一致认为海盐西塘桥王坟遗址在全省文物史迹网中有着重要地位。"1997年8月29日，浙江省人民政府公布王坟遗址为第四批省级文物保护单位。于此，王坟遗址得到了法定保护。

2000年9月，中日联合考古队再次来海盐考察，随行的有省考古所的王明达、刘斌、蒋卫东、孙国平等。通过这次为期五天的考察，王明达大为感慨地说："自王坟遗址始，确立了海盐在考古界的地位。接下来1997、1998年的龙潭港和周家浜遗址的相继发现，在海盐县领导的重视下，县政府各拨款7万元进行了发掘，使海盐成为浙江省地下文物丰富的县城之一。遗址级别高，器物有特色，不光引起国内学术界的重视，而且引起国际上的很大关注。日本友人四次来海盐考察说明了这一点。小小海盐县在探讨中华文明起源的研究上有着不可替代的作用，出土的考古资料使小小海盐占有一席之地。20世纪90年代海盐是杭嘉湖地区考古发掘次数最多的县。嘉兴的考古工作20世纪70年代在桐乡，20世纪80年代在海宁，20世纪90年代转到了海盐。"王老师的话实际上是对各地要重视和做好文物工作的鞭策。

工坟遗址的保护牵动了上下许多领导和许多部门，在大家的通力协作下才取得了今天的成果。我参与了这项工作的全过程。在考古发掘期间我除了参加发掘外还需要处理好与当地的各种关系。我深深地体会到文物保护工作的开展仍是步履艰难，虽然有文物保护法，但在具体执行中却往往不那么灵。在以经济建设为中心的市场经济中如何使文物保护法得到很好的实施，如何维护文物保护法的严肃性，这些问题是值得思考和亟待解决的。解决的办法很多，例如修改文物保护法、适当加大对各级政府工作考核中文物保护项目的比重等。但我们不能等待，我们要努力引导全体民众对中华民族精神的重要组成部分——文物的高度重视，营造保护氛围，形成保护合力，让文物在人类文明的进步中闪亮出它应有的光彩。

2000年10月12日

原载于《文物之邦显辉煌——考古发掘与文物保护纪实》，2000年12月，浙江省政协文史资料委员会、浙江省文物局编；《海盐文史资料选辑》，2001年2月，海盐政协学习文史资料委员会编

长留春风在人间

——纪念顾老锡东先生

今天，看到《海盐日报》上钱向阳先生《怀念顾锡东伯伯》的文章，才惊悉顾老已驭鹤而去，不禁鼻子一酸，手里的报纸渐渐模糊成一片雾海……我们永远失去了一位慈祥朴实、平和谦逊的好老师。

我与顾老接触是在1971年9月，海盐县毛泽东思想文艺宣传队（后更名为海盐县越剧团）去湖州演出的那个时候。一天，老同学、挚友方正林兄介绍我去湖州京剧团向冯先生学习月琴的演奏技法。从京剧团出来，正林兄提出去拜访顾锡东先生的建议。我们当然非常高兴，很想见见这位被誉为"当代关汉卿"的大剧作家。因为我对顾老在"文革"中的遭遇略知一二，所以便问："是否方便？"正林兄说："已从牛棚放出，不碍事。"顾老与正林兄相交甚厚，特别是在"文革"时期得到正林兄的许多关照，俩人关系非同寻常。我们随正林兄来到一个老宅院，里边住了数十户人家。我们七拐八弯登上楼梯，穿过廊轩，尽头左边的一间便是顾老的住处。外间是客厅兼餐厅，有七八个平方米。面门的推板上工整地贴着毛泽东的标准像，两边配上大红楹联一副，下边的长台上叠放着毛选四卷。八仙桌紧靠右侧墙边，四只骨排凳列桌而置。整个房子旷寂净洁，人们很容易联想到主人是一位"与世无争"的隐者。听到正林兄的声音，旁边昏暗的小房间里出来一位又黑又瘦的老人热情地招呼我们。呀！这就是顾老？如果在街上见了还真不敢认呢！那天去的除了方正林、钱向阳和我以外好像还有吴志光，我们把顾老的四个凳子都包揽了，看来平时很少有人光顾。顾老回房间搬了一只旧藤椅坐在一边。顾师母沏上绿茶，茶杯是时尚的玻璃瓜棱杯，茶盘是清末民初的木茶盘。幸好这茶盘无雕无画素面无纹，否则早以"四旧"的罪名成为炉中之物了。顾老向我们了解了海盐文宣队的组织、人员结构和演出等情况后指出，"要爱护老艺人和文艺骨干，要培养好接班人"。此时，浙江省革委会政工组文化局的"越剧试验移植革命现代京剧《红灯记》"刚刚推出，且不说越调中夹杂着浓重的京调而有点不伦不类，那种用京剧唱词配上改革的越调如同旧式木茶盘里装上时新的玻璃瓜楞杯一般更是生硬不堪。对此，顾老并没有多少正面批评，他只说："移植的《红灯记》总有一点越剧的成分，能打破京剧一统天下的局面已是一种进步，百花齐放嘛。不过，地方戏必须立足'地方'，否则改革将是失败的……你们文宣队老底子是越剧团，应该演越剧……"果然不久，海盐文宣队按照上级指示演起了移植的越剧《红灯记》，后又改编了京剧《红云岗》等改良越剧，直到传统的越剧剧目重新亮相舞台，这无不印证了顾老的远见。最后，他从房间里取出一本由他编写而匿藏多年的《越剧韵脚》送给我们。

一晃二十余年过去了，我的毛笔字写得也有些像样了。1993年，陶维安先生向我索要书法作品，说要送给顾锡东老友。我不敢怠慢，没几天就向维安先生交了卷。十天后竟意外地收到顾老赠我的隶书条幅一件，我如获至宝。那时，顾老出访日本回国不久，写的是一首日本风光诗。诗云："岚山疏雨织轻纱，碧水红桥照影斜。一路春风呼驯鹿，大东寺外万樱花。"款落"癸酉春游日本所作，录呈咏嘉先生两政。顾锡东"。这"两政"尽管是谦语，但透过它可看到顾老对后学的鼓励和奖掖。

1996年底，海盐县人民政府决定筹建"海盐腔艺术馆"并出刊《海盐腔研究》。顾老非常支持我县的这一重大文化遗产挖掘工程，并为《海盐腔研究》创刊号题了诗。诗云："富裕江南戏曲乡，谁人解得海盐腔。流源变化新声部，花落花开分外香。"道出了挖掘这已销声匿迹三百余年的海盐腔的意义。1998年，我虽调政协但仍关心着海盐腔艺术馆的筹建工作，其中一个很重要的方面是"腔"的挖掘，这涉及"海盐腔艺术馆"的定位和定名。对此，领导也好，专家也好，均有不同见解，大多认为"海盐腔艺术馆"定在博物馆或纪念馆的位置上较为稳妥。理由是：一、目前尚未发现一件海盐腔的原始曲谱，挖掘是句空话；二、从现在已知的与海盐腔有关的曲牌和唱腔中去挖掘出来的绝对不是当时真正的海盐腔，无价值可言。为此，我很想听听顾老的意见，便又与他联系上了。他说他最近正在搞一个剧本，特别忙，后约定8月25日见面。

那是一个星期天，我与县政协行政科长、文化委员会的联络员高桂玲女士同往杭州。顾老家里仍然清净地住着夫妇俩人，不同的是，住的不再是那种阴暗狭小的明清民居，而是宽敞明亮的新式房子；顾师母给我们沏茶用的不再是玻璃瓜楞杯，而是青瓷盖杯，没有见到当年的那只木茶盘。客厅里放了一只双人沙发和两只单人沙发，有电风扇，墙上挂的是名人字画。年逾古稀的顾老背挺脚健，精神焕发。他就我提出的问题做了客观的分析，谈了自己的看法。顾老谦逊地说明他对海盐腔没有研究，这些意见仅供参考而已，但他肯定"对'腔'来说，挖掘比不挖掘好"。顾老说："明代戏曲理论家王骥德说过，戏曲从宋元到明已搞不清楚，既无史料记载又无演唱者，所以要真正搞清何为当时的海盐腔是不可能的。"他说："我们小时节（小时候）杭嘉湖一带有300多个班子为婚丧之事演唱，叫作打唱班，都是自打自唱，助唱的是比较高雅的昆腔——演变到民间的昆腔。这些艺人唱的曲子里有没有海盐腔的成分？也可以作为对象进行研究。"顾老又风趣地说："以前上层社会里的士绅都会拍曲子，有谚云：'相公拍曲子，书童拍蚊子。'另外，过去我们这里也有唱徽班戏（徽调）的，这是下层社会唱的，也有谚云：'东家不入调，伙计唱徽调。'如今沪剧中还保留有徽调的成分呢！"顾老又转过话题说："嘉兴皮影戏的唱腔其他地方都不唱，它的曲牌不会是昆曲，也不会是摊黄戏，肯定有海盐腔的东西……嘉兴地区有没有木偶剧团？有多少皮影剧团？要做调查，有曲子的要记下来。浙江的两大腔——海盐腔和余姚腔，海盐腔最接近昆山腔。无论地理位置也好，语系（吴语系）也好，都能说明这一点，所以要摸清海盐腔与昆山腔的关系。昆山腔不会从天上掉下来的，就是从海盐腔演变过去的。海盐腔是昆山腔的母体……如果今天还存在海盐腔的话，那肯定不会是三百年前的海盐腔了。要用发展的眼光看问题，只有变才能生存，所以不必苛求。一定要找到明代原汁原味的海盐腔的观点，是静止的不客观的。"

顾老的话给我很大启发，我有所感悟地说："是呀！拿一件文物来说，它与当时的历史现状肯定有所差异甚至有较大的差异，但它仍然是文物。譬如我们见到的彩陶文物，你能断定这些经过数千年自然环境影响的陶器上的颜色就是当时的颜色？"顾老哈哈大笑起来："正是，这里的道理是一样的！"他兴致勃勃地说："再如高腔无伴奏，只有打击乐，是否与海盐腔有关呢？正因为皮影戏的唱腔其他地方都不唱，如果把它和海盐一带的地方民间曲调结合起来应该可以形成海盐腔的，我想人家不会不承认的。"

顾老的一番论述给了我们极大的信心。在顾老那里，我们总能学到很多东西，怎奈半天时间很快地过去了。临别前，我请桂玲女士为我们的相聚按下了快门，每当看到这张照片就会勾起我对顾老的许多回忆。

本欲退休后到诸位老师和朋友那里走走，不料我刚离开工作岗位，顾老竟溘然长逝。由于信息不灵，今天才向顾老家属通过电话以示悼念。顾老是我所敬重的长者，他那宠辱不惊、谦和淡雅的品质永远值得我们学习。今天，谨以此文纪念先哲，告慰顾老在大之灵。

2003年7月7日

原载于《海盐日报》，2003年7月17日第七版《广角镜》栏目；《嘉兴日报》，2003年7月29日第五版"五色螺"栏目；《海盐文史资料》，2003年9月，海盐县政协第四十二辑；《海盐腔研究》，2003年9月第27期；《戏剧家顾锡东》，2008年1月，嘉善县政协文教卫体与文史委员会编，浙江人民出版社出版

我的父亲沈国荣

　　我排行第四，在六姐弟中最迟成家。结婚后由于住房问题而无法"自立门户"，长期与父母挤住一起，直到父亲去世四年后才分到住房，故对父母的生活起居、言谈举止有比较多的了解。父亲为人正直、雅量大气、生活简朴、处事谨慎，他的一生是辛劳律己的一生。

　　我对父亲的最早记忆是在四岁，我们租住现武原镇寺西海下岸的那个时期。那是几间矮小简陋的平房，灶壁间的中间立着一根很小的柱子支撑着上面的人字架。那时父亲正在筹备开店，奔走在上海和海盐之间。一天，父亲去硖石乘火车赴沪，我抱着他的腿不让他走，但他还是走了。几声汽笛声响，开往硖石的轮船驶过我家后河头的时候，我抱住那根柱子哭得更甚，所以对父亲的离去和那细细的柱子印象挺深。迁往"九九文具社"（俗称"九九社"）之后，随着年龄的增长，经历事情渐多，对事物的印象渐深：从过年磨粉做团子，正月廿四送灶祭太太，七月点狗屎香做西瓜灯，听父亲讲木兰的故事……到接待过境解放军，家庭经济困难吃白粥、讨茶叶头，开夜工义务装订簿册，为父亲打扇、理发、打针……至于新中国成立前后"九九社"的经营情况和父亲的社会活动情况，大多是从他的档案材料、"文革"的检查材料及当时与父亲共事的、熟悉的人那里了解到的。这些往事，反映出父亲的做人准则、人生追求和对共产党的信仰。

　　有人建议我写一点关于母亲的东西，认为父亲能全身心地投入工作中去，如果得不到母亲的直接或间接的支持是不可能的。我接受了这个建议。父亲很少过问家庭内部事务，是母亲挑起了这副担子，才使父亲无后顾之忧。父亲性格内向，母亲则外向，尽管性格不同但他们总能和睦相处，从未有过口角，夫妻间能做到这一点也是不容易的。父亲逝世后，母亲对父亲的思念深深地埋在心底。每年清明，母亲都要带我们去墓地祭扫。父亲的墓因镇、村规划的需要而两次搬迁，最后迁到了澉浦南北湖永安公墓南向的半山坡。在母亲去世的前一年清明，八十八岁的她登山已很困难，但她还是硬撑着，最后由孙子陈杨背到父亲的墓前。大家行了鞠躬礼后，母亲仍凝视着自己将来的归宿之地，久久不愿离去。也许是一种预兆，第二年春节过后，她感染肺炎一病不起，永远陪伴父亲去了。的确如此，如果在写父亲的同时，略去了母亲，那么我们对父亲的纪念是不完整的。

夜迎亲人

抗战胜利后，我们全家从上海回到海盐武原，祖上在城里混堂弄所置之房产均毁于侵华日军和盗贼，已无立足之地。父亲向徐功辅租了西大街119号一楼一底门面开了"几几义具社"，这就是找童年和少年时期的家。镇上有一市河东西向贯穿其中。河道除了古代的防御和调节"风水"（即现在的生态环境）外，还具有交通、灌溉、防火和饮用等功能。人们往往利用自然或人工河流傍水而居，街道沿河而筑。街道两旁造屋的为双面街，一旁造屋的为单面街。按地理位置分，街道临河一旁称为"下岸"，另一旁称为"上岸"。"九九社"地处下岸，坐南面北，前楼后平房。店堂的楼上是居室，我们一家三代九口就住在这里。穿过店堂后面进深不足两米的小天井便是灶壁间，灶壁间的南边是濒临市河的杂作间兼吃饭间。我们在这里住了十三年，直到1959年父亲调海宁工作才举家迁往硖石。在城镇建设中下岸建筑陆续拆除辟为马路和绿地，加上近年大幅度的旧城改造，江南水乡之旧景仅留记忆之中。

1949年春天的一个深夜，武原镇街上突然爆出一片繁密急促的脚步声把我们从睡梦中惊醒。那时海盐虽说已经解放，但是反动势力的气焰还很嚣张，土匪活动还很猖獗，我们的心抽得紧紧的。在祖母的叮嘱下，大姐和二姐慌忙找出蓝印花布旧方巾把头裹了起来，穿上深色的大襟衣和黑色的裤子，以防土匪骚扰之不测。不一会儿，脚步声渐渐停了，传来的是嘈杂而低沉的讲话声和放东西的响声。屋内黑黑的，被打开的一扇楼窗处透进一叶暗淡而微弱的月光，一个瘦长的身影向外探望着，他就是父亲。母亲搂着三岁的小弟，我们姐弟五人挤坐在床上不敢出声，目光都注视着父亲……只见父亲点燃了"洋灯"（手握式有玻璃罩的煤油灯）激动地说："解放军，解放军来了！大家快下去！"

父亲一把拿起洋灯三步并作两步下楼打开店门迎了出去。阿哥咏能格外兴奋动作最快，海盐解放的那天，他参加过学校组织去码头迎接解放军的活动。我好奇地跟在后边连蹦带跳地跑到街上。那是一条旧式的窄窄的石板街道，窄得上下岸的屋檐几乎可以接上。昏暗中，街道两旁坐满了解放军，街东、街西全是，密密麻麻的望不到头。父亲请同志们进屋去，他们说休息一会就走的，不惊动老乡了。在父亲的盛情之下，大约一个班的人进了店堂。不一会，对面、隔壁和附近的几户人家也陆续打开大门把解放军迎了进去。当然，绝大多数还是紧闭大门，不敢自找麻烦。事后，街坊上都夸父亲有胆魄。记得幼时曾听父亲回忆抗战初期日寇在上海扔炸弹、扫机关枪，炸死、打死许多无辜百姓的亲身经历。硝烟未散，父亲就奔向成片的死人堆，踩着刺鼻的腥血寻找失散的同事，那时的情景真是惨不忍睹。每每提起这件事，他就切齿恨骂"日本强盗"！自我懂事起，父亲在我眼里是一位伸张正义、处事果断的了不起的人物。

父亲要烧饭给解放军吃，他们一定不许，只是煮了一大脸盆汤在店堂里席地而坐，嚼起了干粮。父亲和他们聊着。我跑到灶壁间，有两名战士在烧开水，其中一人向我招了招手："小鬼，过来。今年多大了？"

"七岁。"

"在哪儿念书？"

我拍了一下胸前蓝底白字的倒等腰三角形的校徽，校徽的上边横写着"城中"，下边竖写着"小学"字样。战士指着徽章上传统的自右至左排列的"城中"二字，笑着故意倒过去按新的书写顺序念："中——城——呵，是'忠臣'哩！"

父亲也过来了，大家听了哈哈大笑。小时候，常常听大人们以"忠""奸"去评价一个人的好、坏。战士的话无疑是对我和我的学校的夸奖，我得意得昂首挺胸，一下子神气了许多，尽管我明白他们在开玩笑。父亲替换了战士当起了火头军。父亲和他的几个弟弟都是炒菜的能手，这是他们在酱园学生意的时候练就的本领，不过，父亲下厨当下手在我的印象中还是第一次。水开了，父亲叫我和阿哥去拿解放军的水壶来灌。

战士们准备休息了。父亲让我们上楼去睡，我不想去，烧火的那名战士把我拉到他的怀里跟父亲说："就让他待在这儿吧！"

父亲微笑着，无可奈何地摇了摇头。大家没有说话，周围也逐渐地静了下来。战士不时地抚摸着我的头，我靠着战士的胸部摸弄着他的步枪，父亲在给洋灯添煤油……不知什么时候我睡着了。醒来的时候我已经躺在床上，窗缝里漏进几束金黄色的曙光。我翻身下床直奔楼下，只有父亲一人在整理商品准备开门营业。店堂和灶壁间依然如故，我心里空空的好像失去了什么。后来父亲告诉我们，没等天亮部队就开拔了，他们是去解放上海的。离开的时候战士们把水缸挑得满满的，地上扫得干干净净的，还一定要付柴火钱，怎么推也推不掉。

以后的几个白天时有大部队从这里急速路过，有步兵，也有骑兵，马队很长，偶尔有几个女骑手，大概是卫生员吧。解放军微笑着向我们招手，我们爬在楼窗上也向他们挥手致意。那些马特别高大，我们俯着身子几乎可以握到骑兵伸过来的手。

翻回历史的那一页，重温那人际间纯朴的亲情，荡漾之神，不可胜言。父亲的胆识和好客，解放军的严明纪律和战士的风趣幽默，深深地铭刻在我那稚嫩无瑕的心灵上，留下了人生最美好的回忆。

木兰遗韵

"唧唧复唧唧，木兰当户织……愿为市鞍马，从此替爷征……"木兰诗是父亲平生最喜爱的一首诗，也是我入世后最早接触到的一首诗。父亲把木兰的精神作为自己的楷模，用木兰的品德影响我们的思想。

1951年下半年，"发生了一件县里最大的绸布业集体逃税案"。尽管此案与父亲毫无半点瓜葛，然而城门失火殃及池鱼，无情的长鞭抽到了他的心上。

新中国成立前，父亲看到国民党的腐败，受到共产主义思想的影响，敬仰共产党，支持进步青年的活动，断然拒绝了国民党县党部用金钱诱惑的手段拉拢他参加"国民党戡乱建国委员会"的要求。新中国成立后，他热情宣传党的方针政策，在反毒禁毒、交纳税收、抗美援朝和捐献飞机大炮等历次运动中均起到积极带头作用。为节省开支完成税收任务，他毅然辞退了一直在店里帮忙的大女儿，由她自谋生路。他的情绪也曾一度低落，他也彷徨过，正是朴素的木兰精神给了他力量，使他抛却了一时的冤屈，为百废待兴的新中国着想，不但没有心灰意懒，而且较快地调整了心态，集中精力，依然如故地带领工商界积极经营、扩大业务、增加税源……

1952年11月25日，县委与各界人士民主协商确定由父亲（县工商界代表人士）与副县长袁汇川、劳动模范吴三宝为代表，出席了浙江省二届一次各界人民代表会议。在组织对父亲的审查结论中写道："该人……在工商联工作又热情，并起推动带头作用，群众对他印象较好并有威信……"他的无私无畏赢得了群众的理解和支持，使得工作开展得比较顺利和出色。

五年前，徐永三（1951年4月—1953年10月任海盐县县长）同志随原省委组织部部长王耀庭等人来海盐，我参与了接待。虽然事隔四十余年，但徐永三同志对父亲协助政府推动全县完成税收、捐款飞机大炮任务等方面所做出的成绩，记忆犹新，赞不绝口。

1954年初，嘉兴专署贯彻陈云同志"争取财政经济好转"的指示，开始估征1953年的所得税。海盐县分配到9亿元（旧币），任务非常繁重。为此，父亲带头交纳了"九九社"全部流动资金的70%，现金不够，连店中的货物也抵了出去，店里基本空了。新中国成立初，先后失业为解决生计进店帮忙的娘舅吴学毅和三叔方国祥对此大惑不解。全家老小都勒紧裤腰带，为此付出了代价。父亲一方面带头交纳，另一方面与工商科负责人徐肇本同志等做了大量过细的动员说服工作，使海盐县提前一个星期完成了任务，而且没有因征税而死一个人，得到了省和专署的表扬。年底和下年初，国家开展了反逃资逃税的普查运动，父亲又积极配合税务部门对各行业进行动员。为完成上级下达给工商界的税收任务，他仍身先士卒带头交纳，最后钱不够连柜台都变卖掉。"九九社"已面临着破产的危机。全家人虽然没有尝到饿肚皮的味道，但吃稀饭的日子可不止几个月。除了祖母、娘舅和三叔能吃到一点咸菜外，我们则是一式的盐粥。有时母亲要夹几根咸菜给父亲，父亲总是躲开，并"呼呼呼"地很快就把粥喝光了。我们吃白粥的日子也不少。"吃白粥，长白肉"，母亲常用这句话来鼓动我们把白粥喝下去。那个年代的人多以白皙肤色为美，"长白肉"当然是大家所向往的。有几次，母亲在我们的粥碗里加上小半汤匙的白酱油，那可算是改善生活了。白酱油的香味随着烫粥的腾腾热气扑鼻而来，挡不住的唾液一口口往肚里咽。若把酱油和粥拌匀，那酱油的咸味便消失得无影无踪，终究酱油的量太少了。后来，我想出了一个慢慢受用的办法。把酱油在碗的一角拌上极少量的粥，保持一定的咸度，再以此为菜，既省了酱油，又味道好。喝茶更是不可奢望的。夏天，母亲与隔壁"东园"书场主人史生文先生（街坊上都称呼他"生官阿叔"）联系好要点"茶叶头"。"小乐惠"休息后，与书场熟悉的就可以进去站在旁边听最后半小时的"白书"（不花钱听书）。每当此时，我和咏禄、咏麟（乳名毛毛）三弟兄进去边听书边守着，到快结束的时候由毛毛通知母亲过来。"欲知后事如何，且听下回分解"，说书先生卖关子的套话才吐数字，听众们都哗哗地起身离场。我们就抢着分散去拣浓一点的"茶叶头"倒。倒"茶叶头"的可不止我们一家。有心的生官阿叔早就关注着，凡是用茶壶倒在盅内喝而比较干净的，或冲加开水次数少而茶仍浓的，他总是给我们以暗示。有时他会把说书先生吃剩的荤菜从后河头水阁的窗口递过来送给"七太"（我祖母）吃。说是给"七太"，其实我和弟弟们也能分享到那么一点点的。和邻里相比，那时我们真的觉得很苦了，想不到与四年后的困难时期相比简直可以成为天堂了。尽管苦，但我和弟弟们从来不"看食"（出相难看的馋嘴，即看着别人把东西吃下去）。若遇别的小孩在我们面前吃东西，我和弟弟们就会赶快跑开。为此，母亲常常表扬我们"有骨气""争气"。

迫于精神的压力，父亲约同仁潘丙辰先生去溆浦南北湖，在北湖涂正华婆家的老屋里"闲住"了几天。这不是逃避，而是放松精神调整思路。他没有尽到一个男人的职责，给家庭带来了人为的贫困，这不是有悖于木兰精神吗……他静心地反思着。为了新中国的强盛，他要贡献自己的绵薄之力，可以牺牲个人的利益，但波及家人，他的确于心不忍。为了家人的生存，为了文具业的发展，为了顾全税收政策正确性的面子，这万全之策的根本只有想方设法积极经营。父亲是不愿向他人诉说自己困难的人，一切担子自己挑。尽管父亲费尽心机，终究由于资金匮乏元气难复，单靠个人的力量已无法挽回"关店"的局面。正在这个时候，政府了解到"九九社"的实际困难，及时地采取了扶持政策，委托"九九社"经营中小学课本和簿册。久旱逢雨的父亲看到了希望，他信心倍增。为了降低成本，决定自己加工装订簿册。资金短缺，又得到政府贷款，花了一百多元钱购进了一架脚踏装订机，添置了钢丝材料；借来了大姐以前踏花谋生的缝纫机，发动全家老小开夜工赶时间。除了父母亲和娘舅、三叔外，连祖母和我们姐弟四人也充当了临时工。父亲负责数纸张、配封面，母亲负责用缝纫机装订，娘舅和三叔操作装订机。簿子订的是骑马钉，我们负责折那装订好的簿子。所谓折簿子，即中指套上比手指稍短的铜套，沿中间订钉处把簿子对折，再把套上铜套的中指用力来回压将两三下，簿子便折成。直至折好的簿子集中到对面印刷厂切齐三边，加工方毕。若装订机掌握不当压得太重，那穿入簿子的钢丝就会断离，压将时一不小心断头钢丝就戳入手指，鲜血直淌，痛不堪言，这种"工伤事故"是常常发生的。加工簿子谁也不拿工资，为的是增加利润。1950年下半年，大概在娘舅进店帮忙的时候开始，父亲给家里定了个规矩，凡是拿店里商品的一律按销售价付钱。记得我们买的学习用品除了文房四宝之外还有簿子、铅笔、橡皮和小刀等，钱是由娘舅收进的，娘舅除了做生意外还兼任会计。等到我踏上工作岗位以后才明白这与交纳税收有关。事情虽小，但这种自觉遵守游戏规则的精神无论在过去还是今天，都是很可贵的！

1978年2月，组织上"根据党的统筹兼顾、全面安排的方针和沈已年老体弱的情况"，安排父亲"去县博物馆任管理员工作"。实际上，管理员是组织上特意安排的一个没有具体工作任务、等待落实政策宽松自由的位置。按理，父亲可以名正言顺地安度晚年，然而他并不"安分守己"。他利用文化教育卫生等方面的工作经验和知识，除了整理出土收缴文物和馆藏文物外，对长山河出土的九方宋朝军印（其中五方已列为国家一级文物）做了缜密的考证；编写了馆藏书画家小传；选注了《海盐古诗选》（95首）；从"文革"中幸存的残损废乱书籍纸堆中抢救整理、修补装订古籍1000余册，连同博物馆原文管小组和文管会征集的近千册藏书中，挑选出有价值的204部1634册，编印了《海盐博物馆古籍目录》。那时的博物馆只有鲍翔麟一名干部，父亲去了后鲍翔麟主外，父亲主内。鲍翔麟对父亲非常尊重，父亲对他关怀爱护，两人工作配合默契。1978年12月，中共十一届三中全会精神对他影响很大，特别是邓小平同志"解放思想，实事求是，团结一致向前看"的讲话激起了他报效家乡父老的热情。他萌生了编纂海盐县志的念头，草拟了"编辑海盐县文史资料计划"，征集的上限至辛亥革命时期，追溯到太平天国光绪以后，下限至新中国成立初。通过召开座谈会、上门访问、请来谈话等方式抢救性地征集了部分珍贵的历史资料。1979年3月至1980年9月编辑了四期"海盐文史资料"。这四期文史资料县文化馆仅存第一期和第四期，第一期是由鲍翔麟整理的《海盐县古海岸的变迁》；第四期是介绍"海盐腔"，转载了云南大学叶德均生前著作《戏曲小说丛考》中的海盐腔部分。那时他已经注重"海盐珍贵文化遗产"的推出工作。1981年在整理父亲遗物时看到这份材料，这是我第一次了解到海盐腔以及它的历史地位，作为一个海盐人的我曾为此而骄傲，而激动！如果我们能够抓住这个砻糠所起出的绳头，更多地挖掘介绍海盐的珍贵文化遗产，抢救和利用这些文化遗产，海盐的历史文化现状恐怕比目前的要好些吧！

1980年7月，父亲出现了淋巴肿大饮食不佳、人形消瘦的症状，但他不以为然，仍潜心去实施自己所拟订的工作计划。病情渐渐恶化。11月18日，在家人安排下，海盐县人民医院鲍聪医师上门检查，初步诊断为淋巴癌。县委非常重视，第二天就做出了"请沈国荣同志暂时放掉工作安心去上海治疗"的决定。他放心不下手头的工作，仍照常上班。第四天，县委派了大院子里唯一的一辆车子送他去上海肿瘤医院检查。未料从此一蹶不振。四个多月后，他抱着事业未竟的遗憾离开了人世！用县文化馆杨光涛先生的话说："沈国荣先生老是自己找工作做……他的人品特别好。"他在博物馆（当时博物馆虽然对外挂牌，但并不单独建制，是文化馆的一个部门，仍属文化馆管理）近三年的时间里，利用了党的开放政策和自己的工作条件，在文化方面默默无闻地做了大量的基础工作。那时县里没人搞文史资料的征集工作，他就主动搞。从制订计划、组织发动，到具体实施，他做了他力所能及的工作，为今后编纂县志起到了铺垫的作用。他是在改革开放搞四个现代化建设中主动上战场的战士。他不谋职位、不求名利。他清楚地认识到，自己年迈虚弱的身体已不可能像以前一样为党工作，但他仍然可以运筹于帷幄，冲锋在前线，横刀立马驰骋在文化疆场上抵挡一阵。如果不是"文革"给他的打击，他也许能像木兰一样实现功成之时"送儿还故乡"的愿望。然而，他没有，他是倒在疆场上的"木兰"。

送走的梦

青年时代特别爱做梦。做梦是一种追求、一种向往、一种旺盛生命力的表现。许多人共做一个梦，就产生了竞争，竞争使社会前进，使社会发展。如果人生没有了梦，也便于社会失去了价值。然而，有时候我们却要把梦送走。

我有过许多梦，虽然有的破灭了，有的被送走了，但我并不沮丧，并不后悔。

在生活中往往遇到这样的事实，想要的没能得到，不想要的却降落在你的身上。如何去把握，这无不与一个人的世界观、人生观、价值观有着密切的关系。什么都要来得自然，去得坦然。

父亲给我们留下的遗产不是物质，而是精神，是精、气、神，一种把最美好的回报社会之情，一种面对得失的平和之气，一种积极向上的不断进取之神。

（一）中专梦

1958年，我初中毕业了。祖国正进入一个社会主义全面建设时期，各行各业迫切需要大量的专业技术人才。为适应形势的需要，中等专业技术学校如雨后春笋般地遍地开花，那个时期是中专学校在历史上办得最多的一个时期。

毕业生中绝大多数向往着读中专。我呢？我的学习成绩并不拔尖，三年后是否念大学的料还是个未知数；再则，家庭经济尚还困难，能减轻父母负担早日踏上自立之路也是我的愿望。权衡利弊加上自己的爱好，我选择了嘉兴土木建筑学校作为我的第一志愿。

为保证有足够的高中生源和生源质量，学校便开始动员，特别是动员学习成绩好的同学报考高中。正如学校领导说的那样，祖国的未来更需要高级的技术和管理人才，作为一名中华民族的青年学生要从长远的观点去对待国家和个人的前途……然而，大多数学生站得没有那么高，目光没有那么远。在那个时期，包括以后的十来年里，社会上是不招工的，只有专业学校毕业生才能分配到工作。目下有如此之多的中专学校，录取的比例又如此之高，不考中专才是"猪头三"呢！

晚饭后，父亲专门找我谈了话。

"你报考中专，我并不反对。但今年志愿读高中的学生太少了，与教育部门的计划差距太大了，如果我不带头让自己的儿子报考高中，那学校的动员工作就更难做了……"父亲以商量的口气征求我的意见。我谈了自己选择中专的两点理由。他一边听，一边用理解的目光注视着我说：

"负担问题你就不必考虑了。困难是有一些，但也不至于连你多读几年书都供不起。要用发展的眼光看问题，我们的生活不是一天天好转了？再说，困难可以克服嘛，人总要有一点自我牺牲精神……"

父亲从来不曾对我们子女提出过什么要求。我想，这次他一定是万不得已的，我还有什么理由固执己见呢！就这样，我把高中调整为第一志愿，嘉兴土木建筑学校降到第二志愿，第三、第四……就乱填一通。通知书来了，我果真被海盐中学高中部录取了。我的中专梦终于破灭了。有趣的是，嘉兴土木建筑学校来函说，如果我放弃第一志愿，他们还是欢迎我去的。当然，这个时候我更不会去拆父亲的台的。

（二）大学梦

1958年下半年，海盐县被撤销建制并入海宁县，父亲调硖石工作。第二年春，我转学到海宁一中。中专梦升级为大学梦。三年高中，正遇上三年自然灾害，我每月的粮食定量有31斤，其中主动捐给重灾区人民15斤，生活上是异常艰苦的；实行勤工俭学，劳动是繁重的；省、市、县统考连连，学习是紧张的；掌握了较好的知识，精神是愉快的，凭自己优等的成绩这个大学梦应该可以圆了。

毕业考试后，我一心一意准备功课去迎接高考。一天，蒋副校长找我谈话。他表扬了我的刻苦学习精神和取得的良好成绩，又问了我近来的健康状况。最后，他沉重而惋惜地说："接嘉兴市教委通知，由于你的健康条件不合格而被取消了高考资格。"

"蒋副校长，我的肺结核不是已经钙化了吗？"我竭力申诉着。

"按规定，一般要钙化一年以上才能参加高考。唉，可你还只有半年……大学的学业是很繁重的，疾病稳定得不好很容易复发，这对国家和个人都是一种损失……要正确对待，啊……"蒋副校长永远是这么的温文尔雅，他的语调尽管是那么的慢条斯理，那么的亲切，但对我来说这个决定如同晴天霹雳！我的脑子"嗡"了一下便一片空白……我只感觉到蒋副校长的嘴唇在不停地张合，手在不停地挺着那副宽边的近视眼镜，我使劲竖起耳朵却什么也没有听到。

我离开了校长室。经过操场的时候正遇石恨秋校长从外面进来。她叫住我问："蒋副校长那儿去过了？"

我点点头。她拍了拍我的肩膀鼓励说："不要泄气嘛，明年还可以再考嘛！"她停了一下，叹了口气说："你爸爸也真是的，到学校来过好几次了，从来没有提起过有两个儿子在我这里念书……"她是从嘉兴教委退回来的档案材料上知道，我是分管文教卫生副县长的儿子。石校长埋怨过后是一脸的遗憾。

石校长是当时的海宁县委书记张冰痕的妻子，她是一个爽快而没有架子的女校长。平时，她常常和我们这些高年段的同学一起谈古论今，把大家当作自己的朋友和弟妹一样。今天她是故意回避的，但偏偏又碰上了。我理解她的心情，如果校方事前向嘉兴市教委疏通一下就不是这个局面了。我更了解父亲的为人，他不善于表现自己，总是把自己放在普通老百姓中间。他不喜欢儿女们由于他的职位而有任何优越感。在他的脑子里尽可能地排除"照顾"这个词，只有这样他才坦然，才没有负担。这也许就是人们认为他胆小和魄力不足之处。

处于人生转折点的我，受到的这个打击的确不小，但我绝不怪他，更不恨他。父亲给我的印象永远是这么平淡，平淡……

（三）中医梦

"……我酷爱祖国的医学，我决心继承发扬这优秀的文化遗产……"这不是说大话。这是20世纪60年代初，我向县卫生局申请当一名中医学徒报告中的表白。

1961年秋季的一天，在大姐的推荐下我去武原联合诊所代理了一个星期的挂号员。自此，开始结识起医务界的朋友来。而后，我先后在城郊和富亭分所当过数月的临时挂号员，目睹了冯国忠传统的接骨上髁手法、朱古民和张谋善等中医师那神奇的"望闻问切"的诊断技法，对博大精深的中华医学从好奇到渐渐产生浓厚的兴趣。时光流逝，在一个偶然的机会里，我征得了富亭联合诊所张谋善医师的同意，私下里跟他抄起方子来。富亭联合诊所设在大栅桥南塊下岸东侧的几间砖木结构的老房子里，泥地皮，阴暗潮湿，遇阴雨天气只能借助于电灯。诊所内设中医内科、中医外科、西药房和注射室。在没有病人的时候我就躲到诊所后边，坐在河滩头的石阶上晃着脑袋背"汤头"。高中同学周金良在浙江中医学院（现浙江中医药大学）本科班学习，他经常回信解答我提出的一些问题，每次都是厚厚的一叠长篇大论，可惜均毁于"文革"。上海姑母东托西托，买到了几十本一套的大学中医教材及参考书送给我。亲戚朋友的热情支持更激发起我的求知欲望。张医师见我学得如此认真就跟我说："最近县里在招收中医学徒，你要是真的想学就赶快向卫生局打个报告，或许能批准。"我按他说的办了。大约一星期后，父亲从乡下回来，一见面就说："你的申请卫生局已转给我了……"

"他们同意了？"我抱着无限希望焦急地打断父亲的话。

父亲没有正面回答。他告诉我，县里遵照上级指示在抓紧落实党的中医政策，为使祖国的医学遗产后继有人，已选择了一些既有一定中医理论知识，又较好临床经验的中医师让他们带学徒，而且可以带自己的子女。他说："申请的人很多……况且这项工作快要结束了。你的要求不能考虑。"

"人家的子女可以进去，为什么他就不行？"母亲问话中露出了情绪，"快要结束不等于结束。这招收中医学徒的事你也从来没有提起过呀！既然他这么爱好学中医，这次你就满足他吧，也算有只饭碗呀！"

虽然父亲没有让步，但他的表情告诉我，儿子有一天没一天的打工，他都看在眼里记在心里，他多么希望儿子能有实现自己愿望的这一天。但是他有难处，一种无须多言的难处。后来，我从其他医师那儿获悉，为招收中医学徒还差点闹出人矛盾来呢！

我告别了大栅桥下那阴湿昏暗，但却充满感情和希望的诊所，去翻阅人生的另一本大书。

痛失良友

父亲谢世数月后，我奉母命去看望任公小田先生，顺便请教篆刻艺事。初秋的天气还是这么闷热，老天吝啬得连一丝风也不肯施舍。

任公见到我连忙从藤椅上起来招呼，我恭敬地坐在他旁边的老式骨排凳上，任师母为我沏了一杯绿茶。我转达了母亲对任公夫妇的问候，又询问了任公近期书画、篆刻"任务"的多寡。

"身体倒还可以，只是石章多得来不及刻。"说着，任公皱起了双眉叹了口长气，"令尊的故世使我痛心入骨，我失去了一位最好的朋友！他虚心好学，待人真诚。我脾气不好，他对我帮助很大。他从不为自己，他与我交往已有二三十年，从没有提出过要我为他画画、刻印子的要求，他什么都看得很淡。'文革'前，还是我主动刻了一方名字章送给他……"任公的眼眶红了，薄薄的嘴唇在微微地抽动，老泪顺着脸上深深的皱纹曲折而艰难地淌去。我也不由得伤感起来，任公的直率勾起了我的思父之情。刹那间，整个世界变得那么空寂……我不忍让老人沉浸在痛苦之中，努力去打破这悲凉的气氛。

我告诉他，这方印章在"文革"初期的一个深夜里被我悄悄地扔进了市河。那时候，家里除了毛主席著作外所有的藏书都作为封、资、修而统统付之一炬！任公和父亲都在造反派打倒之列，谁也不敢把这些"祸根"留下来。任公举起苍嶙的手，那只为人民大众创作过大量艺术佳作的手，颤抖着抹去了脸上的泪水，苦苦地笑了笑："真正关心我，常来和我谈心聊天的本来没有几个，可令尊又走了……来的大多是要我刻印子的，有的还日赶三趟，巴不得现刻现取。刻好了，说了声'谢谢'就再也不见人影了。"

父亲与任公的友谊是在长期的工作中建立起来的。1957年，县里成立了文物管理领导小组，父亲是组长，小组成员有任小田、查今文、潘丙辰等，陶维安是专职秘书。文管会的工作职责是"保护文化遗产，做好文物管理和收集"。从那时起，父亲常常和任公等人切磋、讨论文物管理的业务工作，任公曾提出过许多好的意见、建议。任公和陈伯蕃先生等人带头捐献文物。在文管小组经费严重不足的情况下，大家齐心协力克服了种种困难，几乎不花一分钱，抢救和收集了大量的流散传世文物，为保护地方历史文化遗产做出了不懈的努力，为日后博物馆的建设打下了坚实的基础。1961年海盐与海宁分县以后，父亲就与任公、陶维安、鲍翔麟和一贯重视文化工作的万云先生一起去六里，对金粟寺原址进行了深入细致的调查。他们相聚在文化馆（文管小组设在文化馆）"谈的是文物，看的是文物"。

任公是海盐著名的文物专家，又是中医妇科医生。新中国成立后政府重视文化工作，使任公的才能得以施展，以致他的医名被文所掩。记得1980年春节过后，我随父母搬进朝阳路新居。隔壁喻氏青年夫妇结婚多年，常常为没有小孩而发愁，到处求医均未果。父亲首先想到任公，就写了个条子让他们去找任公试试。结果服药近月，不久就有身孕，喜悦之情不可言喻。喻氏夫妇至今还感恩于"沈伯伯"，更佩服于任公高明之医术。

任公秉性耿直，对啥人都不买账，唯独父亲的话他听得进去。其原因也很简单，父亲使用的是统一战线这个法宝和"团结—批评—团结"的武器。父亲剔除了有些同志对任公的偏见，又把对他的一些过激的意见转化成既缓和又中肯的建议，以使他很容易接受，从而化解了许多矛盾。任公告诉我，一次父亲去看望他，差不多谈了半天的心。"我耳朵不方便，凡是跟我说话的人都感到吃力，像你爸爸这么耐心的领导从来没有碰到过。"我想，正因为如此，任公对父亲有着亲人般的感情也就不足为奇了。任公只是众多知识分子中的一例。为了保护他们的工作热情和积极性，父亲团结他们，与他们交朋友，甚至同吃同住……不知做过多少细致入微的工作呀！然而有人却把父亲化解矛盾的做法理解为袒护，说他爱的是祝静远、任小田、庄功原、张谋善、戴济民、姚德云等知识分子和业务权威。"文革"中，造反派顺理成章地把它当作一条罪状，进行了"严肃"的批判，要把父亲和这些人"打翻在地，再踏上一脚，永世不得翻身"。

回顾父亲生前往事，感慨万分。我们的事业多么需要团结一批乐于奉献的热心人去共同完成呀！

事隔一年多，即在1983年春节过后，任公特地画了一幅以"丝瓜"和"青竹"为题材的《思亲图》送给我。他把画慎重地放在我的手里说："这幅画我构思了多时，总算完成了。它是我和令尊深厚感情的历史见证。现在送给你，仅表示我对国荣老友的一片思念之情。"

父亲与任公相依安葬在南北湖永安公墓之山腰，升华于上天，两人朝夕相处，谈古论今，回顾海盐历史，感受家乡变化……我有幸应任公哲嗣绳祖先生之嘱，为任公书碑。今天，父亲离开我们已二十二个春秋，任公作古亦十余年了，特记录父亲和任公往昔琐事，以志怀念。

书道之要

我对书法的爱好主要受到父亲的影响。大概在我五六岁的时候就充当父亲的助手了。起初拖纸，后来磨墨。写字的桌子是吃饭用的八仙桌，放在店堂里面的南窗下，采光尚佳。父亲写字碰到尺幅比较大的，必定命我牵住纸的上端边退边拖，直至一行写完。以下则如法炮制。长大后，父亲才讲明了个中道理。他说："拖纸的目的主要是让书写者能看清上端字的形势状况，以利谋篇布局。特别是楹联，写下联的时候一定得与上联的形势整体考虑，所以两联必须齐头并进往上拖，使上下映带气通，左右呼应韵达，以求得气韵生动的境界。"

磨墨，乍一看简单机械，其实里边还有许多学问。当年父亲的训导犹在耳边回荡："磨墨要耐心，一点也性急不得。性急则用力大、速度快，如此，手臂势必酸胀而促使你反复变换研磨方向，所出之墨也就粗劣不匀。"他把磨墨的要领总结成两句话："圆随顺转毋违逆，慢运轻推用力匀。"父亲对磨墨是有所研究的。笔墨纸砚是书法艺术表现的基本条件，偏一不可。当然，现今写字的人大多用的是现成的墨汁，虽然省时省力，但是对于磨墨的功用日渐陌生。要写出真正的好作品恐怕还得用到墨。

幼时练字父亲常为我"把笔"，没有说教，只是让人体念。他"把笔"不是握住我的手，而是笔杆的上端，父亲称之为"笔杆把笔法"，与学校老师辅导的截然不同。这种方法让你的手从老师的手里解放出来，有更大的自由度，且比较容易地去体念老师运笔中的各种微妙变化。当然，这样辅导费劲很大，是极苦的。有的人认为笔握得越紧越好，其出处来自王羲之从献之身后猛抽毛笔不得，以示写字力度的传说。父亲纠正说："这是理解上的错误。执笔如执剑，要松紧随意、灵活多变。只紧不松把笔握死了，五个手指的作用发挥不了，这与把笔捆在手臂上有什么两样呢？"在用笔上他告诫说："不会提按转折，如同扫字。"等等，这些对我日后在书法的学习和教学辅导中都起到很大的作用。特别是他的"笔杆把笔法"是书法教学创新的先例，在我多年的书法教学中得到了应用和推广。

我念初中的时候父亲开始从政，经常下乡，在家的日子极少。目睹父亲写字的仅只一次，且是终生难忘的一次！想不到半年之后他竟与我们永别了。那是1980年秋天的一个晴朗的日子，我们刚搬到朝阳路新居不久，父亲应请为海盐县塑料厂写厂牌。我待其左右，裁纸、粘贴、拖纸……重操旧业。还是在那张三十年前的八仙桌上，父亲用京提笔在废报纸上写了三幅，放在地上比较、挑选。那时期我正陶醉在朋友们的赞誉声中有如"老太婆坐花轿"，便对父亲的字妄加点评起来。说这个字结构上再变一变，那个字笔画上再粗壮一点……父亲没有辩说，只是用探讨的口吻要我示范一下，写出来看看。我老实勿客气地抓起京提三下两下就完成了，把它放在父亲的旁边，真是不比不知道，一比吓一跳。我的字越看越轻飘，越看越站不住脚！我惭愧得赶紧一把抓起揉成一团。父亲送我两句话，"一，不可泄气。你正处在眼高手低阶段，要着重进行操作训练，逐步做到心手相应。二，不可操之过急。书法练习有修身养性的作用，反过来它又影响到书法的品质。"他鼓励我要沉得住气，一步一个脚印定会写出高品质的字的。自此，我棱角渐消，常以修身为上去调整学习书法的目的，甚至去把握人生道路上的风帆。不知什么原因，父亲极少批评我们，更未高嗓门地训斥我们，而我们对他却是那么的敬畏。他在家族中能享有绝对的威望，其根本原因是他那一以贯之的言谈举止。

1983年，海盐县政协一届一次会议期间安排了一个笔会，张谋善先生等前辈都动了笔，副县长张国华亦挥毫写下了"君子之交淡如水"的篆书横幅。此种场合我断不敢献丑。宣传部部长叶权义有一首贺诗一定要我帮助他抄，我只得遵命。书毕，叶部长大加赞赏："写得好，写得好，已经超过他父亲了！"我急得连连摇手："不敢，不敢，实不敢与先父相比。"这并非谦辞，的确是我的心声。时隔二十年后的今天重读父亲的遗墨，无论是他有意的书法作品还是无意的工作随笔，更觉法度严谨，秀逸雅致。细细品来如清泉净心，朝霞涤胸；如云开日出，春风化雨，可谓泽深恩重受益无穷也。

穆如清风

都说父亲的字写得好。直到20世纪80年代我才开始真正有所体会，并随着时间的推移领悟得愈加深刻。他的书品和人品交融一起互为映照，为我终身之楷模。

父亲的字平和温良，谦恭内敛，穆如清风。它的字从单个看点画独立，笔笔可拆；通篇看气贯长虹，一泻千里。他的字在静穆中散发出一股超凡脱俗的清气，在灵动中透露出一种人生的追求和向往。他的字正如他一生的足迹，力求一步一印交代清楚，做到宠辱不惊始终如一。20世纪60年代初，擅长写"胡桃字"（胡桃大小字的雅称）的邑人孙梅生先生曾送我一幅字，上有闲章"学得如此非易事"。我联想到，父亲写字与做人密不可分，修炼到这个程度确"非易事"也。从他留下来的墨迹可知他所用的是内敛之法，特别是捺脚不露一点锋毫。这与其为人是巧合？还是有所寄托？古人评书品之高下首重人品，这恐怕与当今社会提倡的"德治"是相通的，与文艺界提倡的"德艺双馨"有着异曲同工之妙。父亲的字给人的是一种传统道德美的享受，他注重自身修养于此亦可窥其一斑。

尽管在"文化大革命"中他受到了不公正的待遇，但他对中国共产党仍然抱着坚定的信念而没有半句怨言，一如既往地劳动和工作着。只是"文革"结束后，有好些人登门来求取墨宝，因"长期疏于书写手僵字死，一无收藏价值，二不愿勉强为之，难以遵命"，父亲都婉言谢绝。破例的只有三次。一次是1978年夏，也是他出席省政协四届一次会议以后半年之际，应县文化馆陈家龙之请，他"敬录"了朱德的一首诗："统战成功同人悦，孤立敌人动不得。争取百分九十九，团结多数为上策。"再次呼唤出党的三大法宝之一的统一战线重要性的心声，倾诉了他对党的忧患之情。一次是1980年夏，应博物馆鲍翔麟之请他书录了清代海盐籍著名剧作家、诗人黄燮清"长水竹枝词"两首："杏花村前流水斜，杏花村后是侬家。夕阳走马村前后，料是郎来看杏花。""蚕种须教觅四眠，买桑须买树头鲜。蚕眠桑老红闺静，灯火三更作茧圆。"通过这两首诗寄托了他对人民能有一个长期安居乐业、平和美好生活的愿望。再一次是1980年秋的一个星期天，我家来了海盐县塑料厂的三位客人，请父亲为该厂写个竖式厂牌，父亲意外地欣然答应了。因为厂里急着要用，父亲当即挥毫认认真真地写了三遍，从中挑了自己满意的一幅给了他们。三位感谢再三，恭恭敬敬地告辞而去。破例的原因据我所知是：陈家龙乃陈伯蕃先生哲嗣，伯蕃先生原是县文物管理委员会成员，曾捐赠过许多价值较高的书画藏品给国家，当写；鲍翔麟是父亲在博物馆的同事，他们在密切配合的工作中建立了深厚的友谊，当写；塑料厂派出三位工人登门求书，凭他们朴素的感情和诚意，当写。九年前，鲍翔麟和陈伯蕃先生有感于我对父亲的深切怀念之情，将父亲的遗墨，这本属于他们的纪念物赠送于我，感激之情难以言表，唯有寄以良好的祝福而已！

每次净案展读父亲遗墨总有甘露润心、清风拂面之感。可惜他的许多计划没有完成，许多愿望未能实现就过早地离去了。他不是名人，更不是伟人，但他留下的墨迹如同他留下的精神一样，若萤①之余光永远在我的前面闪亮。

松萝共倚——忆母亲吴素珍

我对母亲的印象是，温良谦恭、为人厚道、勤奋简朴、吃苦耐劳、敬业乐群。她是一位贤妻良母气息比较浓的传统式的妇女，是父亲的好助手。

1909年11月19日，母亲生于海盐天宁寺，外公吴润章在上海"元豫"酱园江湾分店"东元豫"任经理。母亲有一姐姐名领观，十七八岁时死于羊痫风。外婆早亡，伍娘是母亲的继母，为母亲添了吴学毅和吴试两个弟弟。母亲八岁时进武原怀德小学念书，小学毕业操持家务。1927年与父亲结婚。1946年父亲回海盐开设"九九社"，遂与父亲共同经营。1956年资本主义工商业社会主义改造时，"九九社"直接过渡到县文化用品公司。母亲从这时参加工作起，到1975年退休的这二十年营业员生涯中，总是兢兢业业做好本职工作，每次都被评为先进工作者，是大家公认的较为优秀的营业员。自经营"九九社"起她掌握着家庭的"经济大权"，又操持着九口之家的主要家务，撑过了新中国成立初期生活上的几个低谷。随着两个姐姐的出嫁，哥哥的工作，家庭经济状况渐渐有了起色。我在高中得的肺结核病，咏麟弟在下放后患的心脏病又把刚刚好转的经济拖垮了。父亲患癌症治疗的那个时期，母亲告诉我钞票又用光了，娘舅那里借过多次，已不好意思再借了。我把几年的积蓄交给母亲，尽管不很多，但总算将就过去了。亲友往来、婚丧喜事、世故人情……必要的开支亦为数不少。如何平衡，如何摆布，母亲劳心劳碌了大半辈子。穷远亲来了，母亲从不嫌弃，即使在家庭最困难时期仍然热情接待，离开时总是要送些东西给他们。她常教育我们，省要省着自己。"文化大革命"中，她对被揪斗的父亲更为体贴，百般地宽慰，小心地服侍，使处

---

①萤：萤火虫，死后仍有余光闪亮。

于逆境中的父亲感受到生活的温暖。母亲起早摸黑，做得最多，享受得却最少。做鞋、补衣、结毛线等诸多家务活她都做。于穿、吃只求温饱，如有好一点的菜肴她总是"缩着筷"。

青年老少都愿意与母亲交朋友。"沈师母""老吴""沈妈妈"是不同阶段人们对她亲切的称呼。工作上她不甘落后于小青年，直到67岁退休时她还在拉车进货、送货。最紧张的是上早班。她起早买菜、洗菜、揩台、抹椅、扫地等尽可能多做掉一点家务，好让祖母轻松一些。然后盛上10英寸搪瓷杯一杯子粥，上面放些咸菜拿了就跑。母亲平时走路步子很快，早晨怕迟到，便小跑步到商店。祖母常常哀怜地说她太劳碌了，走路都是"跌煞撞煞"的。母亲曾生过一场大病，那是新中国成立初期的事，过分劳累的她终于倒下久病不起。一天她跟我们说："妈妈这次熬不过去了，恐怕要走了。你们要学会照顾自己，要帮助爸爸做点事情……"我们都哭了。我突然想到"洋虫"屎能治伤，或许对母亲的病也会有用。那时，学校里掀起了一股养"洋虫"的风，许多同学都在养，饲料是红枣、桂圆、胡桃、冰片、红花等滋补活血药材。我只是向他们要了一点洋虫和饲料养着玩玩的，"规模"极小，"洋虫"屎当然也不多。当同学们知道我要给母亲治病，大家都乐意把"洋虫"屎送给我，再则也想看看它的功效到底有多大。这样集起来大约有七八汤匙。说也奇怪，母亲服了三天竟能起床了。也许这对从未吃过补品的她特别有效吧！

父亲除了卷烟以外生活上没有什么别的要求，他体质很差又不会关心自己，都是母亲为他考虑的。父亲吃饭的速度极快，菜又吃得很少，这是他在酱园工作时养成的习惯，母亲常为他夹菜要他多吃些。20世纪50年代海盐办起了奶牛场，那时家里的经济尚不宽余，母亲还是给父亲订了一份牛奶，虽然父亲吃了一次以后坚决拒绝不吃了。父亲年轻时就长脚茧，后渐严重，甚至长到脚趾背上。他这辈子穿的大多是布鞋，都是母亲为他特制的。父亲平时很少吃药，他是分管卫生的领导，虽然常常与医生一起工作，但遇有身体不适却很少问医。母亲要他去医院检查治疗，他总说"没空""不要紧的"，就这样熬着。母亲只能叫我去药店买药给他吃。1979年——我们搬离农业局的上一年，父亲病倒了，母亲要我陪他去县人民医院看病，他坚持不去，说睡一天就会好的。我奉母命去医院为父亲开了两天药。在我给他打针的时候发现臀部肌肉里长了十多个大小不等的硬块，大的如鸡蛋。我问他痛不痛，他说没什么感觉。第二年父亲被确诊为癌症时我才意识到那时太忽视了。如果及时检查治疗，情况或许没有后来那么糟。夏天，父亲回家午睡的日子并不多。记得小时候，哥哥在上海念书，两个弟弟还小，凡父亲午睡母亲必命我去打扇，驱热、驱蝇，让父亲睡个太平觉。等父亲鼾声一响我就减轻力度，不是偷懒，是母亲教的，若此时再扇大风容易着凉。我给父亲打扇的习惯一直延续了十多年。

幼时，母亲教我们的规矩很多。如，吃饭要有吃相，饭碗要端牢；筷子夹菜不可在菜碗里乱翻，要随面夹；坐要有坐相，立要有立相；要有生气，要抢活干，不要坐个团、立个一；坐凳不可满屁股，只能坐一半；大人说话（交谈）小孩不可插嘴……尽管规矩很多，但有的方面她很放开。咏禄弟十来岁时曾试着养过数十条蚕宝宝，喂的都是野桑叶。一天八婆婆（我祖母的妹妹）来告状说，咏禄蛮得不得了，爬在我家对岸公安局河滩边的桑树上采桑叶差点掉到河里。母亲听了只是要他注意安全，并未反对他养蚕。咏禄弟在硖石念初二的那年暑假，母亲的同事发现他满头大汗地在拉车子，就跟母亲说了。母亲问他原因，他说拉车赚钱为的是想安装一架矿石收音机（那时正值自然灾害，家里没有零花钱给我们），对此母亲也听之任之。我刚念初中的那年，已经会把口琴绑在二胡上边吹边拉简单的江南小调，祖母训斥说，"烦死了，像个叫花子"，母亲则视而不闻，不加干涉。这对我们踏上社会以后所走的道路有着一定的积极作用。

父亲从政前能用大部分的精力参与社会活动，从政后能全身心地投入政务工作，母亲是其真正的理解者、有力的支持者和热情的协作者。母亲二弟吴试品行不端又不听劝说，父亲早就与他断绝了关系。对此，母亲毫无异议。从子女求学的费用减免到子女的工作以及父亲的住房问题等，母亲总能尊重于父亲服从于大局，自己克服困难，减少政府的负担。在生活上一视同仁地对待六个子女，没有任何偏袒。母亲能妥善处理好与媳、婿的关系。人都有个性，有自己各方面的习惯，对此，母亲都能容忍。她从不把自己的好恶强加给她（他）们。与人拉家常，母亲总是谈媳、婿好的方面，把不足之处隐而不提。人们又往往把母亲背地里的议论传给她（他）们，她（他）们听了固然很舒服，但也会更加严格要求自己，因此家庭关系也就愈加融洽和谐。母亲平时独爱酥黄豆，特别是肉骨头黄豆汤。大概过敏的原因吧，吃了往往会晕眩吐泻，一次她竟晕倒在马桶边不省人事，幸亏及时发现才抢救过来。父亲逝世一周前还关心着母亲日后的身体，叮嘱我们"一定要看住妈妈""不要让她吃酥黄豆"。这是父亲对母亲最后的情感回报，而母亲则把自己的精神全部寄托给了父亲。在父亲病重失去自理能力后，为使母亲休息好，我们劝她另搭床铺。母亲没有回答，只是流泪，依然陪卧在父亲的身边。即使到父亲不能用语言、手势表达的最后时刻，母亲还是沿袭着数十年与父亲共同生活的习惯，不使他有一丝半毫异样的感觉。也许正是这种爱才使父亲有超越常人的心态，熬住了病痛的折磨，视死如归，毫不恐惧，在母亲的身边安然祥和地别离人世。父亲逝世后，鲍聪医师在与我们的一次交谈中说到，人在停止呼吸、心脏停止跳动后听觉还能维持一段时间，是最迟消失的，只不过最后对声音的感觉是越来越远而已。母亲没有这种科学知识，但她所做的却是既人道又科学的。

受到父亲的影响，母亲也热心于社会活动。新中国成立后，母亲先后当选为武原镇市东街（六村）居委会妇女主任、治保组长。六村连续几年被评为武原镇先进村，其中也有她的辛劳。后当选为武原镇妇联委员、县工商联委员、县第五届妇联委员，聘为县人民检察院检察通讯员等职。对此，她也是力所能及地尽心参与。

对一个家庭来说，母亲是一位称职的儿媳、一位称职的妻子、一位称职的母亲。她与千千万万个新中国妇女一样，有着一颗善良、纯洁的心，有着一种默默奉献的精神。母亲的形象是党的干部家属形象的一个侧面，也是中华民族母爱的部分体现。

结　语

父亲离开我们迄今已越二十二载，母亲谢世亦已七个岁月。其时，我代表六姐弟撰写了挽联以志悼念。现录于下。

悼父联：

忧国忧民，荣辱不惊，尽心尽职，一生无悔真君子
克勤克俭，富贵同仁，留德留言，两袖清风大丈夫

悼母联：

风刀雪剑，含辛茹苦贤内助
雨露阳光，教子尽忠慈母情

母亲逝世时，县委宣传部部长张国华与澉浦吴侠虎、朱运通两先生同撰挽联以示哀悼。联云：

教子成名懿德常留乡里口
慈云顿掩传家赖有后昆贤

今天，谨以此文献给父亲和母亲。用你们的慈爱来沐浴我们的心灵，用我们为党的事业所做出的成绩来报答你们的养育之恩。愿你们化作白鹤齐飞于九天，共享社会进步之成果。

2003年12月25日

原载于《人民公仆——沈国荣先生纪念集》，2004年12月海盐县政协学习文史资料委员会编

沈国荣先生发现金粟寺碑

2018年10月2日，我与毓文、沈旦、加丽参观重建中的六里金粟寺，瞻仰了1987年建于金粟寺庙区外河边的金粟寺碑亭。旧物重见，多有感慨。

1963年下半年，先父沈国荣先生（时任文教卫副县长和县义管委副主任）带领县义管委委员任小山、陶维安和文物爱好者鲍翔麟等去六里调查、征集文物，中途于六里茶店休息。沈国荣先生发现茶店内墙中嵌有石碑及碑趺，仔细一看，原来是明代《重建金粟广慧禅寺记》碑（以下简称"金粟寺碑"）。其时金粟寺除了一间禅房外所有建筑均毁，金粟寺碑原有的碑亭也不复存在。不知何年，村民利用碑作为一部分墙面建了简易平房开茶店。发现时，碑趺的神兽头的嘴眼已被砸掉。问其原因，店主人说，兽头在屋内不吉利，砸掉嘴眼后便不知何物了，可化凶为吉。沈国荣等均叹"可惜，可惜"。自此，金粟寺碑被列入文物保护名册，经联系由六里公社落实保护。历次文物普查中都未遗漏。

1987年，金粟寺东边的白鸥滩河道作为南

金粟寺碑

新建的碑亭与金粟寺碑

排的配套工程进行拓宽，该茶店被拆，碑裸露于外。博物馆长鲍翔麟受县文化局委托与刚任南排副总指挥的蔡来根探讨保护办法，后基本达成共识——异地建造碑亭，根据国家文物保护法的规定，费用由建设单位南排工程承担。接着，文化局请鲍翔麟起草向县人民政府打了《要求水利部门拨款2万元以迁移保护金粟寺石碑的报告》（手稿保存于博物馆）。同年底，金粟寺碑石亭在拓宽的白鸥滩西侧落成。亭前后各有匾额一块，联一副，均为张玉生先生应鲍翔麟之请所撰。前额联由殷祖光所书，后额联由沈咏嘉所书。前额联正联曰："茶院新亭春草吴宫梦；赤乌旧事史碑金粟香"。背额曰："谷水南排"，背联曰："千载沉沙金粟寺；万人齐赞茶院亭。"

先父发现与保护了金粟寺碑，相隔24年后鲍馆长经手建碑亭，我有幸为该亭书联，鲍馆长和我与沈国荣先生两代人的"金粟寺碑情结"是先父未能所料的，若先父泉下有知，定然会坦然含笑倍感欣慰的！

为纪念此行，沈旦摄下了碑文，加丽为我在亭背楹联前留了影。

沈咏嘉拜记于2018年10月2日晚

日记一则

——不良行为与不良习惯

下午近五时，我在厨房正忙，奶奶接杰杰回家了，带来上周数学期中考试卷子。我随便问了一下："得了几分？"其实我受新的教育理念影响已不很注重考分了。

"93.5。大多是粗心失的分！"奶奶可惜地说。

我问："最好得几分？"

杰杰说："100分。"

"唉，相差那么多。经常告诫你要认真读题目，总是不听！求快不求准的坏习惯就是改不了。都三年级了，到什么时候才能改呢？"我也觉得分失得太不应该了。

"已经蛮好了，很多同学都超差！"杰杰满足地说。

听了他的话我觉得问题大了，我从厨房跑到了客厅提高了嗓门："在知识上容易满足的人是不会有大出息的，要承认差距，找出错的原因到底是不懂还是粗心。"

"我说过了，已经蛮好了——"杰杰撅起嘴拉长了声调，不耐烦地叫了起来。

我冲过去用手指在他头上狠狠地点了一下吼道："你这个人怎么这样顽固！你不觉得可惜吗？"

"就是已经蛮好了！"他好像很委屈地大声顶了起来。

我恨得咬牙切齿，这道理讲了不知多少遍了，怎么到现在仍不奏效，无奈之下我抬手就给了他一巴掌。他"哇"的一声哭了起来，赌气地跑到靠阳台的椅子上重重地坐下。

奶奶怕我追过去盯住他不放，暗地里拉拉我的衣服制止我，面对杰杰：

"你脾气再犟，要被爷爷打死的！"

我一个劲地给他训话，刚好他爸爸来了，见状问了情况后把杰杰拉到身边摸摸他的头："爷爷说的有道理的，你要听话的呀！"

"爷爷打我。"杰杰抱住爸爸诉苦说。其时我才感到杰杰的可怜和打他的过分，但刚才他固执的样子又不能不气不能不恨，只是有一种在教育无助的沙漠里迷失了方向的感觉。

奶奶出来收场了："好了，好了！杰杰快去洗手吃饭。好孩子要养成良好的学习和生活习惯，要承认差距，才会有进步。"

晚饭后，杰杰向我们告了别，随爸爸回自己家里去了。

如何才能说服他，让他健康成长，特别是如何正确地去面对困难和挫折。等到他能自己处理事情的时候，我们的义务也尽得差不多了。可教育是双方的事，要奏效，谈何容易！这一夜，我辗转反侧不能入睡。

深蓝色的丝绒窗帘渐渐地变薄，变薄……新的一天又来到了，我反倒昏昏沉沉起来。

"当——"一下时钟的声响把我敲醒，我仰头看了看，已是上午八点半了。忽然，一个人在我眼前一晃而过。呦！唐云，一位教子有方的妈妈，怎么没想到她呢！我迅速抓起床头柜上的手机，拨通了她的电话，在北大的她正准备出发去听讲座。我叙说了昨晚的困惑，向她索取良策。她耐心地听完我的陈述，略略一顿。

"沈老师——，道歉！向杰杰道歉！"她突然果断地、斩钉截铁地说了这句话，语调里却流露出寄予着无限期望的微笑。她已看到在我身上潜在地残留着封建的家长意识，她怕我放不下当爷爷的架子。这重于千斤的微笑使我感到羞愧，这重于千斤的微笑让我反省，我爱我的孙儿，我迅疾地做出了反应。

"我道歉！我一定道歉！"

"让杰感受到你和他是平等的，把你融入他的思想中去，你会成功的！"小唐对我充满着信心。

中午，奶奶下班回来，我把小唐的意见跟她说了，她也认同："小唐说的很有道理。你的脾气也太大了。小唐管小孩真是又耐心又有办法。"

我在书房写朱乃正的材料，心里总牵挂着杰杰，盼望着杰杰放学回家，好向他表示我的态度。可时钟似乎故意走得那么的拖拉，那么的缓慢，故意让我吞下粗暴教育的苦果以示惩罚！回忆我们小的时候父母对我们是何等的宽松，我们是何等的自由，更没有受过拳脚相加的皮肉之苦。我焦虑，我不安，我懊丧，我内疚，我多么希望尽早地得到孙儿的谅解，尽早地还他一个天真烂漫、快乐无忧的童年！

隐约传来钥匙的开门声，我飞身奔向客厅！

"杰杰，回来了？"

"嗯。"他在客厅放下书包，话音是那么的平静，没有丝毫的情绪，也没有看我。

"今天作业多不多？"

"还好。"他打开书包拿出作业本，走到餐厅的八仙桌旁坐下准备做作业，似乎在躲避着什么，还是没看我。

我过去摸了摸他的头认真地说："昨天爷爷打你是不对的，要向你道歉！"

他无言地起身跑向客厅，我下意识地跟了过去。他从书包里拿出一本书，打开，用手指着一个圆的什么东西给我看，还是一声不响。我不及戴上眼镜，眯起老花眼，只见一棵大树结满了许许多多圆圆的苹果。杰杰指的那只苹果上清楚地印着"劝阻父母的不良行为"这句话。这是一本《品德与社会》的教科书。我的心突然抽动了一下，眼里噙满了泪水，甜酸苦辣一起涌了上来。我用抖动的手摸着他的头，既惭愧又欣慰地说："很好，很好！"

他这才兴奋地跳了起来大声地说："耶——！今天刚教到的！"他仍然没有看我。

奶奶在厨房一边洗菜一边说："在回来的路上我已经跟杰杰讲了，爷爷反思了一夜，认识到打人是错的，准备向杰杰道歉。我说，你们两个都要改。"

"杰杰，爷爷的不良行为要改，你的不良习惯也要改，好不好呀？"我用讨论的口气跟他说。

"好的！"杰杰轻松而高兴地说了无法用拳头能让他说的这两个字。

我偶然发现桌子上的两张奖状。一张是"开学以来上课积极发言，精彩响亮"，另一张是"在语文第三、四单元中'100十优'有23次"。

"这昨天发的，你怎么没注意呢？"杰杰不解地说。

是呀，我怎么光会看到他的缺点呢！

2009年11月9日沈咏嘉记

为谁牵牛藤上过

　　应桐乡书画界同仁之约，2005年5月13日申时我赶到桐乡，先拜访了时任桐乡市委宣传部部长王蕾女士，见桌上一册《嘉兴市花鸟画》，我好奇地翻阅起来。王蕾女士涉画已有多年，故我问里边有没有她的大作。王蕾女士高兴地说，她首次入选嘉兴画展的那幅《为谁牵牛藤上过》也收在这本画册中。我很快地找到了这一页，该画构图简洁淡雅寓意深远，落款略带隶意书风质朴，笔墨之间透露出一点文人画之气韵，让人回味不尽。一位年轻女行政领导，工作之余能静下心来倾注于自身的文化修养，其精神，其毅力，实为我等老朽所钦佩。

　　晚餐席间，诸道友纷纷将自己创作之书画、篆刻作品赠送与我。王蕾女士环顾左右疑惑不解，问我。我便把办九九文化公司及画廊之目的——"联合有志企业组建传统文化研究会，旨在挖掘、研究海盐优秀传统文化，把研究成果无偿提供给政府利用"等作了简单介绍，并请恕我不告之罪。王微笑不答，取出包内钥匙交与一人，咬了一会耳朵。未几，那人带来用报纸裹好的一卷东西。王蕾女士边拆报纸边神秘地说："我也送你一幅画。"镜片徐徐展开，画芯上端刚露出一个"为"字，我的心骤跳了起来。啊！那不就是《为谁牵牛藤上过》吗？王蕾女士恭敬地说："不及创作，权以此画谨贺。"我急摇双手推辞："不可，不可。此乃你成名之作，我断不敢受。"她固执地说；"以此画相赠方见诚意，请勿再辞。"我躬身伸出那微微颤动的双手收下了这份厚礼，既生敬仰之心，更生歉意之情。何来之歉意？接着，我披露了一件八九年前由我酿成的此生无法弥补的憾事。

　　时任中共武原镇委副书记的王蕾女士与我一起参加一个会议。中午，文化部门安排在海盐宾馆聚餐。她欲告辞回家，我坚持将其留下："今日文化界人士济济一堂，正是交往的好时机，失之可惜。"她便答应不走，但说，先去家收了晒的被子旋即回来。我催她速去速归。约一刻钟后，王蕾女士喘着气急速赶到，略带红晕的脸露着轻松的笑容："如何，不慢吧？"我见其掌上涂有红汞，问及，始知她为赶时间急急骑摩托车出宾馆左转上海滨路时，被搞基建撒在马路上的沙子滑倒。其时，她见车未摔坏便忙于回家，洗手涂红汞时才发现腕上的"劳力士"手表不知何时丢了。刚才来时她在滑倒处找了找，未见，就匆匆赴席。听罢，我拉了她直奔该处仔细查找。很快我就在路旁沙堆边拣到了它，表带没了，表的上盖没了，剩下的只是表芯和扭曲了的外壳。我分析这手表是在她滑倒时手腕撑地表带崩裂而掉，心急之下未曾注意到腕上的手表，如当时发现就找，便不会被汽车轮子碾成如此惨状，都是我"速去速归"之苛求造成的！王蕾女士摸了摸残表遗憾地自语："结婚时男家送了两件信物，一件戒指，另一件就是这块表。"我抱歉地说："这一万多元的表其经济价值已极可观，然而作为信物更是无法用金钱去衡量的。你如何向先生交代？"听了我的话，王反而自信地说："既然送给了我，先生是不会计较的。"尽管她说得如此轻描淡写，我内心之愧疚至今未消。

诸道友听罢，对王蕾女士的大度大加赞赏，敬佩不已。王蕾女士又笑了笑说："后来先生知道后非但没埋怨，反倒轻松地解释，'这表失得好，剩下一只戒指可以使你一心一意'。"大家对其先生的幽默和胸襟更为敬重。

此时我才理解她《为谁牵牛藤上过》之画意：此藤乃牵系世上理解之藤、缠绕人间真情之藤，藤的延展是理解的延展、真情的延展、和谐的延展……

2002年我曾建议她刻一方字号章用于画作，她便请我为其取个字号。此事一搁就是一年，翌年三月下旬，我退休在即，王蕾亦已调桐乡。时不待人，急急推敲数日，觉得"清晖女史"用于王蕾颇为相称。清晖者，清淡纯洁光彩照人，女史者，学养至高之女子。正巧有出差杭州的机会，便去杭州西泠印社门市部挑选了对章，也不征求王蕾的意见，回来即请管琳奏刀，另一方是"王蕾之印"。管琳刻就交我时跟我说，从外表看这对章还可以，但奏刀时才发觉它的石质并不好。如选过再请管琳刻就不好开口了，还是将就将就吧，又苦于没有便人可托带给王蕾。四月中旬，未等开欢送会我主动提前把办公室钥匙移交给政协机关，把所有属于私人的物品（包括这副对章）、书籍、资料请了三辆三轮车全部搬回家，可事后却怎么也记不起这副对章放在何处。

2010年秋我从谷仓头迁住天鸿名都，在整理车库物品时竟发现了这副对章，同时发现的还有李文宽请我转给海盐博物馆的一件他的自作诗书法作品。

2014年10月25日于天鸿桥边

记日本留学生藤田佳美

　　1988年5月24日上午，一位在复旦大学历史系高级进修班学习的日本女学生藤田佳美，经县文化局介绍，来博物馆调查了解明代海盐历史及遗迹情况。她专门从事中国江浙明代历史的研究。鲍翔麟副馆长带她察看了明末古建筑千佛阁，介绍了千佛阁的历史和建筑风格，看了在楼层展出的馆藏文物。鲍馆长正忙于云岫庵建设，即刻要赶去澉浦，便安排由我接待。

　　老鲍离开的时候，藤田佳美取出相机请文保员仇柏林为我们在展柜前合了影。

　　藤田佳美个子不高，一头浓浓的烫发，细眉细眼，不管什么时候总是保持着一张微笑的脸。说话嗓门压得很低，轻声轻气的，讲的是一口流利的普通话。我帮她在古籍室找出《海盐光绪县志》，她专心致志，边查边记，一丝不苟。十一点半，工作人员准备下班了，她带着期盼的眼光轻轻地征求我的意见："沈老师，我可用的时间太少了，能否再查一会儿？"

　　我知道她还要跑好多地方，时间的确很紧，便不假思索地说："没关系，查吧。"

　　时间一分一秒地过去。她忽然想起了什么，看了看表，歉意道："不好意思，快十二点半了，到此为止吧。"

　　那时，博物馆在天宁寺原县看守所的一幢二层楼房办公，古籍室在二楼。走出古籍室，我盛情邀请她去我家便饭，她高兴地接受了邀请。在那个年代里博物馆的经费非常紧张，若要说"招待"那是天方夜谭，除非自己掏钱。去饭店，经济上承受不了，只能在自己家"招待"。我们出了天宁寺，沿海滨路往东走去。一路上，我用语言尽可能确切地去展示20世纪70年代前海盐县城老街的风貌。她频频点头，好像有所领会。到了广福桥南堍文化馆宿舍院墙大门口，藤田佳美指着左右门柱上略略褪了色的顶天立地的大红对联，好奇地问："这里还有贴春联的？"

"我家就住这里。每个大年三十我都要写一副大春联，整个镇上就我这里有春联。"我笑着说。

"噢，原来这样。"她眼神中流露出一种赞赏的光亮，又扫视了一下院子感慨道："院子还不小呢，阳光也好充足。"

上了二楼，我把藤田佳美介绍给夫人，夫人热情地让座、沏茶。夫人刚用过午餐，八仙桌上还放着一碗吃过的油炖水花菜。夫人轻声招呼我：冰箱里有炒好的肉丝，还有鸡蛋和一块豆腐。那本是留给念书的儿子晚餐用的。夫人与她做了简单的交谈就上班去了。我这才知道她已二十九岁，为了求得学问至今还单身一人。我烧了大头菜肉丝豆腐汤和炒鸡蛋两个菜。藤田佳美一点也不拘束，她找到电饭煲盛了两碗饭。她夹了一根水花菜尝了一尝觉得味道不错，问我这是什么菜。我告诉她，这是腌制的土油菜芯，是嘉兴地区一带独有的风味。

饭后，也不休息，我就带她去东门，先看了明代城墙遗迹，再去敕海庙看著名的明代捍海塘——鱼鳞石塘。第二天，去了建在明代废园上的绮园。我向藤田佳美介绍了海盐受明代造园之风影响所建的几家有名的私家园林，又介绍了绮园的特色。她被绮园众多的古树名木和山野自然景色所折服。当我说到海盐县城包括其他园林均毁于侵华日军，唯有绮园因驻扎日本宪兵司令部而独存，绮园留下了日寇残害中国人民的斑斑血迹的时候，藤田佳美不时地躬身致歉："对不起，对不起……"

下一站藤田佳美将去平湖。告别时，她握着我的手说："感谢你的热忱接待，感谢你对我的帮助，更感谢你让我了解了日本曾给贵国人民犯下的不可饶恕的罪行……"

她那纤弱的手在微微地颤抖着。

她留下了复旦大学的通信地址。她告诉我，她在复旦还要学习一年。数天后，收到了她的信和照片。虽然我没能给她回信，但我相信她会理解我的忙。

沈咏嘉2008年3月25日于以风当歌斋

幼学无知

——给母校向阳小学的答卷

几十年过去了，有的事已经淡忘，有的事却不时跳出脑海清晰地展现在我的眼前。

高二以后，我的数理化得五分（五分学分制）的频率很高，数学又特别好。我除了掌握课本知识，将学习范围还扩展到课外，天天找题做。放学了，我和几个同学还蹲在操场上，用石子当笔，把泥地作纸，兴致勃勃地讨论着。"讨论使人机敏"（培根句），我的思路渐宽，方法渐简，成了班里的尖子。记得在高二第二学期里数学老师患肺病吐血的那次，他嘱咐我在他病假期间帮他辅导这一单元的新课。在同学们的协同下，我终于完成了这个任务，成功的喜悦不可言喻。

自我记事起，总见父母终日奔波忙碌，除了管我们兄弟姐妹和祖母的温饱外无暇顾及我们的学习。回忆小学时期的算术学习，不禁"沧然而涕下"。我害怕算术，我没能战胜"畏难"这个大敌，导致小学毕业时贴在墙上的算术补考栏中赫然挂着我的大名！迷惘之际，脑子里突然闪出父亲与人交谈中的一句话来，"古人认为要学好书法首先要锻炼'夏练三伏，冬练三九'的意志"。于是我就用意志去攀登，开始尝到了甜头，从而产生了兴趣。梁启超说过，"因为学问的本质能够以趣味始以趣味终……所以提倡学问"。他把求知作为趣味来对待，看得那么深刻，说得那么轻松。其实，没有一定意志是达不到这个境界的。

总结我对数学从头痛害怕到喜欢爱好，从落后到进步，完全得益于意志。踏上社会以后，我所做的工作与数学的关系很少，攻克数学难关的真正收获是锻炼了求知的意志，接受了把求知作为趣味的观念。

母校要我写一点学习心得，谨记下我在人生旅游途中的雪泥鸿爪作为答卷吧。回忆中得诗一首以感其怀：

幼学无知理未通，
芳年励志始明聪。
无情岁月不相待，
风雨人生把握中。

向阳小学1955级校友沈咏嘉
2006年4月16日

怀念祝静远先生

我认识祝老静远先生是在20世纪50年代末。祝老个子不高，穿一件深蓝色中山装，戴一副玳瑁边眼镜，虽近古稀但很精神。祝老为人正直，主持正义，文才出众，是一位爱国的知识分子，很受家父敬重，家父对他晚年拮据的生活关怀备至。祝老有时做客我家，谈话内容多为海盐地方历史、传说、掌故等。记得那时我看过祝老写的《海刁》和《海鼻涕》的传说。《海刁》文章为海盐人正了名。主要写"海盐人海刁，落雨落点雨梢"这句话是源于一个有身份的外地人侮辱了海盐土人却反被捉弄，觉得很没面子，为了出口气就把"海刁"的"雅号"硬套在海盐人的头上。《海鼻涕》写的是一个好哭的海盐学生被取了个"海鼻涕"的绰号，记述了少年交往之活泼幽默天真无邪。祝老书法极佳，他曾为家父写过一张扇面，惜于"文革"中付之一炬。

1962年春，县总工会请祝老开办了一期诗词讲座（我县诗词讲座之始）。讲座安排在晚上，每周两次，每次两小时。20世纪60年代初那个时期的晚上我大多在总工会度过，有时打打乒乓，更多的是钻进阅览室看科技方面的杂志。祝老的诗词讲座我一次也没有缺席过，一是由于讲座不收费，二是由于熟悉。

工会在小栅桥东侧，进石库门，依次是平房、天井、楼房，诗词讲座就设在楼上的正厅间。正厅西墙前的木架上搁一块大黑板，下边是简易木板的讲台和课桌，坐的是长凳。听讲座的仅十来人，大多是三四十岁的干部、职工，二十来岁的仅我一人而已。这是我第一次比较系统地了解诗词常识。祝老讲的是押韵的一般规则、平仄的常用格式、对仗等，但讲得最多的是意境。记得第一堂课上祝老介绍了他五岁时作的一首七绝诗，他一边吟唱一边写在黑板上，从他镜片后的眼神里流露出童年回味的甘甜。可惜当时的笔记都毁于"文革"，该诗亦早已遗忘。祝老讲诗词犹如讲历史故事，他讲得生动活泼，我们听得津津有味。他讲得最多的是人生志向和民族气节，对投机钻营失节求荣者定抨击无疑。我在讲座中接受最多的倒不是写诗的技法，而是爱国的精神。让我屡屡不能忘怀的是祝老"诗重意境文重德"的主张。这次讲座尽管为时不长，却影响着我的一生。

祝老膝下有一女二子，长女慕蕴，长子晨曦，次子家慰。他经常教导子女，"要与人为善，真诚相待""人生道路不会一帆风顺，总有磕磕碰碰，要经得起风浪"。早年，祝老晨起出恭必让尚幼之慕蕴过去面授国文。久之，慕蕴虽未进学堂却能诗会文，亲友戏云慕蕴念的是"马桶学院"。祝老次子家慰从小过寄吴侠虎先生，可见两家交往之深。家慰与我大弟咏禄是同学，后考入浙江省戏曲学校，毕业后分配在海盐越剧团当演员。"文革"中我进剧团做临时工，与家慰共事三年，相处甚好。五年前，我退休在即，家慰赠我祝老的《堂桂轩诗词稿》（1980年油印本）和《晴园诗存》（1986年油印增补本）。阅后对祝老更生敬慕之情，遂赋诗以怀："清贫不忘思乡事，抗日《中流》正国风。最恋双湖三面岭，端阳竞渡祭诗雄。"《堂桂轩诗词稿》由朱南田作序，祝晨曦刻写；《晴园诗存》由朱南田作序，平湖许士中书，朱南田、陈重萱、祝晨曦编注，朱南田誊写，计二百余首，均为"文革"之幸存者，弥足珍贵。

1931年，吴侠虎先生为拍摄电影《盐潮》四处筹资，当时祝老供职报社经济尚可，曾给予不少的资助。1935年端阳节，祝老与吴侠虎先生曾发起竞渡南北湖悼念爱国诗人屈原的活动，爱国爱乡之情可见一斑。1948年初，祝老寓居杭州，住里西湖，虽与蒋经国宅院相邻却无往来。新中国成立前夕，有人出资购买了船票请祝老举家迁往台湾，祝老对国民党政府不抱希望又因眷恋故土坚辞不去。谁料该船刚刚启航便沉于吴淞口，倾向共产党竟使祝老全家幸免于难！

祝老曾就读于鲁迅先生执教的浙江两级师范学堂，毕业后受聘于杭州第一师范。时鲁迅先生在绍兴府中学堂任代理学监，特两次修书经了渊校长请祝老去绍中执教历史。祝老这才得与鲁迅先生相识，晤后甚洽，以道友视之，渐受鲁迅先生思想影响，鲁迅先生之处世哲学成为他后来之行为准则。如在主持《浙江民报》时敢于撰文抨击国民党叛变革命，以致报社被查封；抗战爆发，国难方殷，遂举办诗社，出版《中流》诗刊为救亡呐喊。一社友作诗痛骂汪精卫卖国，汪伪特务机关投以附有子弹之匿名信进行恐吓，不少社友先后离社，而祝老泰然自若照常主持社务，留社友人无不为之感动。20

世纪50年代末，海盐中学为宣传鲁迅精神，曾请祝老去介绍过他与鲁迅之间的故事和感受。他写了《追和鲁迅先生〈怒向刀丛觅小诗〉诗原韵》："爱憎交织在当时，缕缕心情缕缕丝。先烈捐生留碧血，今人遍地插红旗。几多磊落岭奇士，一首芬芳悱恻诗。最是'刀丛'沉痛句，恍如相对旧缁衣。"《追和鲁迅先生〈俯首甘为孺子牛〉诗原韵》："入山投笔两难求，满眼沧桑到白头。矍铄共迎新社会，丛残犹拾旧风流。每从仰止思猿鹤，深幸争鸣作马牛。大地花开无限好，自忘其老乐春秋。"这两首诗是他热爱新社会的思想和行为的写照，也可看出他思念和追随鲁迅先生的情结。

一位清末秀才历经三朝，不畏强暴，热爱祖国，甘于奉献，与时俱进，骨子里流的是中华民族的血。

值此祝老诞辰一百二十周年之际，著以小文，谨志纪念。

2008年5月于以风当歌斋

原载于《海盐文史》，2008年第1期（总第50期），海盐县政协文教卫体与文史委员会编

苏渊雷与绮园

沪上海盐籍学者吴定中先生来电说，10月25日上海有个纪念苏渊雷诞辰一百周年的活动，他撰就一联要我创作成书法作品，因需装裱，故请我抓紧写后用快件寄去。我与苏老有过一面之交，也是通过吴定中先生认识的，虽说是一面之交，却给我留下了不可磨灭的印象。

1994年初夏，苏渊雷、邓云乡、田遨、蒋启霆等诸老一行十一人应吴定中先生之请览胜海盐，第一天是南北湖，绮园、张元济图书馆等安排在第二天，我负责绮园的接待。那天上午八时许，苏老等来到博物馆，参观了古建筑冯宅三乐堂和"中国民间玩具博物馆（筹）"——"泥香室"的陈列，大家被"泥香室"或质朴，或精美，品类丰富，风格多样的藏品及其传统民间、民俗风情深深地吸引住了，似乎又回到了无忌的童年。观毕，于三乐堂楼厅品茗小憩，苏渊雷等诸老对海盐人民政府重视文物保护和积极发挥文物的作用赞美有加。

稍息，下楼出冯宅后门，穿新建半亭步入绮园。其时，我刚完成《绮园解释词》稿。我简单介绍了绮园的历史和造园的艺术价值后，就按解释词中设定的路线一路讲去。苏老离我最近，他如学生般地认真倾听，时而微微点头，时而彬彬有礼地提出一些问题，丝毫没有大学者居高临下的架势。翻过简约的南山，游完玲珑的九曲桥，刚跨入潭影轩，天突然昏暗起来，树顶上一片瑟瑟作响，枝叶荫翳不及的池面上跳着水珠，泛起水泡。倾间，啪啦啪啦的雨水穿过浓密的枝叶尽情地往下冲泻。转眼工夫，天光重开，暴雨骤止。此时，大家正欣赏着王蘧常的抱柱联。老天对绮园的洗礼莫非是迎接贵客的到来？不一会儿，飘起了蒙蒙细雨，天色却一如既往地明亮。我建议等雨停了再走，诸老执意不待，苏老更是兴致勃勃，以为雨中游园既难得又别有一番情趣。

　　登上小隐亭，游览已近尾声。绮园之山石林木疏密相间，参差出奇，小隐亭筑于北山之巅是园中最高处，虽登高却难及广远，是营造者摒除了一览无余之弊。时值细雨如雾，四处景物时隐时现变幻莫测，苏老乐得如孩童般地躬身抬腿，在亭中轻盈地边兜边吟唱。唱毕，我问苏老吟唱的是什么内容。苏老神采飞扬地说："绮园太美了！游绮园游到了董其昌《云山小隐图》里去了。正如你前边分析陈从周所题'美人照镜'石中最美的是'游人心情之美'一样，登上小隐亭我的心情也登上了美的高峰，兴致所至联句也便脱口而出。"他告诉我，联句是"六代高文无此绮，平生快览最兹园"。他在肯定了我的讲解后建议说："艺术应包含有它的哲学性和科学性。你要把造园的艺术与我们传统的哲学思想结合起来，与叠山理水及树木配置的科学性结合起来，这样的讲解才是最客观最完美的。"苏老的话犹如浩瀚知识海洋中的灯塔，使我从迷茫中找到了方向！一月后，我把解释词略做修改，充实了诸老游园的内容。以后，我仍埋在杂务堆里，对绮园未做深层次的研究，解释词的提高和完善只是空中楼阁。乃至1995年底海盐政协文史资料委员会为编《海盐风景览胜》约稿，我只能以初改的《绮园解释词》交差，只不过把标题改成《海盐的眼睛，浙江的明珠——海盐绮园游记》而已，实有负苏老之教诲。

　　返回三乐堂楼厅，诸老纷纷为绮园撰联题诗留墨宝。苏老率先挥毫写下了小隐亭所吟之联并落了款。上款为"江淹有句：'高文一何绮，小儒不足为。'王壬秋曾取此语自号。甲戌夏快游绮园后拈此意书供补壁"。下款为"苏渊雷时年八十七"。此时，我才发现苏老撰的是"绮园"嵌字联。苏老喝了一口茶，打开册页，握管提神，下笔疾书，更抒胸中意气："'四大海水入于毛孔，一朵野花可见天国。'为游绮园生平得意，爱集维摩诘经与英诗人勃莱克语留题。甲戌夏苏渊雷。"观苏老落笔成文挥洒自如的那股气势，行云流水的那种神韵，实在是一种从未有过的享受。我折服于八七高龄的苏老满腹经纶而不傲、敏捷才思而不衰。

　　1995年11月24日下午，我收到"苏渊雷教授治丧委员会"的公函。苏老逝世的噩耗来得这么突然，去年还那么矫健的苏老怎么走得如此之快！然而讣告上清清楚楚地写明，苏老"于1995年11月13日上午10时50分在上海逝世"，定于"11月25日下午三时在龙华殡仪馆大厅"举行追悼会。我自私地悲恸着自己的不幸，原本与苏老约好适当时候再来绮园，为深挖绮园文化内涵做指导，谁知道这企盼已成为永久的遗憾！我急奔邮局发了唁电，又告知博物馆老馆长鲍翔麟先生，约好次日上午乘客车赴沪参加追悼会。我拟了挽联书于丈余白布，联云："聆经典绮园相知恨晚，吊老师龙华热泪成河。"

第二天，到达苏老寓所已是近午时分。我们进入苏老的灵堂，向苏老的遗像行了三鞠躬礼。我凝视着斗室中苏老的遗像，苏老微笑沉思如旧……远处隐约传来苏老娓娓的言谈声……鲍馆长的催促把我拉回到了现实之中：满室的花篮、挽联、挽诗，供桌上的菊花、供果、闪动的电蜡烛、炉中三支青烟缭绕幽香四溢的檀香……苏老是走了！我这才记起带去的挽联，赶紧取出，恭敬地交给了苏老次子春生先生。

龙华殡仪馆大厅外悬挂着苏老的两副巨幅自挽联："意气早倾天下士，文章独抱　家真""有容斯人无欲乃刚吾犹愧是，能读父书不应人热儿其勉之"。厅内挽联盈室花圈满列，均为各界学者、名流所题所送，场面非同一般。悼念者发小花一枝用以敬献，赠素帕一块留作纪念。整个追悼会在平和的怀念之中度过。正如素帕上苏老的手迹"静观"二字一样，人们正努力地去追求苏老对待人生的超然境界。

记录下与苏老在一起的点点滴滴，既是对他的纪念，也是对自己的鞭策。

苏老虽然走了，但他为绮园、为人们留下的丰厚的精神财富将永远恩泽于后人。

2008年10月16日

原载于《海盐文史》，2009年第1期，海盐县政协文教卫体与文史委员会编；《苏渊雷百年诞辰纪念集》，2009年6月，华东师范大学出版社出版

我与海盐政协诗书画

1983年5月28日上午七时半，政协海盐县一届一次会议在庄严的国歌声中隆重开幕了！我情绪激昂，思绪万千。海盐县政协的成立体现了海盐政治组织的进一步完善，爱国统一战线的进一步巩固和扩大，更体现了我国政治上的安定团结已成为不可逆转的历史潮流。十一届三中全会以来，蕴藏在各方面人士的潜力不断地被发挥，各行各业呈现出一派欣欣向荣的繁荣景象，人们的精神面貌有了极大的改观。建设社会主义物质文明和精神文明提到了一个新的高度。

政协海盐县一届一次会议共有委员八十七人。那时，我在百货公司工作，界别划在"工商界"（后划在"文艺界"）。收到政协海盐县委员会筹备组5月21日的邀请书后，我就着手拟写了一件提案提交大会。会议主要任务是选举和听取提案审查报告，委员们的议题围绕如何为海盐的两个文明建设出谋策划，履行好委员的职责。

值此海盐政协成立二十六周年和全国政协成立六十周年之际，把我参与海盐政协诗书画活动的主要情况做一回顾，现记述如下。

海盐政协前期的诗书画活动

时间过得很快，转眼一年过去了。1984年9月初，县政协和县委统战部联合发出了举办庆祝新中国成立三十五周年茶话会的通知（通知范围是武原镇的委员），茶话会定于9月28日下午一时半举行。通知要求"请擅长绘画、书法、诗词的委员泼墨、挥毫、赋诗来表达对社会主义、对祖国无限热爱的激情"。这是海盐县政协把诗书画融入政协活动之始。

我用二十多天时间创作了三件书法作品。一件是集古人诗句隶书联《花鸟鸣得意，草木尽峥嵘》；另两件是篆刻，其中一件是隶书《思源》，一件是楷书自作诗《喜庆建国三十五周年》："先辈创业多艰辛，后人建设更精神。各界携手共努力，振兴中华九州新。"

9月28日下午一时许，我带了这三件作品来到会议室，只见四周墙上几乎贴满了县里领导和政协委员的好多诗词书画，喜气盈室，热闹非凡。有任小田的国画《葡萄》和《修竹兰石图》，张谋善的行书古词《早春》，潘海鹏的行书"祖国盛开改革花，神州遍结开放果"，金志毅的行书自作诗《国庆献诗》，潘诚的行书自作诗《国庆三十五周年有感》，李忠邦的行书《龙腾虎跃》，徐世瑗的《庆祝国庆三十五周年有感》诗两首，陈伯蕃的国画《万古长青》和《一唱雄鸡天下白》，吴关金的行书"毋忘团结奋斗，致力振兴中华"，马飞熊的国画《寿星图》、篆书联《肝胆相照，荣辱与共》和隶书自作诗《国庆抒怀》，熊雄的词《忆秦娥·颂国庆三十五周年》，黄炳虹的国画《硕果累累》和《祖国万岁》等。

副县长张国华正站在那低矮的沙发茶几前，弓腰悬肘情真意切地用小篆写着"君子之交淡如水"横幅，款落"与政协委员共勉。张国华书于国庆三十五周年前夕"。张副县长在这么差的书写条件下创作了如此大气的小篆，使我大开眼界，心底里佩服他扎实的书法功力。

宣传部部长叶权义匆匆进来，一边笑着招呼我，一边从中山装口袋里掏出一张纸说："咏嘉，我写了一首《肝胆相照》诗，你帮我抄一下。"面对叶部长的兴奋和期望，我嘴里答应着，心里却害怕写不好。我创作的习惯是先构思再书写，要完成一件作品得花几天的时间，不熟悉的内容拿起来就写的本事是绝对没有的。我看了两遍他的诗，边裁纸边构思，围观的人越来越多，我只能大着胆子"抄"了起来。条幅写成，叶部长高兴地说："写得好，写得好，已经超过他父亲了！"我急得连连摇手："不敢，不敢，实不敢与先父相比。"说实在的，父亲的字静穆内敛我的太浮躁张扬，要学到父亲那层次可不容易。叶部长的话只不过是鼓励我增强学习书法的信心而已。

那边张谋善先生在兴致勃勃地撰写"旧中国万民贫瘠百户萧条，新社会三山崩溃四化方兴"四尺中堂，笔力遒健，气势雄浑，博得一片喝彩声。

这些会诗书画的委员大多是从旧社会过来的，他们更是情绪激动，热情高涨。大家通过诗书画的形式，用真情实感讴歌了新中国成立以来所取得的可喜成果，特别是十一届三中全会以来逐步展现的国之昌盛、民之富裕的美好前景，发出了积极投身于新时期社会主义建设的心声。

茶话会的引子——诗书画的交流和展示早已把与会者带入了回顾以往、展望未来的激情之中。

1984年，海盐政协第15期的《政协简讯》专题刊登了《庆祝中华人民共和国成立三十五周年书画选辑》，说是"选辑"，实际是茶话会上作品的全部。12月，海盐政协举办了嘉兴市政协书画研究委员会庆祝新中国成立三十五周年书画展览，七天内接待观众达1800余人次。这个展览是海盐最早引进的水平高、阵容大的书画展览，它对书画事业尚欠发达的海盐的确触动很大，引起了领导的重视，激发了书画爱好者学习和创作的热情，为书画艺术深入到广大群众之中起到了很好的宣传作用。

1985年5月，海盐政协一届三次会议上，金志毅、潘海鹏、潘诚、吴关金、马飞熊、熊雄，都写了贺诗，展示了会议"共商国事""群贤逞才"的盛况和表下了"争朝夕""再着鞭"的决心。惭愧的是，其时我正忙于做调离百货公司的移交工作，既没有诗作，也没有书作。

在政协的一些活动中，诗书画人才的作用得到了发挥，他们在改善人们的精神面貌，在爱国主义教育和社会主义精神文明建设方面起到了特殊的作用。

海盐政协书画组（会）的成立

为了充分发挥政协书画人才的作用，有利于书画活动的正常开展，1986年1月8日，海盐政协召开了书画筹备组会议。筹备组由金志毅、黄炳虹、马飞熊、吴关金、沈咏嘉五人组成。会议由政协副主席李忠邦主持。会议就成立政协书画组的宗旨、组织和活动形式、隶属关系等问题进行了探索性的讨论。讨论决定："书画组以宣扬社会主义精神文明，发扬传统，服务四化，鼓励创新，传播书法、绘画、篆刻知识，培养新人，交流信息为宗旨；邀请政协委员及各界人士、书画爱好者自愿参加；书画组隶属于政协常委会；筹备就绪后于第一季度适当时候召开成立大会。"

3月17日下午，"海盐政协书画组"成立大会在县政府第四会议室召开。会议由政协副主席李忠邦主持，县委书记赵宗英，政协主席王吉泰，副县长张国华，嘉兴市政协办公室副主任史念等领导出席并讲了话。出席会议的还有宣传部副部长俞戌生，文化局副局长徐彬华。会议规格之高至今尚未有过，可见领导重视之程度。书画组由副主席李忠邦分管（李忠邦调离后由副主席潘海鹏分管）。成员有：任小田、陈伯蕃、金志毅、潘海鹏、潘诚、郑铁年、冯士琏、吴关金、黄炳虹、马飞熊、沈咏嘉十一个委员，名誉组长任小田，组长黄炳虹，副组长马飞熊；外围人员有：殷祖光、封友道、周利坤三人。会场展出了组员和外围人员新创作的作品。第二天，政协书画组等一行十七人，在主席王吉泰带领下去桐乡石门、乌镇参观了丰子恺和茅盾故居。自此，书画组开始频繁活动。就这一年，举办了"海盐政协书画组作品展""艺苑幼苗"画展、"教师书画展"（与教育工会联合举办）、暑期青少年美术学习班（黄炳虹、马飞熊担任教师）、与嘉兴市政协书画研究会笔会交流、下乡横港等活动。书画组活动开展得红红火火，加强了与有关部门、单位的交流，增进了友谊，培养了书画接班人，扩大了政协的影响，可谓不辱使命。

值得记述的是，1987年1月15日，书画组组织部分成员在小栅桥堍自来水厂门市部举办写春联活动，金志毅老先生因身体情况不能久站而未能参加，他拖着病体把事前精心创作好的十多副春联送到了活动现场。这行动深深地感动了大家，他却认为只是"尽一点绵薄之力"而已。金志毅先生是一个为人正直低调而不喜张扬的老同志，他一贯尽心尽职热心于政协工作的精神深深地感动着我。

1987年5月，政协二届一次会议的组织机构共设置12个工作组，书画组为其中之一，组长黄炳虹，副组长马飞熊。书画组中的委员有：任小田、陈伯蕃、金志毅、潘海鹏、潘诚、黄炳虹、马飞熊、吴关金、殷祖光、沈咏嘉；非委员有封友道、周利坤、陈振荣、陈仲萱、管琳。五位非委员列席了全体会议，非委员列席全体会议这在海盐政协尚属首次，从一个侧面反映了政协把书画工作放到了一个重要的位置。1987年暑期青少年书画学习班，比去年增加了"书法"项目。陈伯蕃、黄炳虹、马飞熊任美术教师，殷祖光和沈咏嘉任书法教师。

1988年9月，"书画组"隶属于文化教育委员会，更名为"书画会"。1989年，书画会成员扩大邀请面，增加了林振汉、王平、任大政等。

政协的诗词委员由于没有专门的组织机构，都是散兵游勇。1989年9月21日，为庆祝全国政协成立四十周年，海盐政协组织了诗书画三个内容的展览，金志毅、张冬心、宋季安几位老先生都写了贺诗，诗词的参与使展览增色不少，内涵更为丰富。

1990年5月，海盐政协三届一次会议机构设置中，书画会不作为一个单独的委组，而隶属于文化委员会，由副主席俞戌生分管。会长沈咏嘉，副会长黄炳虹、马飞熊，增陈振荣为书画会会员。

书画组（会）的活动先后由政协副主席李忠邦、潘海鹏、俞戌生带班，一提高档子，二鼓舞士气。领导的重视和悉心指导，使书画组（会）的工作在继承的基础上不断地开拓和提高，活动开展得活泼多姿，作用更加明显，声誉广为传颂。

后阶段书画活动的特点是：

（一）交流活动增多，文化部门领导参与增多

如1990年9月20日和28日，书画会先后去海盐丝织厂与通元镇活动，除了参观和听取介绍外，还与当地书画业余爱好者进行交流，切磋技艺，气氛十分活跃。文化局领导张关华、李莲英、李良琛参加了这两次活动。在通元镇的活动中李良琛先生颇为兴奋，即席吟诗一首以颂其事：

九月天高秦溪清，农耕又报好年成。

皓月更添江山色，书画斗妍世人惊。

（二）提升展览品位

1991年春节期间，引进举办了平湖文化老人许白凤先生"亭桥词意百家书法展览"及其座谈会，把当代著名词人具有浙北地区浓郁乡土味的词以书法的艺术形式展示，使人们获得更多的精神享受。

（三）服务经济建设

1990年10月，在海盐县商交会上，会员的28件书画佳作作为县政府礼品赠送给参加商交会的外地来宾，既联络了感情，又推出了书画人才。1991年4月24日，慰问了正在扭亏转盈的海盐针织厂，听取介绍后，会员们即席挥毫泼墨，加上事前创作的作品共24件全部赠送给该厂，为该厂的发展勉励、鼓劲。

（四）褒扬先进长者

对为政协做出贡献的老委员（会员）用书画形式表彰他们的业绩，颂扬他们的精神。1991年4月20日，组织部分会员创作了书画作品，配合县老龄委去澉浦祝贺吴侠虎老人九十寿诞，颂扬他为保护地方传统文化和一贯扶

持贫弱、热衷于社会公益事业的精神。1992年5月7日，政协文史委、书画会联合举办座谈会，祝贺市政协委员、县政协常委、县政协文史委员会副主任金志毅先生七十寿诞。俞戌生副主席致祝词，他对金老长期关心支持政协工作，积极参加各项活动，尤其为《海盐文史资料》的编审、出版做出的贡献给予了很高的评价。与会者纷纷发言，十多位书画会员向金老赠送了作品。澉浦"九一"老人吴侠虎先生应邀出席并赠贺诗。金老非常激动，即席赋诗答谢。座谈会别开生面，气氛热烈。1993年1月，政协书画会、文联、工商联、博物馆联合举办了"陈伯蕃先生从艺五十周年画展"，对他为海盐书画事业所做出的成绩作了阶段性的总结。

（五）广交海内外朋友

多年来组织部分会员创作作品赠送我国港台同胞，美国、加拿大等海外侨胞及日本、韩国等友好城市。其中以马飞熊为最活跃，他每年送海外的书画少则十来件多则数十件，为加深相互了解增进友谊做出了贡献。1987年正月初一前夕，书画会员用两个月来创作的八十余副寓意深长的春联，附上贺信给每个台属送去了新春的祝福，留下了浓浓的乡情。1989年圣诞节，向武原镇耶稣堂教友赠送了一幅圣诞老人画，加强了与宗教的交流和沟通。

（六）活跃书画培训，旨在服务社会

暑期少儿书画培训班培训的项目增多：有书法、篆刻和美术三个方面。规模扩大：1990—1992年三期培训班共有学员985人（炎热人多电扇不够，我把家里的三台电扇带去补充），除了我，以外聘学校教师为主担任教员（书法教员：张拥军、夏海敏、钱建明、顾富荣、李林涛、徐守忠、汤建明；美术教员：封炎洲、姚拥民等）。时间跨度大，学习次数多：每期30—40天，每周三次，每次一个半小时（教师上下午各上三小时课），丰富了尚为贫乏的学生暑期生活。形式活跃：培训结束时召开家长代表会，听取意见，以利改进；举行学员作品展览，开展评奖活动（获奖比例占学员数的30%以上）；安排家长代表和学员代表在结业典礼上讲话，交流心得体会。经费专用：所收费用除支付外聘教员低额报酬和办公费用外，均用于学员的材料、用具、展览和奖品。培训班社会声誉甚佳。1993年暑期，学校普遍办起了书画等各类培训班。至此，海盐政协书画组（会）结束了书法培训的使命。

海盐政协诗书画之友社的成立

1993年4月，海盐政协四届一次会议共设立14个专门委员会，诗书画之友社是其中的一个。"海盐政协诗书画之友社"是嘉兴市第一家与省政协对口的组织。5月29日，四届政协第一次主席会议决定诗书画之友社由副主席许琳分管，副县级巡视员俞戍生指导。诗书画之友社主任沈咏嘉，副主任殷祖光、马飞熊。下设书画、摄影和诗词三个组，书画组长殷祖光、马飞熊，摄影组长林坚强，诗词组长沈咏嘉、顾问金志毅。成员还有：陈伯蕃、吴关金、黄炳虹、徐耀坤、陈家龙、陈振荣、管琳、许迪勤、封友道、周利坤、纪明珍、黄心培、高引生、王宏权、王平、任大政。

1993年8月5日，海盐政协诗书画之友社成立大会在广电局会议室召开。我主持了会议，马飞熊回顾了书画会几年来的工作。副主席许琳介绍了诗书画之友社的组织结构，就成立的必要性和重要性做了说明，对如何开展好工作做了指示。会议对副县级巡视员俞戍生介绍的诗书画之友社《活动规则》进行了讨论并做了修改。会议一致通过了聘请俞戍生为该社顾问的提议。顾问俞戍生对诗书画之友社今后工作的方向提出了意见：一是县政协诗书画之友社集诗、书、画于一体，既统一，又保持各自独立的地位和作用；二是诗书画之友社必须贯彻党的文艺工作路线和"双百"方针，弘扬民族文化，重视社会效益；三是发挥政协优势，丰富活动内容，通过以文会友，扩大联系面，促进县内外协作和海内外联谊，推动改革开放和社会主义现代化建设，为祖国统一大业服务；四是通过多种形式和渠道，提高艺术水平，陶冶情操，增强自豪感和自信心；五是扩大队伍，增强实力。会议对下一阶段的工作重点做了具体部署。

五年来，诗书画之友社积极开展各类活动，把诗书画工作推上了一个新的台阶。如：书画组举办各种书画展览十余次，下乡、下厂，去兄弟县市对口联系、参观、学习、交流，参加县政府牵头组织的书画家与中外合资企业的联谊活动，与县民政局联合向烈军属拜年、赠送春联，为政协积极分子马飞熊举办七十华诞茶话会等活动；摄影组配合县中心工作，为县政府在深圳的第二次招商会拍摄反映海盐投资环境的图片，完成海盐系列折页画册的拍摄工作，协助县侨联布置《香港——东方明珠》图片展览；诗词组于1993年向海盐籍以及在海盐工作过的人士发出《海盐诗歌》征稿函，收到诗词联句稿件近500篇，入编270余篇，其中有新老党政领导，有著名学者、诗人，也有普通的诗歌爱好者，诗书画之友社的社友积极创作义不容辞。1995年2月，出版了《海盐诗歌》，她是新中国成立以来又一本讴歌海盐的诗集。平湖著名词人许白凤收到诗歌征稿函后，来信要求参加海盐政协诗书画之友社，他说"平湖原为海盐界内，我也可算作海盐人"。诗书画之友社的成立是顺应历史潮流的，她的活动更为频繁，面更为广泛，影响更为扩大。

1996年3月，我因工作关系辞去了政协四届常委、委员职务。虽然我已不是诗书画之友社的一员，但只要有机会，我还是积极参加该社的活动。

1998年3月，我又回到了政协。海盐政协五届一次会议诗书画之友社没有列入委组组织机构之中。

1999年6月，海盐政协五届第十七次主席会议研究决定成立"海盐县政协诗书画之友社"。6月23日，召开成立大会。大会选举产生了理事会，选举了社长、副社长及秘书长。社友：沈咏嘉、管琳、赵慧忠、殷祖光、马飞熊、纪明珍、张二巍、许迪勤、陈伯蕃、黄炳虹、周利坤、封友道、林振汉、王平、朱序先、吴雄飞、黄心培、王留芳。理事：沈咏嘉、管琳、赵慧忠、殷祖光、马飞熊、纪明珍、张二巍、许迪勤。社长沈咏嘉，副社长管琳，秘书长赵慧忠。社友纷纷赋诗庆贺诗书画之友社的成立。其时，我被邀请为政协委员前后达十七年之久，出于对政协的感情，遂吟成一诗以贺："雨后柳丝带笑看，'知音'旧曲又重弹。吟诗作画非闲逸，富国强民不一般。"海盐旭日房产有限公司董事长郭茂强代表公司向新成立的诗书画之友社捐赠了人民币一万元。诗书画之友社成立后积极活动，力求创新。可喜的是，政协的每个领导都乐意参与诗书画活动，特别是去国税局活动的那次，非但政协领导，连机关工作人员全都参与了。领导的重视和支持加上社友的积极性所形成的合力，使政协诗书画的氛围达到了最佳状态，政协诗书画的特色作用正在逐步显现。这种情况在兄弟县（市）政协恐怕也不多见。现将稍有新意的记录如下。

2000年元旦的上午，与海盐国际大厦联袂举办"迎千禧龙年书画大赠送活动"（其时专家对"千禧"应是2000年还是2001年尚无定论，之后才定为2001年），组织社友上街向市民赠送书画春联，深受群众欢迎。社友们热情高涨，连续"战斗"四个多小时，连陈伯蕃、马飞熊和体弱有病的林振汉三位老先生也坚持不下"火线"。社友们"以群众之乐而乐"的精神深深地感动了我。《联谊报》及省、市、县电视台相继做了报道。为记其盛事，我撰写了《千禧献礼记》并制成金箔立牌。1月20日，在该社1999年度总结报告会上向参加"千禧"活动的社友赠送了立牌以作纪念。《千禧献礼记》全文如下：

岁在千禧龙年元旦，天朗气清，风和日丽，数日来之弥漫大雾竟宵遁殆尽，祥瑞吉日，千载一遇，乃吾辈之幸也。

是日，海盐县诗书画之友社举办千禧书画献礼活动，志在新世纪、新形势下弘扬中华优秀传统文化，实践毛泽东"古为今用，洋为中用"思想，力创时代气息之艺术作品，教化民众，兴邦强国。此举深受群众欢迎，求书画者攒拥如潮，盛况空前。诗家书画家即席撰联挥毫，兴浓笔顺，一发而不可收。所备近三百整纸悉数倾巢，边角零纸亦作了书画之依附而无一漏网者。自上午八时半始，至中午十二时半许纸尽方毕，始觉腰背酸痛，饥渴交攻。总计作品600余件，其中楹联390余副、书法50余件、国画160余件。参加者沈咏嘉、管琳、赵慧忠、马飞熊、张二巍、许迪勤、陈伯蕃、林振汉、封友道、黄炳虹、周利坤、朱序先、王平、吴雄飞、黄心培十五社友。

千禧献礼，适时得道，成绩不微，意义深远，开吾邑书画活动之先河，故为之文以志。

沈咏嘉拜撰

2000年1月1日

举办陈伯蕃先生八十华诞茶话会暨陈家骅先生绘画学术讲座，社友们以诗书画相赠，祝陈老健康长寿，艺术常青。我有诗贺云："耄耋犹然醉画图，青山修竹伴平湖。探梅把盏邀明月，更见清泉飞碧梧。"陈老长子，画家陈家骅先生作了美术创作学术报告，为海盐的美术工作者传递了信息，介绍了新的创作理念。八一建军节前夕，与县人武部联合举办"军民联谊赠书画活动"，增进了鱼水之情。赴临安市（现临安区）取经学习，参观正在建设中的白水涧风景区时，应景区之请，社友们即兴撰联赋诗，挥毫作书，十余件作品赠予景区作为装点之用，大受景区欢迎。为增强全民档案意识，配合"档案年"活动，社友们精心创作作品捐赠给县档案馆，在档案局举行"书画作品捐赠仪式"上，姚沈良副县长对此举的意义作了很高的评价，并希望大家都来重视档案工作。为推动全社会关心支持社区建设，发动部分社友创作十余幅书画作品装裱成镜框，赠送给武原镇广场街道河滨社区，促进了社区环境的优化。春节前，去秦山核电二期向中原、二二、二三、二四等核电建设公司慰问拜年，听取了核电二期建设情况介绍，然后为他们撰联作书作画，共计57件。以诗书画形式的慰问拜年活动丰富了核电建设部门干部职工的节日文化生活，加强了地方和核电部门的联系。出刊《诗书画通讯》三期，栏目有：诗词，书画，人物介绍，学人春秋，文论和信息窗等。除了刊登社友的论文、诗词书画作品和介绍社友的艺术生涯外，有相当篇幅精选了当代全国著名诗人观光海盐后留下的古体诗词和现代新诗、海盐古今部分著名书画家的作品和生平介绍，提升了刊物的品位和价值。嘉兴市委副书记毛雪龙和浙江省政协主席刘枫分别为第一期的《诗书画通讯》和第二、三期的《海盐政协诗书画通讯》刊名题了字。

《海盐诗歌》和《诗书画通讯》出刊后分别寄送：浙江省政协，嘉兴市政协，兄弟县（市）政协，在外地的海盐籍人士，作者，各乡镇，各部、委、局、办，各学校，武原镇各社区等，既宣传了海盐，又向社会提供了一份精神食粮。

刘枫主席与海盐政协诗书画之友社

2000年11月10日，浙江省政协主席刘枫来海盐调研考察，视察了海盐政协，去各办公室看望了政协机关工作人员。陪同的有时任嘉兴市政协主席徐良骥、秘书长方月清，时任中共海盐县委书记王海仁、县长武靓亮和县政协主席袁世和等。刘主席一行来到我的办公室，他认真地翻阅了我桌子上的《海盐诗歌》和《诗书画通讯》（第一期），询问了海盐政协诗书画的组织和活动情况，肯定了诗书画之友社的工作，鼓励我们要更好地利用诗书画扩大联谊广交朋友，并着重指出，政协的诗书画工作做得要比其他部门性质相近的工作更灵活、更具特色。他又看了我贴在橱门上的一幅字，这是我去年6月撰写的"读书务必明规矩，做事无非给人看"联句，贴了以后又觉得"规矩"二字不妥，便在旁边用圆珠笔写了"道理"以改之。刘主席问我："下联什么意思？"我说："下联的意思是，我们每做一件事都要符合上联的要求，能心安理得经得起推敲，正大光明地让人评论。只是'看'这个仄声字，一下子没有平声字可换。"刘主席说："'看'字倒可换，只是'无非'二字容易造成误解，从境界上看似乎太无所谓了一点。"其他几位领导也围绕这个

扇面

议题纷纷发表各自见解，气氛热烈，有一点是统一的，都认为不能接受下联的写法，我也感到下联表意不清："我的本意是把联句写得既大气，又轻松、洒脱，苦于找不到合适的词语。"最后徐良骥主席把"给人看"改成了"让人评"，他说："'评'比'看'来得慎重，对'无非'二字多少有些弥补。"（事后，武靓亮县长把联句改成了"读书无非明世理，做事有情任人评"，突出"情"字，另有所托）没想到从谈诗书画工作，到楹联境界的讨论，使本来只需看望一下的时间竟拉长到二十几分钟。离开政协时，刘主席紧握着我的手笑着说："下联你还得好好推敲推敲噢！"非常汗颜，我努力"推敲"过，但总限于水平，时隔九年后的今天还未"推敲"出个什么来，实有负刘主席之厚望！刘枫主席平易近人的作风给我们留下了深刻的印象。2002年12月3日，我以海盐政协的名义写信给刘枫主席，请他为即将出刊的《海盐政协诗书画通讯》题字。几天后，收到刘主席的回信，里面有两幅字，一幅是横的，一幅是竖的，任我们选用。《通讯》（第二、三期）出刊后，我们给刘枫主席寄去了三册留作纪念，真诚地感谢他对基层政协的关心和支持。

2003年4月，我退休了。2008年11月17日，海盐县政协成立了书画联谊会，我被聘为顾问。

回顾海盐政协诗书画活动的二十年，是不断探索、不断提高的二十年；是不断实践"如何把我们和别人共有的事情干得更能体现政协的特点和优势"思想的二十年；也是我受教育、受锻炼的二十年。二十年来，政协通过诗书画的活动，为海盐的经济建设、文化建设和祖国的统一做出了积极的贡献。

文就，词成《江城子·全国政协成立六十周年志贺》一首：

晓来端午送清风。日升东。稿竣工。行间字里,透出乐融融。书画诗词歌盛世。箫鼓奏,国旗红。华灯高挂酒千盅。喜和衷。意无穷。风尘六十,巨绩震苍穹。科学振兴图发展,情不断,贯长虹。

2009年5月28日于以风当歌斋

原载于《海盐文史》,2009年第2期,海盐县政协文教卫体与文史委员会编

中国人民解放军二十七军七十九师驻防海盐小记

——李文宽①先生逝世四周年纪念

2004年11月26日，我去杭州拜访时住浙江省军区第四干休所的李文宽先生。到了东新路，拐七拐八，还是没找到老李家，只能再次动用现代化的通信工具——手机。老李问了我们现在的位置，告知了行走路线以后就出来接应我们。兜来兜去，左顾右盼，又捉了二十来分钟的迷藏，才发现前面马路左边人行道上一位身穿红色上衣拄着拐杖的白胡子老者，边走边张望着。啊，多年不见，文宽先生老了许多！我示意驾驶员赶紧刹车，车子还未停稳我就推开车门直奔过去。

"哎哟，老李，让你累着了！"我握住他的手抱歉地说。

老李喘着气笃了笃拐杖，哈哈笑了起来："嘿！地形复杂，是我讲得太简单了！"

尽管他患肠癌多年身体已不如以前那么矫健，但声音仍然这么爽朗洪

---

① 李文宽（1925年1月—2007年6月），山东乳山市人。著名书法家。1944年考入胶东公学，同年参加八路军，翌年加入中国共产党。1950年参加抗美援朝。1955年就读于解放军测绘学院。1969年转业。历任测绘员、侦察参谋、作战参谋、测绘主任、人武部部长、安庆电信局党委书记等职。1945年曾受延安"鲁迅艺术学校"美术老师的指导学习绘画。离休后从事书法的专业创作和教育。为中国书法家协会会员、浙江省书协常务理事、浙江书协书法教育委员会副主任。

亮，正如他喜欢在书法作品上钤的一方"军人"闲章一样，长期的部队生涯铸就了他的军人性格！

老李把我们让进宽敞的书房，在大画桌旁坐定，寒暄过后话题很快转到海盐。他说："1949年解放上海以后，我所在的中国人民解放军27军79师驻防青浦，十七八月份有准备攻打台湾的计划，便调防到海盐、平湖进行海上训练。训练项目是开机帆船和学游泳，训练地点设在乍浦和澉浦，两地都有驻军。海军原政委、中将魏金山那时和我都在79师当作战训练参谋，师部机关驻扎海盐武原，235团分散在武原镇的近郊，前国防部长迟浩田在235团某连当指导员。236团和237团分别驻乍浦和澉浦，我也因此而经常去两地检查。

1950年上半年，我在平湖参加了一个多月的'新中国知识'学习，住在莫氏庄园。当学到政策方面的问题时，部队里有许多人想不通，认为早革命不如晚革命，晚革命不如反革命——指有些国民党的高级官员都到政协当大官么了。对我们共产党的统一战线政策有些不理解……

1950年6月，朝鲜战争爆发。数月后，美国海军第七舰队入侵台湾海峡，迫使我们中止攻打台湾的渡海战役计划，按当时的条件我们的确无法与它抗衡。海上训练了一年多的27军将士纷纷报名参加志愿军。10月，我们从海盐到嘉兴，上火车去了安东，往上游走到水浅处涉水过鸭绿江。过江的时间是在10月底到11月初。

我们师部驻扎的地方，是过了小石拱桥河边的一户人家，两层楼房，房子很大，有几进，天井里有树有井。里面住的是一个老婆婆，当时五十来岁。她有两个儿子喜欢打篮球，一个小女儿约十四岁，正在上初中，这段时间经常跟我学画画。家里还有十八九岁的丫鬟，上海有他们的亲戚。

……海塘边有一部大梯子可爬到海里，我们经常到海塘去玩。"老李感慨地说："尽管海盐被日寇破坏很大，但仍不失为一座美丽的江南古城，远处山峦起伏，云雾缭绕，可惜无暇游览……"

旧情重叙，无意间又获得了一些较为珍贵的史料。

与老李相识，缘于1997年的一次接待活动，经介绍才知道他原来就是我省著名书法家李文宽先生！闲聊中说起新中国成立初他曾随军驻防海盐的这件事，敏感的我毫不客气地请他把点滴回忆用书法形式记录下来，赠送给海盐县博物馆，既有历史价值又有艺术价值，老李欣然应允。一周后，我收到了他寄来的两件作品，给博物馆的一件是隶书《七律·到海盐》中堂，给我的一件是行草古诗中堂。《七律·到海盐》诗云：

武原四十八年前，解放台湾学驾船。

凶残美帝占宝岛，国策英明又重编。

战火烧至安东界，我军受命赴朝鲜。

一别故地半世纪，喜睹今朝换新天。

前有长跋："华东烽火尚未熄，解放台湾追残敌。华野二十七军由上海调往海盐至平湖一带海岸线，行渡海作战之训练。余当时任七十九师之作战参谋，因训练繁忙，无暇细览武原风光，然而依山傍水，小河穿镇而过，拱桥处处，两岸粉壁瓦舍俱为清末建筑模式，可谓小桥流水人家，一派江南风韵。正值党政军民设想美好未来之时，美帝占领祖国之台湾岛，同时发动罪恶之侵朝战争。我27军全体将士义愤填膺，纷纷报名参加志愿军，于1950年冬，受命从武原镇开拔直奔东北，假道安东达吉林省，涉鸭绿江浅水段入朝鲜，立即与美军交火。至此算来余到武原近半世纪矣！而今又来武原，虽旧貌变新颜，却勾起年轻时代与海盐父老乡亲之鱼水情怀，激动之下吟拙作以志念昔日短暂之历史耳。一九九七年十一月，八十开二庚老战士李文宽自叙。"（老李时年七十二，何谓八十开二？他释：从七十向八十开进了两岁，故云。其诙谐幽默可窥一斑。）款落："丁丑冬，海盐县政府雅嘱，海盐县博物馆惠存，李文宽书。"

今年5月下旬，在县老干部局组织的浦江、诸暨观光活动中我与县人武部原政委阚家礼谈及此事，引起了他的兴趣。他告诉我，最近出版的《海盐县军事志》（以下简称《军事志》）"大事记"和第三篇"军事组织"的第二章"驻军"中有27军和27军79师237团驻防海盐的记载，遗憾的是修志时没能征集到79师235团驻防海盐的资料，更没有再详细的片纸只字。回家查阅《军事志》，果真不错，我折服老阚的惊人记忆，无愧乎《军事志》主编！

《军事志》"大事记"载，1949年"11月，解放军27军参加上海战役后进驻浙江，在平湖、海盐、乍浦、金山卫一带驻防"。根据老李的回忆，其时27军进驻海盐、乍浦的应该是79师的235、237和236团，比"大事记"更详细。"驻军"章载："1950年……同年7月至12月，27军79师237团驻县城及长川坝、通元一带。"这与老李的回忆有一些出入，老李回忆的是27军79师同时有两个团驻防海盐和一个团驻防乍浦，在海上训练的时间是"一年多"，但《军事志》说的只有237一个团驻海盐，而且只驻了1950年的7月至12月的半年。

至于237团驻在"澉浦"还是"县城及长川坝、通元一带",我认为,从便于海训和符合备战要求的地理位置而言235团驻在"县城武原",237团驻在"澉浦、长川坝、通元交界一带"比较合理,当然,最终还得以当时的史料为准。

老李的回忆不仅填补和基本佐证了79师在海盐的这段历史,而且提供了一些具体的细节,更显现了后为海军政委、中将魏金山以及后任国防部长的迟浩田曾随部队驻防海盐的史实。

倘若那个当年跟老李学画画的14岁的小姑娘能看到这篇文章的话,必定会追忆出许多79师的故事来。

去年9月2日傍晚,我突然想到要与老李通个电话,然而得到的竟是他已于三年前与世长辞消息!李夫人告诉我,2007年6月4日18点02分,老李因癌症转移医治无效而逝世于杭州117医院。李大人的声音低沉哀戚,显然她还未走出失去老李而悲楚的阴影。记得2006年初,省政协《联谊报》在"省书协艺委会成立大会暨迎春笔会小记"的报道中刊登了"著名书法家李文宽即兴挥毫"的彩色照片,照片上的老李还精神地站在画桌旁腰板笔挺悬臂而书,谁能想到一年后的他会离我们而去呢!

文宽先生虽然走了,但他给海盐留下了一段驻防历史记载,给我们留下了一段书法艺术情怀。在老李逝世四周年之际,拾此短文,以作纪念。

2011年9月于以风当歌斋

附　中国人民解放军27军79师师部驻地考

根据李文宽先生回忆79师师部驻扎的一些情况做如下调查、分析,时间定格在新中国成立初期:

据我所知,新中国成立初期武原镇(现武原街道)上有三座小石拱桥,一是架于天宁寺西与寺弄之间溪沟之上一座很小的不知名的石拱桥;二是架于西城门外西大街市河的"叶家桥";三是架于城内市河的"大虹桥"。前者桥非常小,桥下溪沟亦小而不成之为河,附近也没有大宅。叶家桥与我家"九九文具社"相距约50米,很近,都在武原镇六村辖区内,凡附近有解放军驻扎的地方我们小孩都会去玩。我家对面就驻了一两个排的解放军,又养了十来匹马。叶家桥南北虽都有大宅,然并无解放军驻在里边。大虹桥与西北边的冯家花园老宅仅一街之隔,与文宽先生回忆的情况有些相像,然而,如果师部驻在这里，而且要驻一年多，文宽先生怎么一句也没有提到宅后的绮园呢？其次，与79师驻防武原在时间上交叉的208团团部，倒是驻扎在冯家老宅的（据高明侯先生生前回忆）。故都应排除。

为此，我先后走访了王德坚（79岁，原《海盐县志》主编）、徐肇本（92岁，武原镇人，中共地下党员，与"梅园里徐家""仓滩上徐家"亲戚）、封友道（79岁，海盐县防疫站干部）、马觉新（68岁，老宅在"梅园里徐家"的最北边，北临虎尾浜，乃其父马维骅向"梅园里徐家"购得）和叶玲葛（71岁，新中国成立前后租住在"梅园里徐家"）。走访情况综合如下：

武原镇上还有一座小石拱桥，即架于虎尾浜上的"乐善桥"。新中国成立初，虎尾浜那个地方曾有驻扎过解放军师部的传闻。"乐善桥"附近的大宅有南块东侧的"梅园里徐家"，以及北块东边再远一点的"仓滩上徐家"。

虎尾浜北通广福桥西侧市河，较市河略窄。其走向自市河起，南向折东，途经西南河滩，再转往南，出南城门东侧的水门汇入护城河。从市河流经虎尾浜的第一座桥是东西向的平板石桥，俗称"乌龟桥"，或叫"仓桥"，第二座桥就是南北向的"乐善桥"。"乐善桥"往东有一座通往海盐中学（张元济老宅）的小木桥，海盐中学在小木桥的东南边。市河与虎尾浜之间，东至小木桥不到一点的地方是清代时期的粮仓和晒粮之场地，故周近有"仓滩"之称，后，小木桥西侧的一部分辟为体育场。

"仓滩上徐家"就在海盐中学的河北，其建筑坐北面南，仅一进，过门前小路有一座通向河滩的大石渡。1949—1950年驻在那里的是解放军的一个特务连，它的任务主要是负责处理部队反叛事件，所以这里并非79师师部驻扎之地。

海盐中学是"梅园里徐家"的东邻。"梅园里徐家"坐北面南，建于清后期，初建时有较大规模梅园，故名。以后，部分住宅除了被侵华日军所毁和转让他人外，至新中国成立初，徐氏后代仅两房还留有房产。其时两房建筑仍连为一体。

南边一房是"一字形"横开的三进建筑。进墙门依次是大天井和大厅，厅内两旁分别有东、西厢房。天井的东西墙均设一门，西门为外门，是长方门樘的单开门，通梅园弄；东门为沟通楼房的内门，是月洞门。紧贴大厅东侧是第一栋楼房，再东侧是第二栋楼房。两栋楼前均有一个不大的天井，天井内有井有树，两天井间有门相通。除族人徐开林住用大厅西厢房中的一间外，其余房子在新中国成立前就已租掉。新中国成立后，梅园居委会曾设于此，后又改建为武原镇环卫站，现在的位置是县慈善总会所在的那一带。

南边一房大厅的北边就是徐家另外一房的大园子。园东南处有井，园内植有梅树和枇杷树等等，东西园墙均设有一门以通外。园北正中是砖雕门斗的墙门，进门是天井。天井两旁是带楼的东西厢房，天井北又是大厅。厅有楼，止厅内两旁是房间，楼上楼下布局相同，厅楼与东西厢楼相通，似走马堂楼。厅后又是天井，天井偏西有井。该房均为自用房，没几个人住，其亲属大多在上海。空房很多，新中国成立初有解放军驻扎于此。这里除了徐家有哪几个人住已不得而知外，其他均与文宽先生回忆的79师师部驻扎的那些情况相近，应该是传闻中的"虎尾浜有解放军师部驻扎"的落脚点。该房在20世纪60年代中期为县防疫站所用，后被征用拆建为县人民医院宿舍和专家门诊楼。

至此，可以确定，中国人民解放军27军79师师部驻扎在乐善桥东南的"悔园里徐家"的北边一家，即现在的县人民医院宿舍和专家门诊楼一带。

原载于《海盐文史》，2011年第2期，海盐县政协文教卫体与文史委员会编

万竹破青云　双湖留晚景

——万云先生印象

　　"老万"，这是万云先生在任常委副县长和县政府顾问（正县级）时我们对他的称呼，一直延续到今天。这称呼体现一种尊重，一种亲切。

　　"率真"，不做假动作是老万性格所致。

海盐县文萃苑万云寓所陈从周《万竹破青云》立轴前
左起：沈咏嘉、万云

　　最早跟我提到老万的是我的父亲。1961年我高中毕业，正值海宁、海盐分县，我随父母从硖石迁回武原。每每在临时工作结束闲居家中"匍豆芽"的那段时间，除了看书、写字、打拳外就是玩玩民族乐器。一日，父亲下乡回来对我说："万云说你经常跟王某在一起影响不好。"王某长我四五岁，他对民族器乐有着一种特别的超乎寻常的悟性。那时我正跟他学弹月琴，只是人际交往非常注重家庭的年代，从未谋面的老万能有此忠告足见其为人之真诚，我当时的感受是

"未见其人，已知其心"。

1963年7月海盐县文物管理委员会建立，我父亲是副主任委员主持全面工作，老万和任小田等都是委员，陶维安是具体工作人员。自此，老万与文物结下了不解之缘。父亲对老万那爽直纯真的性格和咬住青山不放松的工作激情赞美有加。老万曾和我父亲、郭竹林、任小田、陶维安等征集了大量古书画以及全国当代名家的一些书画，其中地方文物《倚晴楼手卷》也是那时征集到的。当时文管会把这些新征集到的书画与明清的传世文物一起举办了一个大型的展览，展览在市民中引起了轰动，参观者甚众，数周不衰，为全民重视文物、保护文物起到了很好的宣传、教育作用。

1984年，政府机构改革后，54岁的老万退下来担任了县政府顾问。老万是不甘寂寞的人，他直言不讳地向组织提出，自己还年轻，还可以做一些领导班子里顾不来的拾遗补阙的工作。组织上采纳了他的意见，研究决定让他抓"绿化、开发南北湖、修编县志"这三方面工作。县绿化委员会保留了老万专职副主任职务，县里又先后成立了南北湖开发领导小组和县志编纂小组，都由老万担任组长。这些工作老万以前都管过或顾问过，既熟悉，感情也深。为做好这三项工作，老万倾注了全身心的精力。

1991年初的一天，我碰到县人大常委会主任李忠邦。他高兴地告诉我一个好消息：海盐被林业部和全国绿化委员会评为全国平原绿化先进单位，而且是我们省第一个平原绿化达标县，万云也被评为全国绿化劳动模范！这是第一时间的新闻，我那兴奋之情溢于言表。分县后，我随父母回到海盐被安排在农业局宿舍居住。李忠邦是农业局干部，开始时住在我家天井的斜对面，后来搬到了我们的楼上，和我们做了一二十年的邻居，交往甚为密切。他把这个消息告诉我，是让我分享我们县里的成果和荣耀。因此，我对已退下来多年的老万如此执着地对待事业的这种精神，崇敬之心油然而生。

南北湖的保护经历了一个渐进的过程。1982年，在大力发展生产的思想指导下，一个"废弃南北湖，兴办湖羊场基地"的设想摆到了县委常委会的会议桌上，会议就南北湖的兴废问题进行了讨论。会上争论激烈，老万力挺保护。尽管当时的领导在保护文物、发展旅游方面的观念还很淡薄，但经过利弊得失的讨论，大家认识到南北湖水系（枯水期，澉浦上湖几万亩农田靠的就是南北湖的水）的重要性和南北湖丰富的文化内涵、人文景观的独特性，认识到南北湖的命运不该是"废"而是"兴"，从而推翻了办湖羊场的设想，为南北湖的保护和建设迈出了可喜的一步。

为实施退田还湖、退塘还湖政策，老万四处奔走呼吁，最后用几十万斤供销粮把南北湖原来围湖造田的土地赎了回来；老万还带着人马勤跑省农业厅反映，终于争取到七万元经费，加上县财政再拨了一点，把围湖改造的鱼塘也赎了回来；当年种满桃树的白鹭洲也是由于老万的坚持才赎买出来的，大概1986年初春，为下一步建设方案的讨论提供依据，在老万指示下，鲍翔麟和我曾对白鹭洲做过较为详细调查；在恢复谈仙石城的建设中老万曾约鲍翔麟和我去工地观看，并征求城内设施布局方案的调整意见；20世纪80年代初，云岫庵面临着被拆的危险，又是老万设法把它公布为县级文保单位，先保护起来，接着拨款维修、不断充实文化内涵，数年后走上了自我发展的良好道路；等等。后来，这些都成了南北湖的主要景点。

1996年，我调政府工作的那年11月初，我向已离休在家的老万征求文化建设的意见。老万说："在烈士纪念碑的荆山下可建新四军北撤澉浦之战纪念馆，一可展示图片实物，二可给瞻仰纪念碑的人们有个挡风避雨的休息之地……先建立筹备小组。请谭启龙题字，请陆辛耕协助与当时的新四军联络，向散在全国各地的新四军将士征集书画、诗词、回忆文章和当时的实物。使纪念馆和纪念碑成为一组爱国主义教育基地。"这是老万略加思索脱口而出的话，可见离休多年的他平日里对家乡海盐的发展仍在不断地关心和思考。我听了觉得这个建议很好，就立即调研，后向孙志顺县长做了汇报，孙县长认为这是一桩花小钱办大事的大好事。当月20日的县长办公会议上，孙县长把"新四军北撤澉浦之战纪念馆"作为明年精神文明建设文化年要办的一项工作提了出来。接着，政府成立了筹备小组。虽然这个项目由于种种原因而中途夭折，但两年后，由于政协张国华副主席的竭力游说促动，得到了县委副书记兼政协主席袁世和的重视和支持。在政府和政协的联合操作下，择地南木山修复了"新四军海北支队驻地旧址"，起到了异曲同工的效果，总算画上了一个圆满的句号，也实现了老万多年的夙愿。

20世纪80年代后期，老万曾跟鲍翔麟和我提起过要在朱念英《海盐画史》的基础上编一本《海盐书画家传记名录》（以下简称《名录》）。《名录》附代表作，格式新颖，图文并茂，跨度下限到当代，后限于精力未能启动。六年前，我在整理父亲遗物时曾发现一些海盐明清藏画作者的简介稿子，其中大多都是海盐籍书画家，我顿然记起老万曾欲编写《名录》的这件事。我向老万建议，把这些稿子和《海盐画史》作基础，再从史料中拣选、充实作为古代部分，加上征集近现代书画家的资料后便可着手编写了。老万说他手头也有一些实物资料，愿意和我一起搞。我先去博物馆借阅《海盐画史》，未果。后得知县志办有此书，便与王健飞联系获复印件一份，又查了俞建华的《中国美术家人名辞典》中的历代海盐籍书画家资料，最后，在收录当代书画家中间碰到了困难。自改革开放后，人的精神面貌为之一新，百业渐兴，海盐的书画艺术也不例外，爱好者逐年增多，水平不断提高，机关、学校、家庭以及公共场所几乎都有当地书画家的作品展示，为人们提供了丰富的精神食粮。粗略估计有一二百人。这一二百人总不能全部收进"名录"吧，如何遴选是一大难题。如以参加某级协会为杠，协会内水平并不相当的也有，协会外水平高的也不少，特别是民国到新中国成立这一段时期没有参加协会的很多，等等。老万也觉得事情虽小却工程浩大不易把握。就这样，《海盐书画家传记名录》只能以流产告终。老万认为事无结果不必计较，曾经努力，有个过程，留点悬念给后人，办非坏事！

老万是任小田先生的入室弟子。其篆刻上承浙派传统，下融时代气息，中寄胸间情怀，质朴凝重，风格强烈，作品多次发表于《江南游报》《上海经济信息报》《嘉兴日报》《海盐日报》等多种报刊。其书法放浪率意，不落窠臼，风格独特，绝无谄媚之姿，曾为"海盐县博物馆"馆名、"云岫庵火花艺术展览""历代货币展览""林振汉、封友道、周利坤、沈咏嘉书画联展"等题字。他于艺术仅求索继承传统、发扬光大、陶冶情操、提高修养而已，不计名，无功利，不以参加何种协会为目的，具备着古代文人那种清雅脱俗的风骨。

20世纪90年代初的一个书画展览上，老万的一幅"人贵率真"四字小斗方深深地吸引着我。从艺术表现上看，干湿相间，枯荣成韵，虽中锋用笔，转多折少，然凝重中栖寓生动，遒劲中可见洒脱；从内容上看，虽区区四字，却透露出我中华传统哲学思想的气息，形式与内容都熔铸了他直爽的性格与人生的追求，堪称精品。我与老万的这种追求有共鸣，尽管我达不到他敢言的那种程度，但我还是默默地努力提高自己这方面的修养。撤展后，老万满足了我的要求，把它送给了我。从此，"率真"也成了我的座右铭。

"种刺"，不怕得罪人是老万责任所趋。

1992年5月，在我和林振汉、封友道、周利坤的四人书画联展上，当老万看到林振汉的一幅画的时候，连连称赞："画得好，画得好！"这幅画画的是一个满身带刺的仙人球上绽开了一朵洁白洁白的花，款题"刺多花白"。老万感慨地说："艺术的高下最终在于立意的高下。这画的立意很高，好画，好画！"看完画展，老万请我向老林转达他求索这幅墨宝的意见。展出结束收画的那天，我向老林说了这件事，老林想了一下笑着说："这幅画我自己也很喜欢，不过，它总得有个最好的归宿。既然老万通灵于它，那就送给他吧，这也与老万的为人相吻合。"老林把画卷好，另附一纸写了"识者所赏，忍痛割爱"两句话让我交给老万。老万得之如获至宝，爱不释手，赞叹不已，请我向老林致以"忍痛割爱"的谢意！

20世纪80年代初，南北湖搞规划时，邀请了陈从周先生来主持指导规划的设计，就在那时老万认识了陈老。陈老把"山有层次，水有曲折，海有奇景，集雄伟与雅秀于一处"的南北湖推崇备至，极端重视南北湖自然景观的生态保护。在发展队办企业形势下，一种毁林开山的风气迅速蔓延。适值老万正抓绿化工作之时，他苦口婆心地劝导农民，"靠山吃山"不能把"山"吃掉，应该以发展经济林为上策，只有"造好林，养好山，才能为后代'靠山吃山'打好底子"。部分农民被说服了，一些青山得到了保护。尽管如此，但南北湖周围十只石矿的隆隆炮声仍不绝于耳。陈老对直接危及南北湖的七只石矿，特别是葫芦山、飑山、南山、凤凰山、荆山石矿提出了停产的建议。要让已经运作多年的石矿停下来，必然会涉及经济补偿等许多政策性的问题，那时的县财政的确非常困难，县里下不了这个决心。作为直接领导的老万，他唯一的办法是通过陈老进行呼吁，这是否会得罪领导，他就不去考虑了。于是，陈老就南北湖风景区开山等问题向江泽民同志呈书反映。江泽民同志十分重视，阅后把信转给了省政府，葛洪升省长批示要海盐县委、县政府加以纠正。县委、县政府立即做了专门的讨论研究，克服财政的困难，咬咬牙，决定对影响南北湖风景区的所有石矿，做出限期1—2年关停、转产的规划，对关停的石矿采取了财政拨款补助和妥善安排好职工的措施。如此，南北湖风景区才免遭破坏。

1989年春的一天上午，老万来电急匆匆要找鲍翔麟。当他知道老鲍去了云岫庵时，情绪激动地问我："文保单位绮园的冯宅围墙被拆了你知道吗？"我说不知道。他语气很重地说："你，马上去把冯宅围墙被拆的现状拍下来，印三套给我，我要向县委反映这种破坏文物的行为！"对破坏文物的事谁也不敢怠慢，更不用说我们文物工作者了。我跳上自行车迅速从天宁寺出来，去小栅桥堍的照相馆租了一架120相机直奔绮园。那时绮园属武原镇政府管辖。我找到绮园的负责人问了情况，他说："是县里出面同意破墙开店的，我们也没有办法。"我请他陪我到现场拍几张照，他苦笑着说："我不便露面，你一个人去吧。"我到现场仔细地看了一下，三乐堂前面天井的西墙基本上都拆倒了。我里外前后各个角度拍下了八张照片，在照相馆立等冲印五套，三套立即给老万送去，一套博物馆留底，一套放在手头，备老万急用。没几天，被拆下的砖块又重新砌上，围墙恢复了原貌。

在一次保护耕地的会议上，老万慷慨陈词，建议对拒不执行县政府决定还在破坏耕地取土办窑厂的公社，撤销其党委书记的职务，以示处罚，绝不姑息！"刺多花白"于此可见一斑。

对老万的这种性格，陈从周先生非常赏识，视为知音。1987年春节刚过，为南北湖建设的事陈老急急赶来商讨。一日午餐毕，陈老兴之所至，命我裁纸研墨为我们作书作画。记得那天老万并不在场，除了老鲍外还有几个人在。只见陈老把四尺横对开的宣纸横置于桌，蘸墨点水，转杆添锋，卧笔横拉，顿挫之下，竹枝二三，跃然纸上，浓淡得当，干枯自然，气遒力健；继而撇上片片翠叶，疏密有致，宾主分明，清新开朗，气韵生动，一幅墨竹图顷刻挥就。陈老又把宣纸轮过竖放，提笔书款："万竹破青云，双湖留晚景。万云我公教正。丁卯新春于西涧草堂。陈从周。"嵌"万云"二字之文字游戏和其深邃含义的融合，可以体现陈老的博学；"破""留"二字点出了老万晚年致力于南北湖的保护和建设的"刺"和"情""万云我公"四字，更传递了陈老诸多欣赏的信息！难怪他开笔第一幅就想到了老万。

我与张冬心先生的关系较为复杂，在学问上我是他的学生，在交往上我又是他的朋友。1992年春，老万离休，冬心先生让我转交给他一件书法作品。那是冬心先生赠予老万的一首诗："从政清廉桑梓福，为人正直庶民欢。离休此日似嫌早，百里黎元要好官。"款落："时惟壬申之春，吾县又一次欢送老干部离休会议在电视台播放，观后为赋一绝，以当向吾县顾问万云同志致

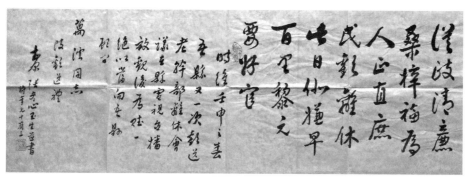

张冬心《百里黎元要好官》行书横幅

欢送礼。武原张冬心玉生并书。时年七十有三。"冬心先生为我县著名文人，书画琴棋无所不善，谙通古文，尤精诗词，无嗣而孤，生活清贫，蒙冤屈居社会之底层，徒有满腹经纶极少有人问津，幸得老万赏识敬奉如宾，才得以用自己的才华为家乡的精神文明建设添上一砖半瓦。冬心先生的这首诗发出了黎民百姓对老万人品敬佩的心声。

给人以刺的好官和给人以花的庸官，两者之间我是选择前者的。

2012年7月于武原天鸿桥头

原载于《海盐人物》，2012年第2期，海盐县文联名人文化研究会主办

"城中"记事

虚龄五岁的那年，母亲把我送到杨家弄口的海盐县立城区第一中心小学（俗称城中小学）的幼稚班读书。过去了六十五个年头的今天，早已更名为"向阳"的城中小学竟经历了百年的风雨，光阴流逝得如此之快只有人到老年方有感慨。儿时常听老师教导"寸金难买寸光阴"，道理明了，感受空白，时至今日才会叹息不识愁滋味的少年时期所放任掉的"光阴"。然而，这段纯真的岁月中曾留驻过一些令人难忘的人和事。

"城中小学"的校徽形制是倒等腰三角形的，蓝底白字，"城中"二字按传统写法自右至左排列，"小学"二字竖列于下。1949年春的一个夜晚，解放上海的部队经过海盐，其中一个班歇息在我家，一战士见到我胸前"城中小学"的校徽，故意把"城中"二字按新的书写顺序念成"中城"，由此还赞我是"忠臣"呢！

六十余年前的冬天比现在的冬天要冷得多，我们在教室里脚趾冻得发麻，跺脚的声音此起彼伏。下课的钟声响了，大家"轰"地冲出教室奔向天井，或在仅有的一点阳光下"匍（晒）热旺（太阳）"，或到墙边"扛（挤）屙（阴平，屎）尖头"——两人或多人靠墙相挤以取暖。

还在三年级的时候，朱校老师是我们班的少先队辅导员。暑假里，班里的少先队员按居住区域分了几个小组。我是小组长，每个星期都要到朱校老师家拿队报去分送。有一段时间我玩得昏咚咚竟拉下了几个星期，等到去拿的时候已是厚厚的一叠。幸好朱老师没批评我，同学们也没埋怨我。

大概在我四年级的那年9月底，学校扎牌楼庆国庆，有十多位同学被派去西边二里外的木材行扛木头。大多是两个人扛一根，我好胜，一个人扛了一根。开始还很轻松，可走了不到一半路就腰酸肩疼越走越重，中途歇了好几次才躬着腰背上气不接下气地扛到了学校。尽管如此，但我还是为自己能扛一根木头而自豪！若干年以后才知道那时我扛的仅是一根木梢而已。

学校经常举办文娱活动。念幼稚班的时候我参加过小舞蹈《拔萝卜》表演，我演老头子，彭静芬演老太婆，倪惠玉演小花猫。到了二三年级，班里排《牧羊女》节目，老师要我扮演羊的角色，不知什么原因我躲在门角落里任凭老师怎么动员就是不愿演，后来徐延庆同学自告奋勇顶演这个角色才给我解了围。五六年级的时候，在徐延庆的影响下我们班里掀起了一股自制笛子风，一位近郊的女同学砍来了许多芦竹分给我们，大家用剪刀尖在上面捻钻吹气孔和出音孔，再把卷得结结实实的纸塞在吹气孔的那头，笛子就制成了。文娱演出了，我们十多位同学就用这自制的笛子在新校舍的操场上为大家演奏了几首合奏曲，虽然音不准，但这种精神博得了阵阵掌声。是小学的笛子把我引向民乐的爱好之路。

学校体育设施匮乏，楼厅后面一间破旧的房子里放的是学校仅有的一张乒乓桌，为了抢桌子我和同学往往吃了中饭就赶去了。一天，两位老师早就占了球桌，扣杀正猛的时候"扑"的一声，乒乓球弹不起来了。一位有腿疾的老师用乒乓板把球"啪啪"两下敲敲破丢在小箱子里，换一个再打……没多长时间就敲破了十多个球。我们看得好生奇怪，忍不住问个为什么。那有腿疾的老师说，这红旗牌乒乓球还在试产阶段，让学校试用，凡不合格的全部收回，所以把脱胶的球索性再敲得厉害一点，便于厂里检查和统计次品率。可见新中国成立初我们的轻工业有多落后。

在我三四年级（1952年或1953年）的时候，我和同学们都加入了中苏友好协会。我记不起自己填过什么申请表格，估计是集体参加的，我拿到过一本会员证。会员证和"城中小学"校徽我一直保存着，可惜到1959年随父母迁居硖石后都丢失了。

在大人们踊跃购买苏联花布做衣服、裙子的那个时期，老师布置我们买苏联花布做讲义夹，材料除了布以外就是马粪纸、鞋带、鸡眼圈（用于穿鞋带的有孔的鞋铆钉）。

有两位校长让我难以忘怀，一位是新中国成立前的沈纪常校长，另一位是新中国成立后的陈颖校长。

沈校长来我班代过一节音乐课，那架普通的风琴在他手里就变得不同凡响。他那跳跃如舞潇洒大方的弹奏技巧和那优美动人的琴声，让我至今记忆犹新。20世纪60年代初，在影片里见到钢琴演奏家殷承宗的演奏，便不由得想起了沈校长弹风琴的神态与他多有相似之处，可见沈校长的水平非同一般。

1949年，全校师生为送别沈校长离开学校曾唱过一首歌，那惋惜凄切的曲调时常会在我的耳边回荡。这首歌的歌谱我还能唱，歌词仅记得"沈老师，今天你走了"这第一句而已。据朱校老师回忆，曲为青年教师冯玉麟所谱。歌词是谁写的已不得而知。

新中国成立数年后的一天，全校师生临时在楼厅集中。大概是校长吧，他把身旁新来的陈颖副校长介绍给大家。当时陈颖副校长肩上的背包还未解下，她那风尘仆仆好似女军人的模样给我留下了深刻的印象。

陈颖副校长来了之后带领我们到学校的西边，也就是县城西门吊桥（即现在的五星桥）北边城墙废墟上（俗称城头上）平整土地，开辟新的操场。张保生是我们班里年龄最大的同学，他来自农村，长得人高马大。当时我们觉得很重的铁镐在他手里使唤轻松，翻耙自如。他是出力最多的一位同学，常常得到陈副校长的表扬。新操场非常宽大，有沙坑、秋千，还有七八副高低不一小双杠、小单杠。星期天，我和几个同学去新操场运动、玩耍，疯狂一回。住在附近的大人们见我们高兴的样子，取笑我们像"小狗落屎坑"！

要建新校舍了，学校发动全校师生拣砖头。抗战时期县城大部分房子都被日寇烧毁，到处是废墟。放学后，星期天，我们把从废墟堆里挖来的砖块集中送到新校址。一排长长的平房校舍建成了，其中也凝聚着同学们的滴滴汗水，大家坐在散发着石灰味的新教室里感到格外的亲切。

我们班有几位同学在课堂上不很安分，不是讲悄悄话就是做小动作，我也是其中的一个。一次，老师在上面讲课，我在下面削竹蜻蜓，一不小心差一点把左手食指尖的一片肉削掉。我死死地把那片肉捏在手指上，见到流出来的血才觉得好疼，我咬着牙又不敢发出声音来。还好，后来那片肉没死掉，仍然长在手指上。还有一次，我的同桌严宗龙上课玩桌面板上的节疤洞洞，手指塞进去了可怎么也拔不出来，无奈之下老师只得拿来锯子把桌子面锯开，他的手指才被解放出来。同学们有的围观有的趁机溜来溜去，因此而兴奋了半节课。不守课堂纪律的后果来了，毕业考试我的算术吃了个红灯，离及格还少两分，补考后总算毕业。

我小时候的基础没打扎实，给以后的学习和工作带来许多困难，必须用成倍的努力才能拉近与人家的差距。

重温古人"花有重开日，人无再少年"这句话，颇多慨叹：我们珍惜光阴，却又无法锁住光阴，唯一的办法是与光阴赛跑！

2012年11月8日于以风当歌斋灯下

原载于《百年向阳》，2012年12月，海盐向阳小学《百年向阳》编纂委员会编

海盐文化名店

——九九文具社

九九文具社（1946年—1956年）俗称"九九社"，它是海盐文具业之滥觞。

九九社坐落于海盐武原镇西大街（现今的海盐街道海滨西路）卜岸，新洋桥（现今的秀水桥）东边，西与史生文东园书场相邻，东与月镜轩镶牙兼照相店紧挨，街对面是许奎发夜粥店。九九社坐南面北，一开间，两进，中有小天井相隔。第一进二层楼房，底层店堂，楼层住宅；第二进平房，穿过小天井往南依次是灶间、饭间兼杂作间，一长排南窗之下便是缓缓向东流淌的市河。河对岸的小街东西走向，与西大街相平行。小街上的沈氏义庄（新中国成立初期为县公安局所在地）与九九社隔河相对，义庄西邻就是著名油画家朱乃正祖宅，西侧的秀水浜穿过跨于小街的怀德桥，往南紧绕朱宅折向东去。

九九社经营的商品大致有文房四宝、办公学习用品、书籍课本乐器、小件运动器材等。常有湖州"笔先生"来推销各类毛笔，青田"石先生"来推销小件石雕。品种逐年增多，业务渐渐扩大。大概是两国建交的原因，到后期大部分的纸张是从印度尼西亚进口的。光顾九九社的为文人雅士、教师学生、公职人员、记者、官员和普通群众等各类身份均有。新中国成立初，海盐还未设新华书店，只有"新华书店嘉兴中心支店"在海盐的两个特约代销点，一个是沈荡区文化馆，另一个就是武原镇的九九社。尽管经济尚未恢复，然而农忙之后的早晨，以米麦兑换文具的进城农民，在九九社柜台前一时蜂起，顿使店家应接不暇。九九社的问世给海盐的文化精神生活增添了许多绚丽的色彩，为人们留下了许多值得传颂的故事。

九九社的业主沈国荣是海盐著名的爱国民主人士。他中等身材，瘦削的脸上颧骨微突，高高的鼻梁上架着一副玳瑁边眼镜，镜片后面坚毅的眼神隐约可见。除了眼镜，其形神与鲁迅颇有相似之处。他为人谦和，从不疾言厉色；他不苟言笑，却谈吐不俗；他学历不高，勤于自学，精通古文学，精于历史典故，具有良好的文化素质和学识修养；他身为商界中人，却无商人习气；他以身作则，一身正气，很得商界重视，群众拥戴，以致开展各项工作能够得心应手；他没有豪言壮语，但总在默默地实践着他的愿望。他就是我们故事里的主人公。

过去，海盐的笔墨纸砚、簿刀橡皮等一般的文具用品都是烟纸店或杂货店带卖的，没有专业的商店。无人问津之原因一是利薄，二是销量少。那么沈国荣为什么在1946年开设了这爿文具店呢？这得从20世纪30年代说起。

1932年，21岁的沈国荣在上海真如万新生酱园当副账房。抗战期间，他目睹了真如镇在日寇的炸弹下全镇毁灭、同事俞景培以及众多无辜同胞不幸遇难，这外族侵略国破家亡的情景；他经历了大妹、二妹死于日寇炮火，这失去亲人的苦痛；他遭遇了因揭发自己的老师——万新生酱园经理趁战乱抢运物资之机贪污财物一事受其报复，盛怒之下辞去万新生酱园副账房之职，这天理何在的不平；他接受过上海早期中共党员表兄郑石群[1]的先进思想，接触过马列著作[2]，这民族希望的曙光……这一切，渐渐铸就了沈国荣的爱国爱乡之情和弘扬正气之志。

沈国荣的离去也触动了老师，从反思到反省，老师还是从心底里欣赏学生的忠诚、正义、不染尘埃的品质，欣赏学生的好学求进精神和精于业务的才能。抗战胜利后的那年初，老师亲自登门，请多年屈居于协成酱酒杂货店做帮工的沈国荣回万新生复职。然而他抱负已定，以"好马不吃回头草"为由婉言谢绝了老师之请。1946年4月，沈国荣回海盐向徐功甫租了房子筹备开设文具店。当老师获此信息后主动为沈国荣的"九九文具社"店名题匾，一是祝贺，二是表示重修师生之好的诚意，沈国荣领了老师的这份情。同年9月1日，武原镇西大街119号的九九社夫妻店开张营业，两米多长白底黑字

①郑石群，1923年加入中国共产党，曾与陈云同为商务印书馆发行所党小组成员。

②姚文虎，沈国荣表姨甥，中共海盐县委党校原副校长，在20世纪60年代初谈到过沈国荣在开设九九社以前就学习过甚至研究过马克思的《资本论》，又很注重主观世界的改造。

的店牌匾额悬挂于门额之上特别引人注目。海盐人在上海做生意的不在少数，大家都知道沈国荣的老师是上海颇有名气的书法家。

沈国荣将文具社冠名为"九九"有两重含义：一是纪念抗战胜利。1945年9月9日，中国战区日寇投降仪式在南京举行，抗日战争结束（这是当时人们心中的界定。中央人民政府政务院1949年12月23日公布1945年8月15日为抗战胜利日；1951年8月13日改定1945年9月3日为抗战胜利纪念日），这对他以及整个中华民族来说是一件值得纪念的重要日子！二是树高千丈，叶落归根。九九归一，回归故里创业，服务乡邑，这也是他的心愿。

九九社店面的前身是明星杂货店，该店由于贩卖日货而受到商界及市民的批判和唾弃。九九社则以爱国为立身之本，以诚信为经营之道，渐渐成为商界的一面旗帜，在同一间屋下结出的却是两种截然不同的果子。

下面摘录两段潘海鹏的回忆，可见沈国荣的人品。

我第一次见到沈国荣先生是在1950年7月1日。那天，我特地到海盐唯一的一家书店"九九文具社"购买字典。走近柜台，说明来意，递给我一本《国音学生字典》的是一位面容清癯、仪态谦和、脸露笑容的长者。走出店门，当时在我脑子里闪过的想法是：买一本袖珍小字典，服务态度如此热情，店名又那么别致。于是我满怀好感的心情在小字典的扉页记下了购买的时间和店名。后来才知道，那位接待我买字典的就是沈老先生。

真正结识沈国荣先生是在1954年。那时我在武原镇人民政府工作，有机会常见沈老。他是工商联副主任，他与人谈话或在会议上讲话，总让人感到他是用那种"恃德不恃力，恃诚不恃谋"的人格力量，去团结、教育、影响别人为社会主义建设出力。还有他那精神矍铄，一派学者的风度和轻缓而有分寸的谈吐，都给我留下深刻的印象。

沈国荣与孙儿沈旦（1976年春摄于利民百货门市部文具柜）

　　沈国荣很爱孩子，对待小顾客也一样的和蔼可亲、百拿不厌，他不欺贫、不捧富，学生们都喜欢上九九社买学习用品。为便于出售，九九社把批来的整令纸张（500张为一令）分数成五刀（100张为一刀）存放，无论分刀或出售，在数纸张的过程中凡见有破页的先自取出，免得顾客退货。描红簿用的是元书纸，元书纸破损的概率比其他纸张要高得多，所以，九九社在销售时必定前后翻过，遇有破页当即调换或削价处理。其他商品亦如是，店家过手后觉得无质量问题了才放心交与顾客。同村居民的孩子王汉升除了对沈国荣的这种认真有很深的印象外，还体验过他的善举。新中国成立初时，还在念小学的王汉升家庭正当困难时期。寒假里，他去九九社买算术簿，沈国荣问起学习情况，当知道他语文和算术期终考试分别得了第一和第二后兴奋得不但不收取簿子钱，还添送了两块橡皮和两支皮头铅笔，王汉升的母亲和奶奶因之感动得热泪盈眶！事后王汉升才知道，沈国荣的奖励绝非出于偶然的兴之所至，九九社送给学校贫困生学习用品是有先例的，是一以贯之的行为。

　　九九社开张之初，国民政府县立医院的潘诚医生见店中生意清冷，问沈国荣为什么偏选上大家不愿意开的文具店呢？得到的回答是"不在于几张钞票，而为了推广文化教育"。这的确是当时沈国荣在养家糊口基础上的强邦愿望。小人物有大理想，却非空泛，都是从身边一件件小事做起，有这样成千上万的小人物就不难实现这个大理想！九九社就是这样的一个小人物。如此，我们不难理解九九社在"货真价实""童叟无欺"等职业道德之上还有更深层次的追求。

　　九九社虽然只是一爿不起眼的小店，但在沈国荣的理念下开张不到半年就在社会上享有一定的声誉和影响力。1947年，浙江大学海盐学友会创办了进步刊物《学报》。该报以指斥海盐弊政、揭露贪官污吏、伸张正义、启迪民众、激发民众斗志为宗旨，读者遍及上海、杭州、海盐等地，社会影响较大。该报主编王自强回海盐经常去九九社采访沈国荣，两人甚为契合。为支持进步青年的活动，沈国荣冒着风险征集稿子，广泛联络，为《学报》提供采访素材。九九社是《学报》在海盐唯一的联络处和代销点，直到1949年5月海盐解放，《学报》完成历史使命。九九社为《学报》提供充足的稿源，为《学报》的传播做出了不可磨灭的功绩，"名重报坛"是王自强对他的评价。1948年，国民党海盐县党部的《海盐民报》主编（沈国荣堂侄孙，私人关系尚好）受组织指使，拉拢沈国荣参加"国民党戡乱建国委员会"，并以加入该会有津贴为诱饵，却遭到拒绝。一点面子也不给，沈国荣的正义和爱憎于此可见一斑。

1949年5月7日，海盐迎来了解放。几天后的一个深夜，解放上海过境海盐的首批部队在武原镇扎营，露宿于街道两侧屋檐之下。那时海盐虽说已经解放，但是中华人民共和国还未宣告成立，共产党政权能否稳固，群众不很清楚，反动势力的气焰还很嚣张，土匪活动仍很猖獗，社会极不稳定。睡梦中惊醒的市民们对此情况不明，紧闭大门都不敢自找麻烦。当沈国荣认清这支部队是解放军的时候，赶紧招呼家人下楼开门迎接。军民热情亲切的交谈声不时从九九社的大门传出。不一会，附近有几家胆大的也陆续把解放军迎进屋去，为他们烧水端茶安排生活。事后，街坊上下都钦佩沈国荣的胆识。

1950年6月，武原镇组建居民委员会，沈国荣被选为六村居委会主任兼自卫队长，其夫人吴素珍当选为村妇女主任（1951年当选为村治保小组长，1954年当选为武原镇妇联委员，1956年当选为县工商联委员并被聘为县人民检察院检察通讯员，1964年当选为县第五届妇联委员）。新中国成立才不久，城镇中人员复杂，思想极不稳定，加上坏人造谣，那时的村干部极为难当。六村既是大村又最为复杂，治安任务更重。沈国荣怀着对共产党的信仰和希

海盐县武原镇第六村妇女会秧歌队（1951年3月8日摄于六村居委会大厅前天井。沈国荣藏）

望，积极参与各项社会活动，特别是带有一定危险性的夜间巡逻、反毒禁毒、反霸清匪等地方治安活动。他曾协同派出所抓了几个汪伪时期及国民党的爪牙、先后两次分别从冯某家的鞋底隔层和马桶里搜出白粉毒品、收缴一泥水匠私藏手枪一支（枪为国民党中统特务同安桥何某藏于厨房隔墙，后被这泥水匠拆墙时发现而藏匿）……为更好地宣传党的方针政策，丰富群众的文娱生活，他组建了武原镇第一支秧歌队，并带头捐了一套秧歌服装。接着又担任了县人民大会堂总理事务和业余剧团团长。沈国荣的社会兼职渐多，九九社对社会的贡献也逐渐显露。

1951年1月16日，海盐县工商业联合会筹备委员会成立，沈国荣任副主任委员。1952年任武原镇治安保卫委员会副主任、县抗美援朝委员会委员、县抗美援朝慰问团副团长，当选为县第七次各界人民代表会议常务委员会副主任。1953年当选为县第八次各界人民代表会议常务委员会副主任、县人民委员会委员。1955年任县公债推销委员会副主任，在县一届人民代表大会第四次会议上当选为人民委员会委员。1956年2月26日，县工商联成立，当选为副主任委员。

新中国成立后，由于频繁的社会活动，沈国荣对九九社的一般事务已无暇顾及，他抓的是合法经营，严格财务制度，绝不漏资逃资、偷税漏税，完成国家税收等经济任务。子女需要文具用品，哪怕是一支铅笔一块橡皮都要向两位外姓店员购买，一手交钱一手交货，绝不可擅自到柜台里拿取。随着国有企业的逐步发展，到1954年，国营商业基本占领了市场的批发零售业务，私营商店大多生意清淡，生活困难。为此，政府采取扶持政策让出部分畅销商品安排给困难的私营商店，九九社也在重点安排之列，但沈国荣多次谢绝安排。在事关个人切身利益的时刻他总是以大局为重，把照顾让给他人。公私之间泾渭如此分明，这对那时的私营业主来说是绝无仅有的！

沈国荣写得一手好字，无论榜书小楷均佳，又对王羲之行书《圣教序》和岳飞草书《后出师表》下过功夫，故求书者甚众。无论机关学校、商店居民，人们常去九九社请他书写横幅、标语、喜庆对联、校牌、校规等等。他有求必应，不收分文，只要他在，都是立等而取，与群众关系甚为融洽。

沈国荣拾金不昧，一时传为美谈。那是1953年的一天傍晚，沈国荣在

---

①旧币，100万元等于现今的1元。

九九社店门外捡得一只鼓鼓的旧皮夹，内有折叠整齐、小额票面的人民币约100万元（旧币①），这在那时可不是一笔小数。第二天他凭皮夹夹层里的那张已被拆开作为记事之用的医院配方药袋纸上的姓名，去医院查得地址后，中午枵腹冒雨赶去海塘乡，找到老农核实归还。老农喜极而泣，连连作揖道谢。原来这是一笔老农省吃俭用积下来准备偿还债务的血汗钱！据其邻居透露，老农丢钱后日夜悲啼，失魂落魄，曾两次悬梁自尽，幸被家人抢救看管才免于丧命。沈国荣不辞辛劳，费尽周折饿着肚子寻找失主的感人事迹不胫而走。

沈国荣妻弟吴学毅、堂弟方国祥（入赘方氏，故改沈姓为方姓）分别因经济困难和失业，先后于1950年和1951年照顾进九九社帮忙（后均转为店员，吴学毅兼任会计，掌控着店中财务大权），其时他的长女也在帮店。1951年3月，沈国荣为长女操办喜事，出嫁时不坐花轿黄包车，不摆宴席不收礼，只在村里开个"同乐会"打腰鼓分糖庆贺。这是《婚姻法》颁布以来武原镇上首次婚事新办，县工商联主任钟少伯担任证婚人，县人民法院和县人民政府秘书室派人参加并讲了话。婚嫁革新一时传为佳话。数月后，他突然辞去了长女的工作，任其另谋生路，令人费解。这实在是沈国荣不得已为之。抗美援朝捐献飞机大炮运动中，县里接受了"一机一炮"这既艰巨又光荣的任务。虽经动员，但资力雄厚的几家工商业者推三阻四观望犹豫，运动开展非常困难。出于爱国，店小资金少的九九社带头认捐了800万元。这800万元可是占了九九社当时流动资金1500万元的一半以上呢！要完成这个认缴额，除了积极经营以外还得减少费用支出，减少支出最有效的办法就是减员，要减员不减家人减谁？苦要苦自己。在沈国荣的带动下，工商业者踊跃参与，全县工商界共捐款138600多万元，有力地推进了运动的开展，使海盐县提前完成了捐献任务。九九社受到了地县的表扬。经过近半年的努力，到年底，九九社的流动资金竟上升到2700万元。

1951年下半年，县里发生了最大的绸布业集体逃税案。一日夜晚，沈国荣被叫到税务局询问，并被无端地铐上手铐。后来，那个领导又拔出手枪往桌子上狠狠一拍（新中国成立初期，税务和公安均为要害部门，领导都配有手枪、子弹），要他检举揭发。对此，沈国荣毫不畏惧，始终没有讲一句无中生有的话，至第二天清晨只得把沈国荣释放回家。为此，他的夫人和子女一夜没睡。如此好人——一位对党忠心耿耿的县工商联负责人被拘铐这个事件，在工商界引起不小的振动，人们对政府的诚信度大打折扣。为顾全大局，沈国荣把这位领导的这种极端错误的工作方法抛之九霄云外，一如既往地积极协助政府的税收征收工作，处处带头，事事领先，工商界中谁有困难他总是热情地帮助解决。随着时间的推移，沈国荣一身正气，不依附权贵，不畏惧权势，公而忘私，处处以国家利益为重，以大局为重的坚毅性格和人格魅力逐渐显现。在他身上有着一种无声的号召力，大家认为跟着沈国荣是不会错的。在1956年公私合营运动中，俞家伞店业主怕吃亏，准备关店，沈国荣上门宣传政策再三动员说服，该店终于参加到运动中去。20世纪70年代，伞店业主夫妇先后退休，他们常感怀沈国荣的恩德，凡提起他，俞家大妈逢人总说："沈国荣是个诚实人，好人。幸亏当时听了他的话，现在我们都有退休金可拿，生活才有保障。"

新中国成立初期，国民经济处在艰苦的恢复阶段，缴纳税收、认购建设公债和购买特殊储蓄等任务非常之重。由于反动派不断散布谣言，以致很多人对共产党政权存有疑虑，特别对所卖的公债以后是否有着落心中无数，所以公债的推销难度极大。沈国荣有时甚至向亲戚借钱，也要力所不及地认购，以坚定人们的信心。那个时期的税收是由行业民主评议以后税务局按政策对各行业加百分比来征收的。沈国荣是县工商联评议委员会的主任，他与大家一起参加行业评议，并以身作则，节衣缩食，带头交足。为积攒税钱，一家老小九口加上两位店员，除了中午米饭以外早晚两顿吃的都是粥，伙食是腌制的团菜、大头菜、水花菜、盐齑菜以及咸菜豆腐汤等最低档的素菜。水花菜、盐齑菜都是自己腌制的，这些腌菜又大多是吃生的，很少用油炒。凡税收任务一经下达，沈国荣就关照店内不准进一点货，为的是留足税款，钱不够，就是变卖东西也要完成任务。1952年，九九社完成所得税款2400万元，是去年年底流动资金的近90%！所缴税额之多可想而知。

20世纪90年代末，曾担任过海盐县县长的徐永三随省关心下一代工作委员会来海盐视察，时隔四十余年，徐永三对沈国荣协助政府推动全县完成税收、捐献飞机大炮任务等方面所做出的成绩，记忆犹新，赞不绝口。

1954年初，嘉兴专署贯彻陈云同志"争取财政经济好转"的指示，开始估征1953年的所得税。海盐分配到9亿元，当时工商界连房子在内重估财产也只有16亿元，征收任务之重为历年所未见。在这极端困难的形势下，沈国荣带头交纳了约占当时九九社流动资金70%的税款，现金不够连店中货物也交了上去，店里基本空了。两位亲戚店员对此大惑不解，曾反对过他这种过于牺牲的做法。沈国荣则以国难当头总要有一些人为之牺牲的道理说服他们，并要求他们能配合做好积极经营的准备。他除了自己带头交税外，还主动配合工商科干部徐肇本，协助税务部门深入到各行各业各户认真摸底，积极动员，千方百计解除工商业者的思想阻力。由于沈国荣身先士卒，凭着自己在群众中的声誉和诚信度做了大量细致的工作，困难之处主动帮助协调解决，最后，在上下合力之下海盐县提前一天完成了估征的任务，而且唯独海盐县无一起死亡事件，得到了省和专署的表扬。徐肇本曾感慨地说过，"这次任务相当艰巨，沈国荣帮了政府很多很多的忙"。

这里记述陈伯蕃的一段回忆，以见沈国荣工作之细致、感情之诚挚。

先生不但自己处处带头，树立榜样，而且还诚挚地热情帮助工商业者，哪里有困难，哪里就有先生援助之手，孜孜不倦，谆谆教导。余店在1954年度发生了困难，周转不灵，虽与职工们几度洽商，采取了留职欠薪（家庭困难职工除外）和节约伙食等一系列措施，收效是有了一些，但由于职工人员多，在淡季中仍感困难。先生及时地伸出援助之手，通过有关部门把南塘街朝圣桥堍已关闭的大昌协南货店门面定下来，使余开设了分店，增加了营业，减轻了开支，解决了困难。

现实是，新中国成立以来的几年里，九九社在接二连三的税收、公债、储蓄、捐献飞机大炮等方面屡屡超负荷地带头，尽管在店员的配合下使出了浑身解数积极经营、紧缩开支，终究是元气大伤。其他商店在九九社的影响下也做出了很大的牺牲，经济拮据者不在少数。

1954年底至1955年初，国家开展了反逃资逃税的普查税源运动。补缴税款的办法，一是通过职工与老板背靠背，工会组织职工对老板的逃资逃税行为作检举揭发的办法补缴；二是对上级下达补缴税款的任务，由工商联评议委员会评议后分摊到各同业工会，同业工会再落实到经营者的办法补缴。沈国荣一如既往地积极配合税务部门对各行各业进行动员。一天某布匹业主许某为逃税事送去一包礼，要他帮忙，几次拒绝不了，被他当场扔到大街上。事后，对许某既作了严厉的批评，又耐心地反复讲明党的政策，许某终于正确对待了这项运动。为完成上级下达给工商界补缴税款的任务，沈国荣在九九社经济极度困难的情况下依然身先士卒，带头补缴，钱不够连柜台都变卖掉了，九九社已到了濒临破产的境地。迫于精神压力一度曾想将九九社歇业另谋出路的他，约工商界同仁潘丙辰去澉浦南北湖，在北湖湖闸涂正华婆家老宅"闲住"了几天，静心反思。开店的基本目的是养家糊口，要靠到人家那里去打工，这个家是养不活的，经营了近十年的文具业一有经验，二有感情，轻易撒手于心不忍；自己是工商界的带头人，又是国家税收政策的积极推行者，责任所在，此时断不能打退堂鼓。左思右想，只有积极经营重振雄风才是万全之策。正当九九社最困难的时候，政府伸出了援助之手，给予了经营中小学课本、簿册的政策扶持。为了降低成本，便自己加工装订簿册。没有钱，又获得政府贷款买了一架脚踏装订机，借来了长女借以谋生的缝纫机，发动全家老小开夜工义务装订。他仍把家人捆在一起，勒紧裤带与九九社共渡难关。家人除了以白粥盐粥填饱肚子外，已没有拎菜篮子的能力，生活水平跌到了底线。邻居们见小孩子可怜，对面夜粥店的奎法大妈好几次送去羊冻卤，隔壁东园书场的生官阿叔常常从后河头窗户里递过去说书先生（评弹演员）的剩菜；买不起茶叶，便去隔壁书场倒茶叶头……

九九社在政府政策的扶持下，全店上下连同家属经过一年多的艰苦奋斗，终于迎来了经济的飞跃发展。在国家对资本主义工商业社会主义改造高潮到来前夕的1955年，沈国荣率先向政府提出把九九社无偿移交给国家的申请。1956年6月25日，政府批准九九社直接过渡为"中国文化用品公司海盐县公司"，九九社成为海盐第一家直接过渡到国有企业的私营商店。其时，九九社的流动资金已达5600万元，从1949年底的900万元资金增至5600万元，其增幅在海盐工商界中遥遥领先，印证了九九社奉公守法的优秀品质。沈国荣担任了公司的副经理，数日后提任为经理。九九文具社那短暂而又丰富的历史至此画上了一个圆满的句号。九九社的实体消失了，它的精神却长存不衰！

我们之所以称九九社为文化名店，倒并非仅仅因为它是经营文化用品的商店，而在于它的文化精神给人们带来的积极影响以及它为社会进步所做出的贡献，是它的历史价值和历史地位所使然。

2013年8月于以风当歌斋灯下

原载于《海盐史志》2013年第3期（有删节），海盐县史志办公室主办；《海盐旅游故事》（完整稿），2013年12月海盐县旅游局编

温文尔雅　儒者风度

——俞戍生同志印象

　　或许是为了体现亲切，大概在20世纪50年代以后人们相互的称呼大多在其姓前加个"老"或"小"字，即"老某""小某"，即使有职务的也不把官衔带上。几天前碰到计生委退休的徐耀坤兄，问我最近在忙什么，我说正在打稿准备写"老俞"的文章，他一听就知道是俞戍生同志。耀坤兄说："老俞这个人有特色值得写，他平易近人，为人正派，既不阿谀奉承，又不低三下四，大家对他的印象都不错。"耀坤的话使我回忆起1993年"中国民间工艺美术学会第十届年会"在海盐召开期间，著名民间艺术家湖南"泥猴张"与老俞有过接触，离开海盐前写了"朴实无华"四个字送给老俞作为纪念。这是对老俞印象的勾勒与概括。

　　从1983年的海盐县政协一届一次会议，到2006年的

平湖乍浦许白凤寓所
左起：俞戍生、许白凤、沈咏嘉

六届四次会议，我担任县政协委员前后跨二十四年，在这二十四年里我与政协有着太多的感情。

1990年，县政协三届一次全体会议上老俞当选为副主席。其时，我在博物馆工作，在县政协担任政协常委、文化委员会副主任兼书画会会长职务。老俞转了十多个岗位最后来到政协，直接联系我的就是老俞，这也是一种缘分。频繁的接触增进了相互的了解，久而久之，他的工作作风和工作方法时时在影响着我。

1996年我被选为副县长，1998年当选为政协副主席。那时，老俞虽已退休，但仍然关心着地方的文化建设，不时地为我提供有关信息，向我提出意见建议。我退休了，老俞还是一如既往地关心着我乃至我的家人。一个电话，一次会议相聚中的那些交谈、那些关爱都发自他的心灵深处，使人难忘。

我一生中有几位良师益友，老俞是其中的一位。最易燃起美好回忆的是人际间的君子之交，不落俗套，朴实无华。

文化知识的多寡与思想品质的高低是不成正比的，思想品质的提高需要长期自我革命的勇气和不断修炼的精神。老俞那一代人的学历大多不高，然而在他们许多人的身上都能体现出我国数千年来优秀的文化传统和良好的思想品质。

老俞温文尔雅，不急不躁，说话思考成熟，从不疾言厉色，既在点子上又不刺伤人；他善于思索，时出新意，他身为领导却无居高临下的架势；他尊才爱才，注重用人，用他自己的话说他的方法是"出主意，用人才"；他对下属工作上要求明确，从不含糊，生活上多有关顾，情理交融。老俞这些与众不同的工作方法给我留下了深刻的印象，今天把它记录下来，应该还是有一定意义的。

对口联系布德泽

1991年11月13日，政协文化委员会和文化局开展了对口联系活动。政协与政府有关部门对口联系是刚刚新增设的参政议政方式，副县长张国华、政协副主席杨生夫和文化系统的民主党派也都参加了这次活动。文化局下属文化馆等六个单位通报了半年多来的工作情况和下阶段的打算以后，老俞讲了半个多小时，没有一句套话、空话，这即使在注重会风的今天也是一件很不容易的事。他那切合实际且具有指导意义的讲话使大家耳目一新,博得了满场的掌声。原来老俞事先对这几个单位做过深入细致的调研,又花了几天的时间才形成这份精彩的讲话稿。老俞这种一丝不苟的工作态度和务实的工作作风为我们树立了榜样。

最早提出征用大池海建议的就是老俞,它是这次对口活动的亮点。老俞认为,大池海的现状是蚊蝇肆虐、臭气熏天,几乎成了垃圾堆场,严重影响绮园的环境;另外,武原镇政府将要扩大,大池海是唯一的选择,高楼建筑对绮园也是一种威胁。建议把它征用过来改造为荷花池,既扩大绮园的游览面积,又有利于保护绮园。老俞的建议萌发了我"征用大池海建设绮园'园中园'"的设想。那时,我正在拟写文物保护单位的保护范围和建设控制地带草案,于是我对大池海水系的承脉走向以及与绮园水池的关系做了一番调查,"主观"地把大池海划入了绮园的保护范围上报县人民政府。

1993年5月的一天近午,老俞约了政协常委马飞熊先生急匆匆来到我的办公室,告知了他刚刚得到的县里在讨论县城建设规划的消息。老俞说:"大池海已经划入了绮园的保护范围,如果不与县城建设规划衔接好,将来就麻烦了。"那时县里还没有安排文物部门参加这类会议的意识,对我们来说这信息来得何等的及时!老马不会骑自行车,我们三人只能徒步飞速赶往城建局。空空荡荡的会议室除了满墙挂的规划图以外,只有黄杨忠局长和省城建规划专家还在,上午的会议已经结束。我们反映了情况,开了会议的小灶,黄局长和省专家决定在下午的会议上提出来讨论。最终,县城建设规划图中把大池海标入了绮园的扩建范围。

老俞一直关心着绮园"园中园"建设的进度,还与我讨论设想过"园中园"建设的风格、内涵、功能和布局等问题。同年9月,县政府办公室就此召开了各有关部门参加的协调会议,并讨论了逐年实施的计划。接下来,我们与东门渔业队等单位协商征用了大池海,又花了三年时间拆迁了大池海的四户居民,全面清埋了大池海,请省古建筑设计院绘制了"园中园"初步设计方案图等等,这一切无不体现着老俞那惠泽子孙的良好愿望。

"园中园"的建设终究碍于资金问题而被搁置了近二十年。当然,随着时代的发展,人们对文物保护理解程度的不断加深,审美水平的不断提高,大池海的建设今天的确已不宜再提"园中园"了。但是为了改善环境把大池海划入绮园的保护范围,为日后对绮园的保护有了法律的依据。

敢为人先良苦心

老俞善于思索，新意频出。1990年9月20日，在老俞的提议下，政协书画会与县丝织厂联合举办了送书画下厂活动。"联合举办"意味着互动，这与单方面的"送"有着本质上的差别。该厂经济效益突出，注重企业文化建设，平时活动丰富多彩。老俞在座谈会上说："我们的目的是锦上添花。我们用交流和传、帮、带的方式，为工人中书画爱好者的成长提供条件，希望我们的企业不仅能出生产能手，而且能出书画人才。"那时虽然没有用到"种文化"这个词，但"交流和传帮带"这种以培养、互为提高为目的的观念与"种文化"的观念相距甚近，这种观念直到一二十年以后才渐渐被人们所意识、所提倡。于此可见，老俞"虚往实归"的务实创新精神远远走在时代的前列！

1991年4月24日，在县针织厂生产业务跌入低谷的时候，老俞组织政协书画会员送去了一份特殊的慰问。在听取该厂情况介绍后大家就动手作书作画，有送给厂里美化环境的，有送给厂领导和管理人员的，为他们打气鼓劲，营造积极向上的精神氛围。中共针织厂支部书记马祖贤感动万分，当即表示了"发动全厂员工，寻找突破点，一定要把生产搞上去"的决心。半年后该厂终于冲出困境，驶入了正常的发展轨道。

1993年7月30日，在老俞的提议下海盐县政协成立了"诗书画之友社"，这是嘉兴市五县两区唯一与省政协相对应的组织。"之友社"在组织上"下设书画、摄影和诗词三个组，既统一，又各自独立"，这又异于省政协；在工作方向上除了以往常规的下农村、下企业、进机关等交流展出外，还从更深层次上拓展了新的工作思路，如："扩大联系面，促进县内外协作和海内外联谊，推动改革开放和社会主义现代化建设，为祖国统一大业服务""提高艺术水平，增强会员的自豪感和自信心"等。"之友社"按此思路积极开展工作，在老俞的顾问下会员创作热情更高，活动更红火，成效更显著。其中，向海盐籍及在海盐工作过的人士征集汇编的《海盐诗歌》影响颇大，是新中国成立以来又一本讴歌海盐的诗集，受到各界人士的青睐。教育局教研室的高锡琪老师特地来政协为各中小学校再增要了许多《海盐诗歌》。他说，这是一本很好的乡土教材，既可培养学生热爱家乡的情感，又可培养学生对诗词的兴趣。虽然那已是一二十年前的事了，但老委员、老社友们还会留恋那段融洽美好的时光。

尊老是我国传统美德之一，家庭的孝道和社会的尊老关系到社会的和谐与民族的凝聚力。于此，老俞也是身体力行者。在他的提议下政协文史委和书画会两个组织主动参与了县老龄委在溆浦举办的"祝贺吴侠虎老人九十华诞"座谈活动，向侠虎先生赠送了诗词和书画；政协又先后举办了"金志毅先生七十华诞座谈会""马飞熊先生七十华诞茶话会"和"陈伯蕃先生八十华诞茶话会暨陈家骅先生绘画学术讲座"等祝贺生日的活动，向为政协工作做出较大成绩的几位老委员送书画、献诗词，以表彰他们的业绩，颂扬他们的精神。

在县老龄委主办、民政局和政协诗书画之友社协办的"纪念'99国际老年人节'书画展览暨大赛"活动的开幕仪式上，由十位政协诗书画之友社社友创作的十件书画作品，赠送给十位老年人代表，其时掌声雷起，全场轰动，别出心裁的书画活动给人们留下了难以磨灭的印象。其实，这也是退休多年的老俞所出的点子。

2010年2月2日，在县政协七届四次会议期间，老俞拿了一首他写的顺口溜《教子歌》让我修改一下。我仔细拜读后，首先请老俞解释了其中几个词的含义，如，"心格"是心底的品格；"虚心迹"是没有贪欲旳行迹；"安宅"是家庭平安；等，然后对两三处做了修改或调整。我认为这首《教子歌》写得既流畅又思想性强，既是"教子歌"又是"劝人篇"，老少皆宜，学之，于激励上进和构建和谐社会大有益处。现将《教子歌》全文录下，与大家共赏：

天下第一乐，读书最快乐。
学问多击搏，积厚而发薄。
天下第一苦，读书最艰苦。
汗滴禾下土，报之以甘果。
父母爱子女，天性所赐予。
子女捧孝心，品行作伴侣。
行善布德泽，神爽清心格。
凡事虚心迹，延年又安宅。

幽兰清馨宜久远

2000年11月28日上午，县五届政协十六次常委（扩大）会议上，袁世和主席通报了"县政协领导班子'三讲'回头看和整改措施落实情况"后，老俞第一个发了言。他说："……我想应该研究政协工作连续性的问题，有些工作可能一届不见效，二届也不显著，三届可能有成果了。我认为在海内外联络工作上可以做文章，翻开与港澳台同胞的联系名册，都是七八十岁的，我们如何去与他们保持长久的联系？很有必要提出来讨论。我们的联络工作要看得远一点、长一点，不能图眼前利益，不要搞'立竿见影'。建议我们抓紧从他们二十多岁、三十多岁的子女做起，即使他们的子女是普通工人、普通职员也要联系，一代一代传下去，让他们感到家乡的温暖……"这种感情的长远和事业的可持续性的意见得到了大家的认同。

老俞又提出了"城市建设要注重绿化，要多种树少种草"的建议。关于树和草的问题我颇有感慨。二十多年前，我们为了给绮园增添一些古典园林的情趣，在山石脚下和花径旁边种植了须带草，的确起到了很好的效果。数年后我在一份资料上看到，草只能大量吸收水分而不能起到保持水土的作用，少雨季节绮园的须带草就会威胁到园内树木的生长，我们便用控制须带草生长来解决这个矛盾。而后的管理者可能为了展现绿色生机，给须带草不断地施肥，很快就成了过度生长的"茂盛"。由于"茂盛"，旱季它与古木争夺土中之水将更为严重。我有过"对须带草作不定期删削和控制其生长"的建议，可惜难遇知音！所以老俞讲到"树"和"草"我就耐不住插话讲了这个故事，支持他的观点——要多种树少种草。美化环境改善生态也要用长远观点看问题，不能单以绿化面积计成果。

老俞与人的交往如细水长流，使感情不衰。他与我常一起去拜访和联系一些知名人士，如湖州李明（著名书法家，擅长甲骨文，其《兰亭甲骨文》填补了中国书法的空白）、平湖乍浦许白凤（著名词家、书法家，与赵朴初为诗友，常有诗词互赠及唱和）、海宁长安陆秉仁（海盐籍，著名诗人、书法家）、澉浦吴侠虎、武原金志毅、上海王再生（海盐籍，出版界名人）等，为我工作的拓展提供了许多方便。

重开久湮捐赠风

1997年6月初，经老俞的动员，作为迎接香港回归的礼物，陈伯蕃先生同意把自己毕生创作的四十余件书画精品捐赠给政府，老俞请我衔接一下捐赠事项。我把举办伯蕃先生"捐赠书画迎回归"活动的设想向县委书记费金海、县长孙志顺做了汇报，得到了重视和支持。6月28日，捐赠仪式在绮园三乐堂楼厅举行，除了伯蕃先生及其家属、文化界人士、四套班子分管领导外，出席的还有费书记和孙县长。它开启了海盐"文革"之后的捐赠之风，又是迎接回归的系列活动之一，故规格之高前所未有。受此影响，两年后在新中国成立五十周年之际，陶维安先生向政府捐赠了他收藏的一批名人书画。

离休干部王淦文老师家藏一批古籍，这是他半个多世纪以来辗转南北，冒着各项政治运动的危险而保存下来的。2002年秋，王老师有了捐赠的意向，老俞建议他捐给图书馆，又从中牵线搭桥。为此，老俞找到我，我即约了张元济图书馆馆长宋兵，在老俞的引荐下拜访了王老师。宋馆长仔细翻阅后认为这些书有较高的收藏价值。不日，张元济图书馆与王老师办理了捐赠手续，接收了这批古籍。通过分类、登记，计有41种178册，甚为可观，其中出版时间最早的是1742年的《钦定协纪辩方书》36卷。图书馆又请古籍专家浙江大学徐明德教授做了鉴定，认为其中《元史新编》等四种较为珍贵。宋馆长评价"王淦文老师开了海盐个人捐赠古籍的先河"。

好雨细洒润心田

1994年8月下旬，西塘桥王坟遗址发掘已过半月，杭州的考古队员想家渐为心切。按理，夏季是考古人员的休整学习期，省考古所的刘斌队长是碍于我们的面子而顶着高温带队来海盐的。这些有经验的编外考古队员都是良渚农村的农民，又是家里的男强劳力，他们也是碍于刘斌的面子而不顾农忙来海盐的，牵挂家里的农活也在情理之中。刘斌向我透露了队员的情绪，并与我商讨办法。鉴于目前王坟遗址保护的难度，发掘必须一气呵成。我请刘斌做做思想工作，我们则用情去感化他们，尽量把后勤服务得更好些。两天后，杭州队员的情绪有所稳定。一天上午十时许，老俞突然出现在发掘工地上，县里领导看望我们来了，大家都有一种说不出的亲切感。老俞向刘斌询问了发掘进展情况，又问这里的伙食怎么样，生活习惯不习惯，药品全不全，等等。老俞跟杭州队员说："你们离家那么远，出来也有不少日子了，有什么事可以与家里多联系，生活上有什么要求尽管提出来……"（那时的交通条件绝不能与现在相比，海盐到余杭良渚往返极为不便。）老俞竟如未卜先知一般地说到了要害之处！时近中午，工地气温高达四五十摄氏度，大家汗如雨注，衣服湿了又干干了又湿。老俞感动地说："长期在烈日高温下作业，太辛苦你们了。"刘斌告诉老俞："我们年轻人算不了什么。老沈五十多岁了，有时还赤膊上阵光着膀子硬晒！"老俞关切地说："大家干劲要有，身体也要注意。"老俞的王坟之行如同"时节好雨"滋润了大家的心，杭州队员更不好意思再提回家的要求了。由于大家的坚持，至9月上旬，终于顺利完成了王坟抢救性的发掘任务。

1993年岁末的一天，老俞请我到他办公室，商讨政协诗书画之友社工作后问及我的住房问题，当他了解到按职称我只能享受50平方米的时候，即向阮张汉主席反映。考虑到我的工作性质，阮主席便向有关部门提出了建议。后来，我的住房面积因此而增加了20平方米，这20平方米可以做一个很大的书房兼书法创作室！如何来回报两位领导的关怀，唯有勤奋工作而已。

由于我生活没规律饮食不正常，年轻时得的肠胃病经常复发，血脂又居高不下。老俞叮咛我要多加注意，但囿于我性格的问题总未能控制。2003年3月，两会闭幕，我退休在即，老俞给我送来了厚厚的一本《中国食疗大全》，亲切地说："……退休以后你应该有时间了，要好好调理调理，把身体养好。"时光流逝不觉十载有余，每当打开《大全》便有万千感慨，真可谓躬身把读书终薄，天老情殷日见深！

谆谆教诲补中气

二十四年前，县政协为抢救已故有影响人物的"三亲"史料，老俞要我写一篇纪念沈国荣先生的文章。要我写父亲，我中气不足有点顾虑。老俞却严肃地说："你父亲是我们县里著名的爱国民主人士，在他身上有着一种无声的号召力。不管在机关、工商界，还是在一般的人民群众中，只要与他有过接触的都有这样的感受。他有许多值得记载下来的事迹。你有他的许多材料，又是亲历、亲见、亲闻者，你写他更为亲切、深刻。你有责任写呀！与你父亲同事过或接触较为密切的许多同志还在，你的文章可以启发他们挖掘出更多的东西来……张企雯也接受了我们的约请，已经在着手写关于她父亲的文章了。"

于情于理我是不能再推了。老俞考虑到我的顾虑，请了与我父亲相熟的金志毅先生和我合作。

通过这件事，我渐渐感悟到人是要有自信和中气的，而老俞正是用"客观"和"实事求是"之法给我"温补中气",解除了束缚我手脚的患得患失的绳索,为我日后处事能力和魄力的增强影响颇大。

慧眼喜识千里驹

1983年,武原卫生院牙科医生余华的处女作短篇小说《第一宿舍》在《西湖》杂志上发表以后更激发了他的创作热情,接着又发表了短篇小说《"威尼斯"牙齿店》。不久,他接到《北京文学》编委周雁如赴京改稿的电话。余华欣喜之余便迫切希望能调去写作环境优越的文化馆工作。年底,余华父亲单位的领导、县人民医院院长祁永葆知道后,向时任宣传部副部长的老俞推荐,要求让余华去文化馆搞文学创作。老俞了解情况后,当即表示支持余华的意愿,说:"既然他爱好,就让他去搞创作。"但考虑到调动报批手续并非三两个月所能办好,故拟先行借用。

天下竟有这等奇巧之事,正当老俞拿起电话准备与文化馆长张家娱联系的时候,张家娱便跨进了老俞办公室的门。张馆长的态度是"给文化馆增加一个创作人才总是好的"。借用接收之事当即落实。祁院长也意料不到事情竟办得如此容易!不日,余华就去文化馆上班了,半年后正式调入。自此,余华如鱼得水,在小说世界里不断升华,成为我国先锋派小说的领军人物。余华在接受上海电视台东方卫视著名主持人曹可凡的采访中,也提到是老俞给了他人生不可或缺的机会。余华的父亲华自治医生每与我谈起这件事,总是说余华的额头真亮,没有祁院长和俞部长就没有余华的今天。

1996年9月8日,老俞得到消息,《东方时空·东方之子》摄制组将来海盐拍摄外景和余华生活、工作过的地方,便约我下午去拜访华医生,了解余华的近况。华医生透露,余华定于9月17日回海盐探望父母后旋即回去。老俞请华医生转告余华:"我与咏嘉商量过,请余华多住几天,去经济开发区和南北湖风景区看看,感受一下家乡的变化,可能对他今后的创作有一点作用。另外,举办一个文学讲座,请余华讲讲当前文学动态,推动家乡的文学创作。"华医生当即答应,只要余华没有重要活动一定办到。

第二天,我与时任宣传部部长的张国华就我们应做的准备工作进行了讨论并做了安排。后来,余华果然留了下来。9月19日下午和20日下午,我和文化局局长张关华等陪同余华先后考察了城北经济开发区和南北湖风景区。20日上午,在绮园三乐堂楼厅召开了由县文联主办的"余华文学创作

余华给沈咏嘉的一封信

座谈会"，国华部长和我都出席了会议。老俞考虑到自己已不在位了，就不便出面参加座谈会。

21日上午，老俞又约我去华医生家拜访了余华，受到余华全家的热情接待。余华介绍了他近两年法国、瑞典之行中所参加的文学活动情况及国内的一些活动信息。当我们听到"将于近期出版由北大编的《20世纪中国文学史》中收了鲁迅、郭沫若、茅盾、巴金、老舍、曹禺等十二大文学名人，余华也列其中"的消息时，大家都为之高兴，为之骄傲。余华回北京后没几天，我就收到了余华的信，以及余华按老俞和我的要求寄来送给母校海盐中学与文联工作人员李玮的签名书，可见余华对老俞的尊重和对家乡的诚意。余华来信全文如下：

嘉嘉：

你好，这次在海盐十分愉快，希望你不久后有机会来北京，我们可以再见面。

按照你的要求，我给李玮女士签名了作品集，现寄给你。另外，在海盐时俞部长让我给海盐中学也送一套书，当时手上已经没有书了，所以这一次一起寄来给你，麻烦你转交。

致礼！

问候俞部长。

余华

1996年9月24日

尾　声

五年前的一天，老俞看了《海盐文史》上我的那篇为"纪念人民政协成立六十周年"而写的《我与海盐政协诗书画》文章后，打来电话：

"咏嘉，你这篇文章内容写得非常翔实，是一篇有历史价值的文章。但是里边你所起到的作用都淡化掉了，却好几个地方提到我，实际上我只不过出了主意，什么都是你们书画委员和社友去做的……你很谦虚，从你的身上可以看到你父亲的影子。"

老俞的谦逊和对人的褒扬无处不在。他扬起的是寓意深长的不必吆喝便会催人奋蹄的"褒扬之鞭"。他对后学总是寄予很大的期望，尽管我那时也已步入老年，但老俞还是希望我能继续以我父亲为榜样，修身立德，改造终身！

联想起老子"知其雄，守其雌，为天下溪"这句话，怎能不无慨叹。老子告诉我们，深知雄强，却安于雌柔，则可作为天下的溪谷，使众水归往。这里的"守"是含有主宰之"守"，并非胆怯、退缩、回避之"守"。"守雌"有内收、凝敛、含藏之义，是温良恭俭让，只有具备这种由内而外的修养才能有所作为。这与那些只"知其雄"不"守其雌"，不顾品德风度向前直冲的所谓"魄力"截然不同。我总觉得老俞和我父亲在这方面颇有相似之处，这与所受的教育和自身的修炼不无关系。

张国华兄尝谓我"片纸只字，亦尤珍惜"，其一语中的，可见知我之深。这些"片纸只字"为我梳理往事立下了汗马功劳。翻到那旧纸上聊聊几行歪歪斜斜的字，竟如鼠标点开了已封尘数十年的文件夹：或狂风骤雨摧折枝，或阳光雨露润新芽，往事历历，甘苦再现，其中除了上文所及之外，老俞深入群众为后学排忧解难、消除误解等所做的大量工作应该不会被大家所遗忘，于此不再细叙。

行文至此，为老俞赋诗写照之思如高山之瀑势不可遏：

> 深林不语自修身，见别萧艾性本真。
>
> 九畹芳馨谁辨识，秋兰不染俗嚣尘。

2014年9月于武原天鸿桥头

原载于《海盐人物》，2014年第2期，海盐县文联名人文化研究会主办

抗战记事五则

一、徐绍庆誓不当汉奸　下狠心愤砸快照机

　　"日本人快要打到海盐来了"，1937年8月，镇上议论纷纷，人心惶惶。坐落在县城西大街117号"月镜轩照相镶牙店"的业主徐绍庆虽然仍在招呼顾客，但总是心神不定。有谁知道，这位向来忠厚老实谨小慎微的徐绍庆却干出了一件让街坊邻居意想不到的事情。

　　一日，店中徒弟张松突然听到楼上摄影棚内"砰，砰"的声响，不知发生了什么事情，便急忙跑上楼去，只见师父徐先生把快照机①砸了又砸。张松惊呆了，师父为何要砸掉吃饭家生②？张松飞奔下楼找到师母气喘吁吁地说了一句："师父在发独③！"接着便把刚才的情景一五一十地诉说了一遍。徐师母听了也觉得不可思议，匆匆回家问个究竟。

　　徐先生操着一口绍兴话愤愤地跟夫人说："日本人来了要拍'良民照'，如果我为日本人拍照，那就是汉奸！我从现在起就不做照相业务了！"快照机砸了，然而跟随他十多年来海盐创业的那架座机，他无论如何也下不了狠心去砸的，唯一的办法是"转移"。按技术来说，那个时期的照相终究比

　　①快照机，使用胶卷的手照机，胶卷能随意剪截冲印，照片立等可取，故该机价格昂贵。座式相机使用玻璃底片，一张玻璃底片多则可拍十多张、少则可拍四五张照片，须待整张底片拍满了才可冲洗，然后用玻璃刀按所拍照片的大小划成小块，方能印照，取照时间一两天、五六天不定。

　　②吃饭家生，谋生的器具、器材。

　　③发独，发疯。

镶牙来得容易，虽说开的是"照相镶牙店"，其实照相业务却是大头。徐师母深知丈夫的脾气，不经过一番深思，他断不会砸掉这价值不菲的快照机，更不会自绝一条求生之路的。

第二天，徐先生把座机的主要部件镜头卸下，用布包得严严实实，挂在七岁女儿德权赤裸的胸口，穿上短袖衫，由徐先生的母亲（街坊上都称呼她"娘娘"）带到绍兴河上墩的娘家亲戚金余家避难。走的时候，德权抱着西瓜哭着不愿离开，五岁的妹妹德樑也哭着舍不得阿姐。在人家的哄骗之下，德权依依

徐绍庆（1902 1972），摄于1961年6月28日

不舍地和爸爸、妈妈、妹妹告别。娘娘搬动着一双幼时被缠小了的脚，携着孙女的手一摇一晃，急匆匆赶往西边轮船码头。祖孙俩满头大汗气喘吁吁地登上了开往硖石的轮船，又马不停蹄搭上火车到达萧山，再转乘轮船往绍兴河上墩而去。

送走了母亲和女儿，徐先生把店号更名为"庆记镶牙店"，从此以拔牙、补牙、镶牙为生。店里生意清淡不堪，为了养家糊口只得拎上一只小藤箱，里边放置了治牙器材，不管刮风下雨，游走于乡下，或串门入户，或落脚茶店，成了一名"牙科走方郎中"。1938年8月3日，日军在县城北郊捕杀茶店无辜百姓的"北桥惨案"那天，幸亏徐先生没有去，否则也难逃日军的屠刀。

送去了娘娘她们几天后，徐先生总觉得这里不安全，也准备让夫人带德樑去绍兴。"海盐绍兴同乡会"一位做咸鱼生意的，俗呼"咸鱼金守"的朋友出了个去武康的主意。金守说，如果去绍兴，娘娘是小脚总是不方便，而他舅婆在武康乡下，家里条件好，可以照顾。他说本来也想把一个十多岁的女儿和十来岁的儿子送去武康，如果你们去的话就帮个忙带去。就这样，徐师母带着三个孩子去了武康。

谁知才到武康不久，武康竟先于海盐被日军占领了。数月后，德樑因颠沛流离备受惊吓而精神恍惚身体虚弱，又得了"走马牙疳"病，满嘴牙齿烂得一个都不剩，每天哭着要回家去。劳累过度的徐师母也患上了心脏病，无奈之下便赶紧请人给丈夫写信告急，可是这么远的路不是说来就能来的。武

2014年12月17日沈咏嘉摄
左起：徐德钰、徐德权、卢裕生（德权丈夫）

康乡下实属穷乡僻壤，缺医少药，那时请城里郎中的费用是按路程来计的，一里路要一斗米钱。尽管如此，徐师母还是举债花了五斗米钱请到了郎中。郎中先生把脉看过后只是摇头，他也无回天之力。徐先生接信后速速赶到武康，时近重阳，德樑已是病入膏肓，徐先生小心地抱起小女儿，轻声地呼唤着她的名字。德樑日夜盼望的父亲终于来到了，她安静地躺在父亲怀抱里，最后一次享受着父爱。当天晚上，德樑渐渐地停止了呼吸。一个幼小的生命就这样在日军的铁蹄下结束了！此时，悲痛欲绝的徐先生夫妇剩下的只有满腔的愤恨。

徐先生与夫人办了小女儿的后事，处理完了经济上的、人情世故上的事情之后，本想去绍兴接娘娘她们一起回家，无奈除了回海盐的盘川之外，囊中已是空空如一了。徐先生给绍兴寄去了一封焦毛信①，里边夹了一根黄头绳，向娘娘报了德樑去世的噩耗后，便陪着得了心脏病的夫人回到海盐。娘娘取出了信中的黄头绳扎在德权的头上，德权却不理解这是为什么。当她知道再也见不到心爱的妹妹的时候，竟连哭带滚，久久不能平息。

---

①焦毛信，地方习俗，凡是报丧之信必用火熏焦信封一角，俗称焦毛信。

11月，日军在海上炮轰海盐县城和天宁寺镇海塔的那次，徐先生和市民们一起逃跑，不慎被绊，扑了出去，肩关节脱臼，痛不堪言，后来请县里有名的伤科郎中冯国忠治疗才复了位。

自从失去小女儿以后，徐师母的心脏病虽经治疗，但仍时好时发。一日，徐先生照例早早拎着小藤箱去了乡下，徐师母卧病在床，张松在店堂打理。突然，一名日本士兵闯进店来，欲奔内屋。张松感到不妙，一个箭步把士兵抱住，两人扭打起来。张松胆大力大，那士兵绝非对手，没几下便灰溜溜地逃走了。在张松的保护之下，徐师母才免受了日本兵的糟蹋，好在以后也没有日本兵来过。

治病、房租、税收加上各种摊派，徐先生负担极重。尽管他与夫人、张松三人再勤奋、节俭，也仅是度日而已。直至两年后总算积攒到尚欠绍兴的费用和回海盐的盘川，娘娘与德权祖孙俩才得以回家。她们从绍兴有个叫头蓬的地方乘夜船，仅一个潮信，天亮就到了海盐长川坝①，上了岸再转坐摇班船回到武原与家人团聚。大家想到少了一个活泼可爱的德樑时，禁不住又痛哭了一场。

日本投降了！抗战胜利了！在举国欢庆声中，欣喜不已的徐先生恢复了原有的店号"月镜轩照相镶牙店"，又干起了照相、镶牙的生意，只是他再也没有实力重新添置那架快照机了。

二、效"福昌"抵制日货　两巴掌受辱铭心

1931年，侵华日军发动"九一八"事变后，完全占领了中国东北。后又在华北、上海等地挑起战争冲突，而且不断扩大。1937年7月7日，日军在北平附近挑起卢沟桥事变，抗日战争全面爆发。为了照顾妻子和两个小孩，在嘉兴新篁某烟纸店打工的陈瑞芝决定回海盐自立门户。他向县城周永泰银匠店业主周龙生租用了其在西大街32号（上岸）的一楼一底门面，于1938年10月15日开设"福昌号烟纸店"。虽然做的是小生意，赚的是小钱，但国难当头，陈瑞芝有着和绝大多数工商业者一样的爱国精神。

---

①指长川坝海码头，在杨柳山村葛山南坡下，虽说所有海船都是货船，但也时有乘便搭坐者。该码头在历史上一直是个民间码头。

上海的"福昌""南洋"和"和兴"三家烟草公司是有名的爱国企业，它们为振兴民族工业，抵制日货，生产价廉物美的香烟投放市场。20世纪30年代初，又印制了大批的纪念国难"九一八"事变等抗战题材的烟卡进行宣传，以激励民众的抗日斗志，影响颇大。陈瑞芝取"福昌"为店号，以提倡国货的民族精神作为自己的向往和目标。他的进货渠道在上海，傍晚从曲尺弄夜船埠头乘轮船，第二天早晨到达上海十六铺码头，去烟草公司批发后再从十六铺乘夜船回海盐。他进国产烟，售国产烟，店里没有一包洋烟。

那时的民众表现出超乎寻常之高的道德标准，日货被中国人定名为"仇货"，并对所有出售日货的商人视为叛国者。海盐县城西大街119号"明星杂货店"的业主，因贩卖日货而被同业公会这民间组织关进木笼游街示众。可见，抵制日货已成为民众的自觉行为。

日寇不时进犯海盐，烧杀掳掠无所不为。为了妻儿的人身安全，陈瑞芝携家逃难到百步塔界桥（现地名超同村）。陈瑞芝除了照料店中业务外，经常起早落夜步行数十里往来于县城与塔界桥之间，由于劳累过度患上了肺痨病。1940年，陈瑞芝不幸又感染上瘟疫，病势凶猛，不到一月便离开了人世。夫人陈书珍（原姓金，嫁到陈家后改姓陈）只得挑起养家的担子接班管理，店号不变，经营宗旨不变。

由于业务萧条，除了经营烟纸杂货外，她还串了一点鸡蛋卖。那天，一个日本兵路过，看到柜台上一只大口玻璃瓶内放了一二十个鸡蛋，连瓶带蛋抢了就走。陈书珍奔出店堂争夺，那士兵死抱瓶子不放。急得陈书珍一手抓着玻璃瓶口，一手指着店堂推板上丈夫的遗像，又指了指柜台内六七岁的儿子说："我丈夫死了，店里没有生意，还有两个孩子要养，靠这鸡蛋卖了去买米的……"那士兵看了看遗像及下面供桌上点燃的香烛，大概以为她说这鸡蛋是供品，别人吃了是不吉利的，竟松了手。陈书珍庆幸这强盗发了善心，捧着瓶子正要转身，谁知那士兵举起刚松了的手，"啪，啪"两记巴掌紧随着听不懂的骂声劈头而来，打得她眼冒金星差点跌倒。等到缓过神来，那日本兵早已扬

陈书珍 摄于1951年

长而去。东洋鬼子的这两巴掌更坚定了她抵制日货的决心！

陈书珍常跟子女讲述"福昌"店号和两记巴掌的故事，让他们牢记父辈与日本侵略者的经济斗争，牢记抗战时期备受凌辱和艰难困苦的生活！

三、老板伺机终得手　日寇命丧桑园地

开设于海盐县武原镇西大街下岸，新洋桥西边第五个门面的是一家棕绷店，老板叫熊金银。店后临河，这是一条东西向横穿县城的市河，河对岸是小街。站在棕绷店后河头窗边，东边十余米外架于市河的新洋桥和南面小街上的怀德桥一览无余。新洋桥南堍往西十余步有一条与市河相通的秀水浜，秀水浜与市河形同"丁"字。浜上的小桥便是怀德桥，怀德桥贯通小街，与市河平行。怀德桥西堍向南转去，沿秀水浜西边小路走数十米便是怀德小学。学校南边有大片的桑园地，那时为荒郊之地。

抗日战争爆发，日寇侵占海盐，烧杀抢掠，奸淫妇女，无恶不作，激起了海盐人民的极大愤慨，群众自发的各种形式的抗日活动此起彼伏。

1940年的一个下午，熊金银偶然在店后窗口发现新洋桥上有一个日本兵正往南走去。他觉得机会来了，赶紧跑出店门，往东快步走过四家门面，右折跨上新洋桥。这时，那日本兵已经走在小街上了。抗战期间工商业极为萧条，镇上除了早市有些交易外，大街上行人稀少，小街上基本没有店面，显得更为清冷。熊金银赤手空拳尾随其后，找到机会便迅速用手臂勾住日本兵的脖子，跑过怀德桥急速左转拼命地往怀德小学南边的桑园地深处拖去，把日本兵打死在那里。那时的商店大多是夫妻老婆店，穿棕绷的活就是老板熊金银自己干的，所

前排：陈书珍　摄于1989年10月临安公园门口

后排左起：陈龙宝、郭润根（陈龙宝夫）、陈正明

以他的手臂力量极大。

这件事尽管熊金银做得非常隐蔽，但是一百余米路的拖曳不可能没人看到。很快，熊金银被抓，日寇欲从他的嘴里挖出指使他的游击队组织的踪迹，所以不急于将他处死。熊金银自己清楚，这是他的个人行为，根本没受人指使，而且他咬紧牙关死不承认日本兵是他所杀。

熊金银有个弟弟在海宁当日军翻译，他向海盐日寇解释那日本兵非他兄长所杀。经过一番周旋，熊金银才被释放。

四、爱国成罪女生惨死　大栅桥上妄杀无辜

1936年底，15岁的赵祥麟被荐进"源盛米行"当学徒。"源盛米行"坐落在武原镇南塘街大栅桥西的虎啸墩南侧。不久抗战全面爆发，其时赵祥麟曾与比他大好多岁的店员吴惠生去参加抗日组织，终因年龄小而未被吸纳。事后他才知道那时的吴惠生已经是三青团员了，后来任澉通区长（前任区长干诚，被出卖）。抗战时期，日军盘踞县城武原镇，农民大多不敢来籴米，导致米业萧条，无利可获，"源盛米行"与其他米行一样，挣扎于倒闭线上。幸有店员朱阿迷（昇家桥人）的建议，"源盛米行"在昇家桥开了分店，业务稍有起色，才得以勉强维持。

那时，国民党政工队组织的怀德小学抗日宣传队颇为活跃，它激发了民众的抗日热情，坚定了民众的抗日斗志，也引起了日寇的注意。一日，专程从澉浦赶来武原的几个日本兵直扑怀德小学，将在校的六七个抗日宣传队女

2013年11月21日于海盐县博物馆会议室
左起：沈咏嘉、钟祖鑫、潘丙辰

左起：蒋锡荣、沈咏嘉
（2013年9月19日摄于张乐平纪念馆）

生当场杀死，又烧房焚尸，惨不忍睹。其中两个女学生，赵祥麟在塘湾小学读书时经常碰到，所以熟识。而今七八十年过去了，叫什么名字已记不起来了，只记得一个学生的父亲叫陆宜庆，他是在天宁寺西、大有酱园隔壁开京货店的老板；另一个学生家住寺弄西边，父亲叫钟先生，在上海做生意。

赵祥麟 2015年3月2日沈咏嘉摄于海盐县老年公寓

据说，抗日宣传队女学生的行踪是一个绰号叫冯瞎子的人告的密。冯瞎了家住南塘街，是日军走狗。惨案不久，冯瞎了被驻扎在江渭桥的江锡康抗卫大队秘密处死。

日本侵略者在海盐犯下的滔天罪行数不胜数，遇有些许小事，轻者拳脚相加，重者刀枪夺命。吴志香是吴锡斋手下的收租人，一日外出办事路过大栅桥，与日本兵发生口角，被无辜杀死于大桥之上。

五、被拉夫绮园做苦力　言冲撞血染碧水池

抗日战争初期，武原镇上一家桑氏水作店有两兄弟，哥哥桑杏生（小名寅生），弟弟桑来生。其时，弟弟被驻盐日军抓去在冯家花园（绮园）做苦力。桑来生秉性耿直，是个不畏权贵的人。一日，由于言语冲撞，便与日本兵争吵起来，得罪了日本人，被乱刀砍死于花园水池。

2015年8月于天鸿桥边

原载于海盐政协《海盐文史》，2015年第2期

我与龙官

代 序

咏嘉兄：

尊稿收到。读后不胜怅怅。龙官于艺术方面颇有灵性，为人豪放豁达。当年我返盐省亲，多次与龙官相晤，每次令人快乐。

近期我检查出来有脑卒中现象，自感思维迟钝，嘱我作序，恐难满意。我只好诌了四句以寄我感。

祝

一切都好

建 华

2015年11月12日

《忆龙官》：书生意气忆当年，踏月听涛放眼宽。最是酒酣耳热后，雄谈震座是龙官。

俞建华乙未年十月初一晨

自 序

"人生得一知己足矣，斯世当以同怀视之。"20世纪60年代初，我在报上见到鲁迅书赠瞿秋白这副楹联的手迹，为其含义所感，于是也用毛笔认真写成小件夹在玻璃台板下以之为伴。不料数年后被喜欢它的人所"掠"，让我精神恍惚了几天，预感与联中的这种襟怀永远也拉不近一点距离了！然而，在对知己的多寡上我还是能做到不奢求，以免被它所累。

龙官，我是引以为知己的。写这篇文章的目的是为了怀念他，纪念朋友们与他之间的友谊。故我将拙文寄去杭州请俞建华兄作序，另，若文中提及建华兄的几处史实有误则请帮助修正。建华兄阅后来电说，"文章写得很有感情，文中未见有出入之处，有的事你不写我都已经忘了，看了文章才又记了起来……"至于写序，建华兄的信中已有简述。我把该信作为代序，一可告慰龙官在天之灵，二可镇书增辉。在此，谨对建华兄抱病赋诗赐函致以深切的谢意！愿建华兄早日康复！

文中插入较多照片，以弥补文辞枯蜡，遮丑也！

龙官夫人利华女士提供了部分照片，为本文充实了史料，专此诚谢！

龙官，高引生之乳名。龙官与我交往已逾五十春秋，他是一位热情、直爽、敢言、喜辩，又偶尔有点固执的人。他有一张韭菜面孔，一拌就熟。他既善于公关，又不愿看人家的脸色，本已谈好了的业务只要对方略有变更，他掸掸屁股就走，绝不会乞求于你。他善游泳，好摄影，擅长手风琴演奏，精于水彩画，是一位多才多艺的人。他美术字功力深厚，1983年，他为在海盐召开的中国民间工艺美术委员会第十届年会设计的广告画受到专家的好评。他钟爱外国名著，我读的第一本外国名著《莫泊桑短篇小说选》就是他在五十四年前介绍给我的。他嗓音亮丽，他演唱的那首"亚非拉"博得了满场掌声；他喜欢上了小提琴，我便把我用的那把"练习型"提琴送给了他……这都是文革初期的事情。我们的友谊是真诚之下的求同存异、相互尊重、相互理解的友谊，是值得珍惜的友谊。龙官离开我们以后，我就有把我与他交往的点点滴滴记录下来的想法，但总是静不下心来。一晃，不觉已到了他谢世的周年，思友之情驱使我用鼠标点开我大脑的记忆，以篑中史料为佐证，于是就有了今天的这篇文字。我想，这是我对他的最好纪念。

一、初识龙官

1961年10月，海盐县恢复建制。11月，我们举家从硖石返回海盐，住乙枝堂药店西邻农业局宿舍。是年，我高中毕业，因患肺结核而被嘉兴市教委取消高考资格，居家"哺豆芽"。一日上街遇龙官，我问他怎么没去学校。

他直言不讳地说，得肺结核了，在家养病。同病相怜，多了些共同语言。自此，龙官常光顾鄙舍。我和两个弟弟与父母、祖母，一家三代六口住房面积仅三十来平方米，拥挤不堪。夏天，家里热不可耐，我和龙官往往搬了骨牌凳坐到南面办公楼的弄堂里，张着那阴凉的弄堂风聊天。一日，他讲起这几天他母亲为他烧"坑砂①肚子"，味道还可以，据说吃了可治肺痨，问我是否要吃。我总觉得这"坑砂"太腻心没有胃口。龙官家住南塘街下岸长义米行北邻。第一次去他家做客，我胸襟为之一开：一楼一底宽敞整洁，临河水阁一排长窗，既透风又响亮。他们两代四口住房面积竟有百余平方米，使我好生向往！我称呼她母亲为"大妈"，他称呼我母亲为"沈师母"。两家老人对自己儿子的朋友都很关爱，我们也很尊重双方的老人。

夏日里，龙官时常约我去海边游泳。我们租不起自行车，徒步到救海庙，从鱼鳞塘下海。鱼鳞塘的石阶又窄又陡，每级石阶又很高，尽管手脚并用，上下还得小心。龙官会水，蛙泳、侧泳、仰泳、自由泳无一不精。我乃旱鸭子，仅在浅水区或泡泡海水，或练练游泳基本动作。海盐濒临东海，沿海一带水质浑浊多泥沙，泳后必须用淡水冲洗干净。我们贪图方便，就近去海塘内的白洋河。白洋河的河滩上面不是瓦罐碗盏的碎片，就是芦苇被割掉后根部留下的一根根又短又硬的杆，尽苦了脚底板。后来听村民说白洋河钉螺密集，多的是血吸虫，吓得我们再也不敢冒这个险了。

二、喜悦共享

20世纪刚跨入70年代，我因下乡插队务农，与龙官往来极少。六年后，我上调回武原镇分配在百货商店当营业员，龙官在寺西海的五金厂工作，我们往来的机会渐复增多。龙官调新建的电熨斗厂后，送过我一只蒸汽熨斗，说是厂里开发的新产品，让我分享他们的成果。这使我想起数年前的一个傍晚，龙官匆匆赶到农业局，给我带来了一只铁皮书立。书立差不多有一毫米厚，上喷粉蓝色的油漆，既硬朗又清新。书立虽然只有一只，但我利用另一边的墙壁便把原来叠在桌子上的一大堆书整齐地竖放了起来，取存方便许多。人是喜欢求变的动物，我欣赏着改变了模样的书桌，心里有说不出的舒

———————————

①坑砂：粪缸长期使用后内壁上积聚的沉淀物。肚子：猪的胃。

畅。今天看来，这一点也不起眼的书立，在那个物质极端匮乏的年代可称得上是一件奢侈品了！龙官能将他得到的一副书立一半自留，一半送我，可见他喜与朋友共享的性情。这只见证友情的书立至今我还保存着。

2008年4月6日，龙官来电，说几天前获蕙兰一盆，今已放花，请我去总工会工作室共赏。那时我的"九九文化公司"正待歇业，诸事处理甚忙，赏花虽有感触，尚无抒发胸臆之闲情。直到翌年春节我因小恙卧床，过了子时仍无睡意，定神静思，想到许多老友，许多往事。突然跳出去年龙官邀我共赏幽兰之情景，且久留不逝，感慨之下遂有记述其事之欲。取床头柜纸笔，索句斟字，终得《江城子·赏兰》词一阕，词前小序云："去岁仲春，龙官来电，云其工会工作室之蕙兰花放甚佳，请余速去同赏。余即驱电瓶车前往，至半路，老天飘下丝丝细雨，马路甚滑，减速缓行。至工会大楼，龙官早在走廊守候。未待进门已闻其沁肺之馨，观之，果然好花！花秆花瓣半透如玉，花蕊扁平卷曲，青底之上翡斑点点，犹如青瓷点彩，灯不美哉！感龙官美事共享之情，为之赋。"词云：

春风带雨细如烟。放幽兰。拜灵仙。清香满室，翡玉透花秆。莫使匆匆容貌谢，留素影，手长牵。

词成数天后精神尚好，便写成扇面，裱成镜框送去工会工作室。龙官大喜，真正感受到文人交往之雅趣。我想，这种情趣在他大脑印得一定很深，故直到一年以后还在记挂着。

三、友人欢聚

1985年春节的一个夜晚，周利坤、殷祖光、王宏权、富浩舟和我应龙官之约，去他家聚餐。餐后，龙官摆开排场：毡毯、宣纸、毛笔、墨水、颜料……由利坤在四尺宣上开笔勾勒皴檫巨石一块，宏权、龙官、浩舟配以鸡冠、牡丹、喇叭等花卉，再以松、竹、兰穿插其间。画毕，祖光于右侧题李白《赠汪伦》诗一首，款落"阿玉题"。众人意见让我为该画取个名，并把五位合作者写上。我说，此画以花卉为主，且是道友合作，取名"群芳图"如何？大家一致道好，便由我书于左上。龙官把画用图钉揿于墙上，招呼我们合影其下。见了这瞬间定格的照片，便有了今天的这些回忆。

20世纪90年代初，龙官乔迁勤俭路烟糖公司大楼五楼（顶层）新居，我和周利坤、殷祖光、何祖谋一起偕同夫人及其他朋友共去贺喜。龙官与利华准备了丰盛的晚餐。酒足饭饱之后我们几位男士挤在阳台上一起点燃鞭炮，宁静的夜晚被声光干扰了一会。利华放起轻音乐，诸友踏着舞步，度过了一个难以忘却的良宵。

胡根良在主持南北湖风景区工作期间，首先开发的是三湾景区，在三湾建起了管理兼接待用的小楼。小楼结构多变，颇具艺术性。根良欲求俞建华为一些景点题字，请我帮助联系，另外请我再邀几位朋友陪陪建华，我推荐了龙官和利坤。1995年1月14日，根良派车去杭州将俞建华接来三湾，我和龙官、利坤早在管理楼小门厅等候。根良为我们安排了两个房间，为便于交流我建议就用一个房间，另加两只钢丝床即可，建华等异口称好。我们就书画史和书画创作的理念、技法等请教了建华。建华毫无保留地做了深入浅出的介绍，谈了看法和体会，大家深感受益匪浅。那天晚上，我们从书画艺术到人生追求，敞开心扉，无话不谈。不觉迎来了子时，又送走了丑时，时光悄悄流入了寅时，竟无一人稍有倦意！这是数十年来我们四人同叙中最释怀、最轻松愉快的一次！

我退休后的一年春天，在龙官的提议下，我们和小杜、小陈同去杭州拜访建华。那时建华正在编什么书，极忙，但他仍安排时间陪同。我们到达杭州已近正午，建华找了一家不大的餐馆，颇为安静整洁。久未会面，欢然叙旧。除杜、陈二位外我们均已步入花甲，岁月易逝，感慨良多。餐毕，散步于林荫。建华还有任务，我们送他回到出版社便匆匆告辞，无尽之言，只能留待下次机会了。想不到这竟是龙官与建华的最后一次会面！

四、热情豁达

1996年6月20日，县里召开了"全民健身活动周暨县级机关运动会"。会前，县政府办公室主任汤锦明请我介绍一家广告公司赶做一面"海盐县级机关运动会"大旗，要求明天送到，我便想到了龙官。那时广告的书写、制作全用手工，很吃功夫。龙官与两个徒弟加班到下半夜，第二天清早刚上班就送来了。锦明把旗展开，看了非常满意，问及费用时，我怕龙官因为是我介绍的而少收费用，便插话与龙官，加急做的可收加急费。龙官笑了笑说："算了，算了，就按一般费用收吧。"锦明不好意思地看了看我。我说："那就尊重龙官的意见吧！"龙官就是这么个人，把情义看得比金钱还重。

2005年7月9日，我办的"海盐县九九文化发展有限公司暨九九画廊"开张的这天，老友林振汉先生正在重症监护病房抢救，他特地请赵慧忠给我打电话表示祝贺。我因无法抽身，只能托龙官帮我给老林带去公司开业纪念品。龙官二话没说，跨上摩托飞驰而去。都已花甲老人了，办事仍如此立竿见影，龙官之热情于此可见一斑。

五、吊唁大妈

2000年底一个周日的上午，遇龙官，见他手臂上别着黑布条，问及，才知他母亲已经仙逝。我要去灵堂，他说我太忙了，就不用去了，在我的执意要求下才带我过去。进门便见墙上挂着大妈微带笑容的遗像，上围黑纱，供品满桌，烛光摇曳，香烟缭绕，一片沉闷。龙官眼中噙着泪水，颤抖着叫了声："姆妈！咏嘉看你来了！"我添了一枝香，恭恭敬敬地向遗像三鞠躬，送上礼，龙官坚拒，又是在我的执意下才勉强收下。我们在灵堂聊了一会。我回忆了八年前，张玉生先生在世的那些年，我在张先生家里经常会碰到大妈帮张先生或买菜或捎带东西的情景。张先生孤身一人，又患有心脏疾病，身体虚弱，腿脚不便，除了我们几个学生有时帮他做一点事情外，每天的菜大多是大妈帮助买的。她数年如一日的助人精神给我留下了极深的印象……告别前，我又向遗像深深地鞠了三个躬。

六、兄弟情深

龙官没有姊妹，只有一个比他小十岁的弟弟励生。两人关系密切，感情深厚，相互关心，相互尊重，直至龙官离开人世也未红过一次脸，是标准的"情同手足"。

由于休学，龙官至1965年才完成高中学业，综合性大学的考试落榜了。他觉得应该发挥自己在音乐上的专长，就专攻声乐，刻苦训练。翌年，他选了"上海音乐学院"和"中国人民解放军艺术学院"，他对自己考声乐专业还是有一定把握的。收到两个学校考试通知书的时候龙官已做好了充分的准备，满怀信心整装待发了。谁知"5·16"通知——"文化大革命"开始以后，各大中院校停止了招生，他的愿望也化作了泡影！

1973年，下放在六里苗圃务农的励生，被推荐去考中专。龙官希望励生报考"浙江师范学校音乐美术系"，让弟弟去实现自己未能实现的愿望。励生没有让哥哥失望，尽管自己对此把握不大。待收到录取通知书时，兄弟俩愉悦之情不可言状！

其实，励生身上不乏音乐细胞。毕业后，励生分配在海盐县向阳小学任音乐教师。他爱岗敬业，成绩不菲。他于声乐、管乐、弦乐、打击乐、键盘乐等无所不能，他麾下的军乐队阵容与水平居海盐之首，他历年所教的电子琴学生参加比赛获奖的不在少数。为此，龙官也很欣慰，终究励生为哥哥争了光！

兄弟两家你来我往聚会频繁，自不用说有多少热络。自2010年励生女儿震云在上海买了房子以后，励生他们经常请龙官一家老小去住一段时间，龙官他们换下来的衣服励生夫人李建军和女儿总是抢着洗掉，亲情如此亦谓少见。

2012年，励生因心脏疾病去上海治疗，后仍无法正常工作，只能长期在家疗养。一次龙官全家去上海看望励生。晚上，龙官问励生，为何只靠着而不躺下睡。励生笑了笑说，躺下心脏受不了。龙官见励生承受着如此的痛苦，在亲人面前还是这么乐观，不觉一阵心酸，转身到外间偷偷地流泪，兄弟情义于此可见一斑。

2014年9月24日中午，龙官突然脑梗住院抢救。利华从医生处得知病情危重，就赶紧电话告知励生。励生夫妇与女儿全家五口从上海匆匆赶到海盐看望龙官，并同利华与医生探讨治疗方案。尽管励生心脏有疾，在龙官生命迹象消失前的四天里，他每天都要在兄长身边陪护一段时间。看着兄长每况愈下的情状，励生脸色发青身体不停地在颤抖！励生的这种将要失去兄长的精神打击比自己患严重心脏疾病所带来的精神打击还大！"手足之情"能延续到各自成家，至第二代、第三代的出生长大，没有妯娌间的和谐相处只能是天方夜谭！

七、情绪冲动

1996年下半年的一天，龙官来电说，他接到了一桩较大的广告业务，买了一根电线杆，想暂时寄放在体育馆闲置地块上，请我帮助打个招呼。我征得了体委的同意，解决了寄存问题。数天后一个周日的下午，我接到龙官从体育馆传达室打来的牢骚电话："我现在就要去安装电线杆，可是体育馆门卫硬不让我拿，虽然他不知道我寄存电线杆这件事，但那电线杆确实是我的！"龙官怕来不及安装要失信于人，急得在电话里直着嗓子喊："不让我从大门拿，我就搭架子把电线杆从围墙上翻出去！"我说，这不是解决问题的办法，这样做反而会将矛盾激化。龙官急得在电话里一个劲地叫"那怎么办"，他没有找到解决问题的关键，而把时间都浪费在无效的争论之中。解铃还须系铃人，我给上次打招呼的那位同志打了个电话，在他的沟迪卜儿分钟就解决了。事后谈起这件事，龙官也笑了："不知道啥原因，急得过了头就没了主意！"这是龙官在我面前表现的唯一的一次冲动。十五年后，他请我疏通工会续租工作室未果的那次，虽有抱怨却无冲动之举。人也许与瓷器的色泽一样，随着时间的推移其火气也会慢慢减少的吧！

八、诗画情谊

1962年初春，龙官约我去东城门外写生，这是我第一次野外写生。那时买不到画板，我们就用讲义夹替代，用的是铅画纸。龙官的写生能力极强，他会从并不起眼的农家景色中截取一块入镜，出手快，造型准，构图美，已初露绘画之天赋。龙官还曾带我到寺西海浙江都督朱瑞住宅的后园写过生。园已败落不堪，破脊乱瓦，断垣残壁，老树废池，杂草丛生，其时日已西斜，在他的取舍下又是一幅光影变幻的惊人之作！

在我的记忆里，龙官在艺术上最有影响力的是一次色彩学的讲座。约于1985年秋，我和殷祖光在县总工会教授书法，时间安排在每周二、四的晚上，其中一个星期的周三、五晚上是龙官的广告画色彩讲座。那时，他刚从杭州参加色彩学培训回来。他带来了专业的色彩理念，有传统的，也有崭新的观点，举例子，有比较，虽然没有直观的幻灯片作辅助，但他那有声有色的生动表述吸引了众多的绘画爱好者，大教室里座无虚席。两天的讲座我都听了，的确大开眼界，长了不少知识，是我了解和欣赏绘画，特别是广告画的启蒙。讲座对海盐广告艺术的普及和提高起到了不可忽视的作用！对他自己来说，他的水彩画自此也上了一个台阶，佳作频频问世。

20世纪90年代末，"雪龙广告装潢经营部"歇业，这对龙官这个好结交朋友的人来说是一大挑战。过去人们交往的场所大多在家里，甚至在卧室，自从允许办私人企业后开始转至企业单位，逐渐转移到卡拉OK、KTV包厢、茶室、咖啡馆等，人们已不习惯在家里进进出出。龙官的业务室也是办公室，客户和朋友济济一堂，每天热热闹闹，时间也就一天天很快地过去，竟无寂寞之感。现在不做业务了，不退租则经济上承受不了，退租则失去了聚会的场所，习惯于热闹的龙官将至如何！龙官征求我的意见，我认为适应还得有个过程，故建议另外租一间费用相对低一点的房子，房租由我资助，龙官觉得不好意思。在我"作为朋友一点心意"的坚持之下龙官也就接受了。实施两个月后，他总感到不是个滋味，便在何祖谋周旋下向总工会租到了更便宜的房子，于是就把我"清退"了出去。

这个时期是他情绪的波动期，烦躁影响了水彩画的创作欲望，即使拿起画笔大多仅是为创作而创作，故未见佳作。他自己也在寻找一种提高绘画兴趣的途径，后来终于选择了国画中的山水画。

"九九文化公司"二楼是"九九画廊"，陈列展览了书画朋友的庆贺之作，其中有龙官的水彩画。龙官的贺词如下："九九画廊开张志禧，老友龙官贺，2005年7月9日。"翌年一天的早上，"九九公司"刚打开大门卷帘，龙官便来到了，腋下夹了一只镜架。我好奇地问，如此早来有何公干。龙官反问我，今天是何日子。我茫然。龙官慎重地递上镜架说，送上拙作国画一件，祝贺九九文化公司开张一周年。"7月9日"，连我自己都忘得精光的日子，他却记得如此之明白，真有心人也！

开张之初，龙官常带孙儿天威来玩，有时两人在楼上开小汽车。楼上除了一部分放置书法培训用的桌子、凳子外，地面空间还很大，著名太极拳家蒋锡荣先生每次回乡总会光顾公司，与孙再兴和我在楼上打太极拳、练推手，所以玩小汽车是绰绰有余的。

在我办公司的几年里，龙官常邀我去工会工作室，对他的新作或品评，或题款，其时他往往会通知他的学生周彪、庄培民一起来听听看看。他的山水画水平日渐提高，向他索画者也日渐增多，有乔迁新居的，有子女婚嫁的，等等，大都是龙官装裱成镜框后赠送的。这费了功夫还花钱的买卖，用龙官的话说，"是图个开心"。然而由于公司事务冗杂，我去他那里切磋画艺的日子终究不多，他孤身一人冷坐工作室的日子也不少，到耐不住的时候他会给我打电话，吐露一点对人生意义的疑惑。我则鼓励他，乐趣必须设法自己去找，不能等待别人的"施舍"，聚少散多极为正常，要理解家家都有一本难念之经；人生最大的乐趣是奉献，而不是索取。我的话龙官还能听进去一点，慢慢地也产生了一些效果。

2008年8月，我有作品参加"嘉兴画院画师扇面作品展"，约龙官和利坤于18日上午乘坐171公交车去嘉兴观看。从嘉兴站头到画院还有较长的一段路要走，时值盛夏，龙官最会出汗，登上二楼展厅已是浑身湿透。小小扇面，形式多样，布局各异，涉猎国画为时不长的龙官颇为兴奋，收益甚丰。中午在五芳斋吃了粽子、馄饨等点心后，大家无心逗留，便急急返回。

龙官向我诉说过几桩不快之事，均为朋友暗地里做小动作背负与他，以致怒上心头，无处出气。我先示同情，而后劝他气怒则人可不必，须知"牢骚太盛防肠断，风物长宜放眼量"。我建议他取我之法，来点阿Q精神，把这些不上台面的小动作当作笑话看待，不去在乎，心里就会轻松许多。在我的疏导下，他也有所悟，有所改变，这从我们以后往来的短信中可透出一点"春消息"。

我与龙官的短信往来起自2008年9月14日，终止于2011年2月3日，在这两年半的时间里龙官重现了他过去的阳光，这是在他"定论"前的一抹斜阳。

九、商海一搏

1993年初，正是天命之年的龙官满怀信心筹办"海盐县雪龙广告装潢经营部"。"经营部"为县农林局主管的县农工商总公司下属单位，设在海滨西路103号，即县农工商办公大楼四楼。经营范围非常广泛，各类广告、装潢设计、企业形象设计、绘制宣传横幅、室内外装潢以及布置展览厅、会议室等。其雄心勃勃，愿做一番拼搏的精神实为可嘉。有信札为证。

嘉兄：

近好。

此番，弟在筹办雪龙广告部之际，承蒙贵兄挥毫题名，不胜感慨。

弟此时能再度复出，重操广告之业亦是最后之机遇。最近之一搏，胜败之间决无选择，弟亦加倍尽心尽力，不负贵兄之厚望矣！

今寄上函一份，敬请多多指教！此致

礼

愚弟：龙官1993年3月31日

1996年，为纪念"经营部"成立三周年，龙官曾策划组织了一个茶话会，邀县政协诗书画之友社全体社友参加。龙官介绍了"经营部"运作情况后，大家就书画创作进行了座谈、交流；合影是其中一项内容，因为人多（尽管没能全部出席），选在农工商大楼顶层平台之上，用的是龙官的相机；聚餐是活动的尾声，就在楼下的饭店。活动紧凑，气氛热烈，老画家林振汉、马飞熊对此次活动评价甚高。作为一名小企业主的龙官很珍惜"社友"的这个称号，经营之余不忘"之友社"这个组织。事情虽小，却是一种品质的体现。

十、兴趣渐失

1997年，原中国人民解放军27军79师师部作战参谋李文宽来海盐期间，跟我谈到1949年七八月间，79师调防到海盐、平湖进行海上训练，准备解放台湾，师部驻扎在海盐武原石拱桥旁某大户家（时任连指导员的迟浩田驻近郊），经考即"梅园里徐家"。我曾听马觉新讲过，他家老宅就在"梅园里徐家"最北边几间。2011年9月，我拟写《中国人民解放军27军79师驻防海盐小记》一文。为搞清"梅园里徐家"的宅院分布、周围环境及建筑结构等情况，便约马觉新于4日下午在总工会龙官工作室碰头。龙官在一旁自顾看报，对我们的谈话毫无兴趣。不过，他还是用相机记录了我"采访"的瞬间。年底，我开始就武原镇工商业分布做调查，曾约龙官参与，他说调查这些有什么用，以此为由婉拒了。

龙官不支持我"狗抓耗子"的调查工作，我忖度原因在于他很希望我能多留一点时间给他。以后的一段时间里，为充实他的生活，我尽可能挤一点时间或主动去工会工作室讨论他的新作，或请他约友人小聚，这仅是尽一丁点朋友的义务而已。

2012年春节过后，龙官跟我说，总工会要收回他的工作室，请我去通融一下，最好能继续租用。我跟新上任主席反映，主席说，因要拓展培训工作，现有的场地不够用，故只能收回，请我谅解。我没有理由不支持他们的工作，所以我也只能请龙官谅解。为此，龙官对我没能帮上忙而有些情绪，但是我只能如此而已。

龙官搬离了工会以后，把工作室设在他岳母家里。那是一套底层的房子，空间比工会的大，其中两间屋子墙上悬挂的、桌上摆靠的都是他的杰作。我送他的那件《江城子·赏兰》书法扇面挂在醒目之处，也许他非常怀念我们喜悦共享的日子吧。工作室对龙官来说既是创作又是接待朋友之地，当然，后几年主要用于和朋友天南海北聊天消遣罢了。这里房间虽大，然而人气远没有工会那么旺，环境也没有工会那么舒畅，故龙官也不是每天能去，朋友造访者更是寥寥，尽管他各方面的朋友不少。老年人生活习惯的突然改变有时会导致情感的变化，特别对不善于自我调节的龙官。不喜清冷之人大感清冷，不甘寂寞之人大感寂寞，怎么会不影响身心健康。

2012年11月28日上午，我和利坤、祖谋、葛关生应龙官之约去他坐落于河滨路的新居聚会，中午在外就餐。老人如孩童，最怕冷清，热闹给龙官带来的是喜悦。那天他的情绪很好，大家聊到下午两点多才离开餐馆，我驱车送龙官回家。路过勤俭路秦山路口的"海盐县糖业烟酒公司批发部"大楼时，我建议以大楼为背景给他拍个照作纪念。龙官来了精神，我明白他很留恋这幢楼。大楼靠马路的顶层（第五层）就是他的旧居，这是一个值得回忆的地方。想当年龙官刚搬来的几个新春之夜，我和建华、利坤、祖光、祖谋诸友应邀在这里品尝利华的烹饪手艺，大家觥筹交错，欢声不绝，常常喝到子夜酩酊方休。后来，由于各自的种种情况，旧景不复再现。

龙官渐渐变得不通情理起来。前几次因血压特高而住的几次院，他都显得烦躁不安，因不信任医生的能力而固执地逃了出来。利华告诉我们，医生配给的药也不按时服用，要他注意，他却耍脾气。利华跟我说："我跟他（指龙官）不知讲过多少遍：'你不要嫌我烦，我管你的身体既为了你，也是为了我，你什么时候跑掉了，我连相骂的对手都没有了！'可他就是听不进去。"我也做过龙官的思想工作，他虽然对我还算尊重，但那时只是口是心非而已，末了还是我行我素。

海滨公园建成以后，龙官还未曾去过。大概是2011年的夏天，我驱车带他去散了散心，又看了琴台旧址上的伯牙雕像。我感慨知音难遇，要珍惜友情，要多站在对方的位置上考虑问题，多想到人家对你的好，调节自己的情绪，人就会活得轻松。其时，龙官也赞同我的观点，但往后慢慢淡化，又回到固有之地。

热情奔放、豁达开朗的龙官竟变得对周边事物如此的冷漠，使我想到十多年前的一件事。

1993年8月5日，海盐政协"诗书画之友社"成立。在我的推荐下，龙官、王宏权等几位有造诣的画家被聘为社友。在这一届里，非政协委员身份的社友也可列席两会。对此，龙官非常珍惜，他除了做好一名社友外，还积极反映社会的热点问题。

20世纪60年代小四清初期，县文教局在敕海庙和北沙滩两处开辟了夏季海上游泳区，鱼鳞塘的台阶既高陡又窄，上下很不安全。为此，县文教局安排体委具体负责（体委负责人陈国柱去外地学习，局里请沈咏能代理），由钱塘江管理局海盐工务所施工，在这两处的鱼鳞塘上各建了一座铁梯。后由于种种问题无人问津，导致年久失修，锈蚀不堪，存在严重的安全隐患，群众反响较大。龙官出于对社会的关心，约请了一位政协委员，两人联名写了一份重建铁梯的建议，龙官还画了一幅拟建铁梯架于鱼鳞塘的效果图，刊登在政协通讯上。非政协委员身份的"诗书画之友社"社友利用这个平台，主动约请政协委员提建议，据我所知这在海盐政协史上是绝无仅有的。

纵观龙官性格的前后变化，现在看来其实是脑血管疾病来临的一种信号。我想，恐怕是小血管的堵塞，压迫了情感神经而导致了性格的变化。

十一、合影之末

二十来天没约龙官出来走走了，2014年6月5日下午两点半左右我去电问他，到利坤家赏画如何。他只说了"好的"两个字，语调极为平淡。我驱车去他家楼下接他，他行动迟缓，钻进车的那个动作简直如大熊猫一般，路上也没有一句话。到了利坤家，利坤取出几幅近作铺在地上让我们评点。客厅里只有我和利坤两人的声音，往常滔滔不绝的龙官一言不发，如同陌路人一般。墙上的时钟已近三点半，我提议去楼下院子里合个影，迟了光线不好。利坤夫人杭剑文为我们拍了几十张竟无一满意，最大的问题是龙官面无笑容，精神不佳。只能让剑文辛苦点，再拍。大家喥龙官笑，还好，剑文终于抢拍到了一张。怎料照片上微笑得有点憨厚的龙官竟是和我们最后的一次合影——三个月后龙官就突然走了！遗憾的是，由于我的拖拉，三人形象一直在相机的卡片里，龙官直到驾鹤西去还没能见到这张照片。

这天晚上，利坤做东，我们三人在工商局对面的"新顺利园饭店"就餐，利坤带了几听啤酒。我因胃疾早已与酒无缘，利坤与龙官对饮。龙官喝得不多，胃口倒是蛮好，利坤点的千岛湖鱼头很大，里面果冻似的胶状鱼脑都是他吃的。在饭店里龙官有点兴奋，他嫌老板娘安排的包厢不吉利，隔壁就是店内的厕所。龙官察看了好几个包厢都空着，可是老板娘却说"都已订出"。为此，龙官颇为不快。这是我最后一次见到龙官与他人的争论，此刻龙官的情感神经还比较敏感。事后，利华告诉我，龙官最顾忌在厕所边用餐，难怪迟钝的龙官一下子会兴奋起来！

十二、最后的晚餐

我已经忘记是2014年7月的哪一天晚上，我和夫人毓文约请龙官、利坤、何志良（海盐印刷厂老厂长）、毕巧奎等九友人在八仙酒店聚餐。何厂长却非常清楚地记得是7月27日，他说他本来计划在今年7月27日，我们聚餐一周年的那天由他做东再聚的，只因高温来袭而推迟。所以我相信老何是记住了这个日子的。

那天，龙官的胃口仍然还可以，只是较一月前"新顺利园"的那次更为迟钝。席间笑声此起彼伏，唯独龙官只吃不说。龙官左席的巧奎觉得很奇怪，说龙官怎么会变得如此沉默？小夏也劝龙官要多与外界交流，否则会变痴呆的。龙官听了似笑未笑，脸部肌肉抽动了一下，还是无动于衷。席散，我送龙官回家。到了楼下，我要陪龙官上楼梯，龙官一定不让。我即打电话给利华，说龙官已上楼了，请她关注一下。利华赶紧下楼，接到了龙官便喊下话来，"接到了！""谢谢了！"我和夫人这才放心地离开。天下何来之巧合，两个月后的这一天27日的晚上，龙官竟与我们长辞了！

2014年9月24日中午，杜英超来电告知她母亲因脑梗住院已有数天，她师父龙官也因脑梗刚刚住院，在她母亲隔壁病房。我因不知龙官的脑梗程度，且有事不得脱身，至26日下午约三时许，才与毓文去看望龙官。龙官夫人利华、弟弟励生以及学友陈见成等均在。其时龙官已无知觉，我叫着："龙官，龙官！咏嘉看你来了！"没有反应，我大声喊了几遍，检测仪上的血压、心跳指示线毫无上升之状，只是喘着大气。利华告诉我们，检查结果是少见的大面积脑梗，用药也已无济于事了。

28日晨六时许，接利华电，报龙官已于昨晚十点四十分谢世，并请我帮助通知几位龙官的朋友。我以"节哀"告慰。打完了几个电话，我便着手构思挽联。

当日上午八时，我和毓文、咏禄、咏麟、陈蕙等一行五人赴杭州邵逸夫医院看望颈动脉开刀的咏能长兄。此事昨日已定，今闻龙官噩耗，故午饭毕便匆匆返盐。回到家中即清理画桌，书写完挽联，速速送至龙官家。

2014年9月29日上午九时，龙官的告别仪式在海盐殡仪馆举行。大厅正中遗像高悬，左右挂我所送的长4.6米挽联：

龙官老兄千古永存

君何负我，原来说，重提画笔，等我闲时同探索

我直悲君，本欲思，再品幽兰，听君笑语竟无言

甲午桂月永嘉敬挽

　　呜呼！世事纷纭，瞬间即逝；龙官仙去，竟已周年。有感于纪念故人，唯以积极之姿态才显得更有意义，遂得句：日月其除宜待旦，韶华不再当惜阴。愿与诸友共勉。

2015年11月于以风当歌斋

服侍病妻解苦痛　元气伤尽勤练功

——模范丈夫沈咏仪

沪上沈咏仪是我的堂兄，他于太极拳有极深的造诣。五年前，我与他推过手，他不丢不顶，柔软如棉，我欲发劲，却反被推出数步！他虽未负盛名，却有与我的老师当今太极名家将锡荣先生相似的非凡身上功夫！他是我所敬佩的人。我敬佩的不仅是他的太极功夫，更是他那超乎常人的高尚品质。

咏仪兄夫人孙洪宝十余年来病患不断，备受磨难，也给咏仪兄的晚年生活带来了许多艰涩。

2006年11月，62岁的洪宝嫂因严重先天性心脏病开刀治疗，手术长达九个半小时，从此终身服用"华法林"。"华法林"的作用是稀释血液，服多了会造成胃出血，服少了有脑梗的危险，故须定期检查血黏度而随时调整服用剂量。

2009年，洪宝嫂患胆囊癌，无法开刀，只能放疗。同时求访名老中医，处方用药：金钱蛇1条、蜈蚣12条、全蝎12克。蜈蚣规格为长15厘米、阔1.5厘米，中药房没有如此大的规格，最终还是由咏良弟媳沙善雅的侄女婿设法从外地购得。两次放疗结束，中药仍继续服用。

一日半夜，洪宝嫂腹后背心处突感剧烈疼痛，急诊治疗后略有好转，后又多次复发，经X光检查发现疼痛处疑似有一股气阻塞。武术界传闻：有气功的人可以捋（气功导引按摩）掉它，练了近五十年的太极拳体的咏仪兄当时也不知自己有没有气功，只是尝试着捋。

第一次在腰背部顺时针捋至四十分钟光景，只听到腰背处轻轻的"扑通"一声，洪宝嫂说，气落下去了，人也舒适了。好景不长，胆囊癌没有治好，数月后又查出胆囊有1.7厘米×1.5厘米结石一块，医生说，若胆囊肿瘤跑到胰腺那就危险了。咏仪兄明白，解决问题的根本是消除胆囊肿瘤。现在的咏仪兄已清楚自己体内得了气，便在洪宝嫂的腰背肝胆处顺时针捋，每日两次，下午和晚上各捋一小时。捋了三个月再去检查，肿瘤和结石竟然都消失得无影无踪了，连专家都感到难以想象！至此，中药亦已服用一年半。老中医说，洪宝的病一半是他

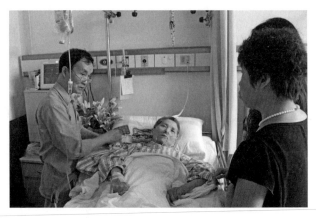

咏嘉摄于2014年9月5日上海杨浦中心医院中原分院
左起：咏禄、咏仪、毓文、建芳（被遮）

看好的，一半是咏仪兄看好的。谁知，这三个月来一天两小时的发功对咏仪兄的身体带来了潜在的损伤！

　　洪宝嫂在2012年和2013年初的半夜各有过一次胃出血，急诊住院治疗中必定减少了一点"华法林"的用量。2013年5月，又是一个半夜，洪宝嫂自觉身体不适，即起床敲咏仪兄房门，咏仪兄奔出房门。洪宝嫂已蹲坐在地不能开口。咏仪兄急忙呼打120，并通知两个儿子。救护车飞送洪宝嫂到长海医院抢救，经查是脑梗，估计近期"华法林"用量过少之故。幸亏抢救及时，仅右侧半身不遂。两周后转岳阳医院，除用西药外另加针灸和康复治疗，五周后，动员出院回家休养。在家，咏仪兄就按医院康复手法，结合用气功按摩洪宝嫂右侧手脚。数周后，咏仪兄除了作气功按摩外，试把洪宝嫂抱起，让她左手臂撑上拐杖，扶她成站立姿势，再弯起她的右腿抬上放下，做数百次的锻炼。数月后，洪宝嫂终于可以撑拐杖站立了……可以撑拐杖走路了！洪宝嫂的脸上露出了从未有过的笑容，对咏仪兄的感激之情难于用言语表达。每天的买汰烧，给洪宝嫂按摩、抬腿，再加上在小区陪洪宝嫂作走路锻炼，等等，这一切都让咏仪兄给包揽了，洪宝嫂因此得以日渐康复。

　　2014年5月30日，咏仪兄发现洪宝嫂有黑便，胃又出血了！即去市东医院住院治疗。8日晚七时许，其在医院值班的儿子来电急告，母亲又脑梗了，这次更甚，全身瘫痪，原因是止血过度！两周后，因无法治愈而被医院告知出院。后进了岳阳医院，两周后，也被辞退出来。最后住进杨浦中心医院中原分院治疗，至今已达两年。

　　住院期间，为照顾得更为细致，不用护工，白天咏仪兄值班，晚上两

个儿子轮流值班。因洪宝嫂吞咽功能丧失，只能把鱼菜、米粥、水果等打成流质鼻饲。除了鱼需要隔夜准备外，余皆当天早上完成。这项工作每周一、三、五、日由咏仪兄负责，二、四、六由其大儿子负责，有时洪宝嫂的妹妹也会帮助把鱼菜烧好带去。

白天，咏仪兄用气功为洪宝嫂按摩左右臂手、腿脚，一天四次，每次80分钟；按摩头部390次；木梳梳头1300次。为恢复其吞咽功能，咏仪兄还增加按摩颚关节、喉头、舌等项，咏仪兄已经做到了极致！

进中原医院八九个月后，洪宝嫂突然手脚肌肉抽筋僵硬而痛得"哇哇"直叫。为减轻她的痛苦，咏仪兄赶紧发功按摩，直到中止抽筋。无奈一会儿复又抽搐，再发功按摩。如此日复一日，咏仪兄的手臂已无力再作正常的按摩了，望着痛嗷的洪宝嫂，咏仪只得将手臂按在洪宝抽搐的腿上，用身子压在自己的手臂上摩动……等到洪宝平静下来的时候，咏仪两眼昏黑瘫倒在旁！

两年来的服侍，咏仪兄已累得没有精力再练太极拳了，加上长期的发功，元气大伤！咏仪兄清楚地意识到，自己的倒下意味着洪宝嫂的无救。为了聚气，他决心再累也要练太极！自2015年6月1日清晨起，咏仪兄复又认真地练起拳来了。如此坚持不懈，元气慢慢地得到了恢复。

一年多来，在中药、针灸、气功按摩的康复治疗之下，洪宝嫂迟钝的眼睛显露出了神采，发青的脸色变得红润光泽，全身性的瘫痪有了起色，头已可转动，左手已略可上抬。这是医学界的奇迹！这种奇迹的出现除了医生的作用外，在更大的程度上是全家协同的结果，更是76岁的好丈夫沈咏仪那强烈的爱心和责任心的结果。他的这种长期的、矢志不渝的忘我精神为我们"勤德堂"沈氏争得了荣誉，树立了榜样！

2016年8月23日

原载于《勤德杂录》，2016年9月15日第2期

一张老照片的回忆

——纪念"三八"国际劳动妇女节

　　我的母亲吴素珍女士珍藏着一张摄于1964年3月16日的"海盐县第五届妇联委员暨妇女干部合影"的照片。经了解，该照片现存两张，时任县妇联主任的张宗淑女士也保存有一张，应该算是比较珍贵的图片史料了。

　　照片上除一小孩外共29人，我只认识一小部分，再经张宗淑和邹月素两位女士辨认，知名的计26人。张宗淑女士说："这29人是海盐县、乡两级的妇联干部和县第五届妇女代表大会选出来的妇女联合会全体委员，大会闭幕后在冯家花园（绮园）合了影。这些委员极大部分是各行各业各条战线上的先进模范人物。"两位把照片复制了送给照片中还健在的同志。照片展现了战友们当年的英姿，再现了照片背后革命大家庭"团结、紧张、严肃、活泼"的和谐情景。大家情绪激动，思绪万千，回忆往事，无比感慨。尽管许多往事随着岁月的逝去已渐淡忘，大家所回忆的具体事例只是沧海一粟，但亦可折射出那个年代妇联工作的印记，现汇集如下。

美好回忆

　　五十年前，县、公社、大队妇女干部都是年轻力壮、干劲十足、工作积极、学习认真、生活简朴、思想单纯的年轻妇女。

　　那个年代，虽然工作条件艰苦、工作任务繁重，但都难不倒坚强好胜、乐观敬业的她们。党的中心工作就是妇女的中心工作，党叫干啥就干啥，各级妇联干部都是党的得力助手。她们和其他机关干部一样，大部分时间在农村开展社会主义教育运动等工作。她们与群众同吃、同住、同劳动，虽苦犹甜。

妇联是党联系妇女群众的桥梁和纽带，她们心往一处想，劲往一处使，活跃在妇女群众之中，宣传党的方针政策，及时向组织反映妇女的疾苦和所受到的不公正待遇。

她们互爱互助，亲如姐妹，舍小家为大家。哪家的小孩病了，哪家的老人有事了，大家都看作是自己的事。尤其是留在机关的同志，会主动帮助解决，使下乡的同志能安心工作。在这方面，县妇联是县级机关的榜样！特别在三年困难时期，妇联在各级党委的领导下带领广大妇女艰苦奋斗、苦干加实干，为克服暂时的困难，做出了巨大的贡献，真正起到了"半爿天"的作用。

下乡故事

1961年海盐和海宁分县后，海盐县妇联机关只有主任张宗淑、干部邹月素和高连明三个人，三人又都在育龄期。那时的工作重点在农村，除了双抢、三秋劳动外，经常参加县委组织的各类工作组下到农村，如合并小小队、搞选举等，有时由妇联包一个大队开展中心工作。一个时期，县妇联的三个干部都在孕期。时任县委组织部部长的罗桂兰看到这个情况很是为难，总共三个干部都怀孕了，不抽她们下乡做不行，工作组人员本来很紧张，抽么，她们也有实际困难。"妇女能顶半爿天，要为妇女争口气"，张宗淑她们三人也不示弱，下定了"该去哪里就去哪里"的决心，服从组织，背起铺盖奔赴农村。

1962年，一贯身先士卒吃苦在前的县妇联主任张宗淑照例带头参加工作组下乡开展工作，其时她已怀有7个多月的身孕。一日，她去富亭公社富亭大队商讨工作。水稻地区的田垾多水沟，她挺着大肚子急匆匆走在田埂上，跨了一沟又一沟，快到渠道了，跨沟的时候不慎摔倒，腰腹手脚疼痛不已。当时她做好了思想准备，已经有三个孩子了，胎儿落掉了也就算了。她咬了咬牙慢慢爬了起来，手撑着腰一步一步艰难地走着，到了大队也不休息，马上又投入到紧张的工作中去了。她的精神感动着人们，她的事迹广为流传，她的行动为妇女干部树立了榜样。

那时，农村的医疗条件还很差，一次下乡期间，邹月素突然腹痛。她想，也许熬一熬就会好的，没去理会它。不料情况越来越严重，脸色发白，痛得人打滚。张宗淑见状，赶紧到集镇药店买药给她服用。谁知仍无济于事，便急忙请两个青年帮助摇船把她速速送到县城人民医院。经检查原来是急性胆囊炎，对症下药，很快就控制了病情，没几天邹月素又重返农村继续工作。

下乡双抢，往往需要一个月的时间，吃住都在农民家里。一次去欤城公社千福大队参加双抢，张宗淑的女儿赵群乐和邹月素的女儿杨敏还小，两家孩子的父亲也都下乡了，母亲们只得带着孩子一起去农村。她们把孩子放在公社话务室接线员那里请她帮助照看。接线员是一位姓张的很热心的小姑娘，每到中午和傍晚，她带着两个小孩去公社食堂吃饭的时候，大家都笑她们同进同出像三个亲姐妹。张、邹二人白天劳动，晚上开会，到十来点钟会议才结束，就赶紧回去接小孩。每次她们到公社话务室，总见两个小孩坐在凳上一摇一晃地打瞌睡。那时邹月素身体很弱，全身内脏下垂，体重只有70多斤，医生嘱咐不能再干体力活了，但是她不遵医嘱仍坚持参加劳动。

一次三秋下乡，高连明分配在富亭公社菜塘大队某生产队劳动，照例与农民同吃、同住、同劳动。她住的那户人家小孩很多，大人因忙于农活疏于照顾孩子，该重新拆结的毛线衣也没有时间料理。尽管高连明白天劳动已经很累了，但她还是利用晚上时间把小孩的毛线衣拆洗后再重新编结好。针针线线显亲情，密切了干群关系，深得当地社员的好评。

劳模风范

曾任通元乡新友村（现浦漾村）主任、妇女主任和县妇联委员等职的宋云珍，是新中国成立后千千万万翻身妇女之一。她不忘中国共产党的恩泽，思想先进，工作积极，处处带头。1954年，她组织了通南乡第一个初级合作社。在她的带动下，两年后又发展成通元乡第一高级合作社。她以身作则，带领社员苦干巧干，使合作社粮食连年增产，创全乡之最，畜牧生产获全省先进。她是我县早期的几个劳动模范之一，是农村青年妇女的典范。

她积极带头卖爱国粮，甚至把全家八口人的口粮也都卖掉，仅以国家返销粮食维持生计。村里建学校后旁边剩下的闲置土地荒芜在那里，她带领村妇代会人员去义务开垦，把种植的粮食卖给国家，收入归村集体所有。

双抢季节，她组织妇女队长和妇代会人员义务帮助军属、体弱者、有病者、刚结扎的计划生育者等困难户，不失时节干好农活。

她积极组织发动每个生产队的妇女成立试验小组，种试验田、养试验蚕、积肥增产，把科学种田搞得轰轰烈烈。

她三次放弃"农转非"提干机会，把一生献给了农村、献给了基层。正如她说的，"听党的话，跟共产党走，全心全意为人民服务是我的一生追求"。

培育先进

20世纪60年代初，发动妇女搞科学实验、种试验田，目标亩产百斤棉、千斤粮。澉浦凤凰"十姑娘试验田"是县妇联搞的一个点，皮棉平均亩产达到140余斤。从省委书记江华来凤凰考察，到"十姑娘"事迹在《浙江日报》见报，从省、地妇联开会介绍"十姑娘"经验，到省、地区号召向"十姑娘"学习，"凤凰山下十姑娘"名声大振。海盐全县推广"十姑娘"经验，从而"三姐妹试验田""六嫂嫂试验田""七婆婆试验田""女民兵试验田""三八试验田"等由妇女组成的试验田团队到处开花。同时掀起了积有机肥的高潮，农闲季节，你追我赶的妇女们摇船外出捡鸡屎灰、捅烟囱灰（钾肥），积肥范围从县内扩展到邻县海宁、平湖等地。提高单位面积产量的妇女试验田活动，为推动全县农业生产的发展做出了贡献。

那时，涌现了一批先进人物和劳动模范，发现了一些人才，例如"凤凰山下十姑娘"，以及"十姑娘"的前后组长顾百英、徐惠君，劳模周梦珍、宋云珍等。顾百英应邀出席了在人民大会堂举行的国庆宴会，徐惠君出席了中国妇女第四次代表大会，周梦珍出席了全国妇女建设社会主义积极分子代表会议，宋云珍出席了全国青年积极分子表彰大会。县妇联拟把在"十姑娘"中发现的人才徐满宝和邬丽娟做进一步的培养，便把这个意见向组织做了汇报，最后由县委推荐去浙江农业大学读书。大学毕业后，徐满宝分配在农科所，后调农业局，成为一名优秀的农技人员。邬丽娟由于家庭问题而调外地。

战胜困难

三年困难时期，虽有粮票但都吃不饱，县妇联在城镇发动"一把米"活动。即每户人家在淘米时，把平时该淘的米里抓出一把放回米桶，以防前吃后空饿了肚皮。在农村则发动妇女种七边八边（屋基边、田埂边、岗边、岸边、河滩边、渠道边、沟边、坟边，等等），这些地方垦种后的收成都可归己，以弥补口粮的不足，带领大家渡过难关。

包场电影

每年"三八"节都要召开全县妇女大会，由县委党群书记做报告，会议结束，安排看电影。放电影要付费，可县妇联是个没有经济支配权的清贫单位，没钱支付，只能向其他部门求助。一次，妇联把几年积下来的报纸卖掉，钱不够，请隔壁团县委帮忙。团委把所有的报纸送给了妇联去卖，还不够。再与武原镇妇联主任马秀珍商量，她答应镇妇联负担三分之一，这才总算包了一场电影。有时直接找武原镇委书记马云成，马书记看县妇联实在没有这个经济能力，就答应武原镇紧缩一下开支，承担了下来。马书记是一个比较好商量的人，但她们也不好意思经常去麻烦他。

妇女维权

那时，农村男劳力每天10个工分，女劳力每天8个工分。沈荡公社有个青年妇女吴二囡，她是一个强劳力，一天可罱六船河泥，与男劳力一模一样，可是她只能拿妇女工8分，这明显与"同工同酬"的政策相悖，而且很多地方都有这种现象存在。男女报酬有别的习惯势力在农村是根深蒂固的。为此，县妇联抓住吴二囡这个典型，大力宣传"男女同工同酬"的政策，并做了大量的工作，情况大有好转，维护了妇女的合法权益。

情系妇联

海宁、海盐两县合并之时，羊敏娟接受组织调动，来到海盐粮食系统工作。恰逢三年困难时期，粮食歉收，国家困难重重，大家填不饱肚皮。人民公社组建妇联，她又被调到石泉公社妇联工作。论环境、条件，公社妇联比部门差得多，但她认为艰苦与困难对青年人来说是一个很好的磨炼机会，所以乐意地接受了调动，踏上了新的岗位。她按照公社党委布置的工作计划，先后把各大队妇女小组组建起来，在完成党中央工作的前提下开展日常的妇女工作，如组织妇女学文化、搞科学实验，等等。五年后，调六里公社妇联，又干了九年，在公社党委的领导和群众的支持下，工作取得了较好的成绩。

前排左起：宋云珍（蹲抱小孩者）、王妙娟（蹲）、陈纯英（蹲坐）邹月素（蹲坐）、黄留金（蹲坐）

二排左起：丁发娣、×××、×××、郑荣梅（坐）、张宗淑（坐）韦君嘉（坐）、朱柏林、高连明

三排左起：施秀娟（脸被挡者）、陈萍、羊敏娟、吴××、×××、马秀珍、徐巧玲、冯秀珍、周梦珍

四排左起：黄婉英、张琳、刘海珍、吴素珍、徐阿大、宋阿毛、沈金宝

老当益壮

吴素珍是工商界的妇女积极分子，新中国成立初曾先后担任武原镇六村妇女主任、治保组长和镇妇联委员，自1956年进国营商店工作后，每年都被评为先进工作者。除了当好一名营业员外，她还积极参加防台抗台、灭蝇、灭钉螺、双抢等活动。在20世纪五六十年代的防台抗台中，她总是主动报名参加。那时她已是四五十多岁了，但她仍不甘落后，与年轻人一样穿上雨衣，挑土筐扛铁搭奔赴敕海庙武原镇防护段，在狂风暴雨里整夜守护在海塘上。她把繁重的家务都留到晚上去做，利用下班时间去河滩边捉钉螺，去粪坑边掘蝇蛹。那时是以数量记成绩的，她总是名列前茅，在妇女中起到积极带头作用。

尽心尽职

为提高妇女的健康水平，20世纪60年代初，全县妇女病普查和治疗工作在长川坝公社搞试点。时任该公社妇女主任的陈纯英在公社党委的领导下，组织力量，积极发动。为消除妇女们的封建意识，陈纯英带领大队妇女干部，走村串户不嫌其烦地做了一次又一次的宣传、动员工作。普查发现年轻妇女大多患有子宫下垂的疾病，经过治疗都恢复了健康，体质得到了明显的增强。长川坝的试点经验，推动了全县的妇女病普查和治疗工作的开展。

为解放妇女的劳动力，动员妇女与男子一样参加劳动，前提必须解决幼儿集中托管问题。陈纯英为各大队党组织出谋划策，做了大量工作。经过一段时间的努力，长川坝公社的每个大队建起了幼儿园，每个小队建起了托儿所，使妇女无后顾之忧。不久，长川坝经验向全县推广。

无上光荣

1989年，在庆祝"三八"节和中华全国妇女联合会成立40周年纪念活动中，全国妇联为7000名有30年以上妇联工龄的妇女工作者颁发了荣誉证书和纪念章。这张旧照片中的陈纯英和马秀珍是我县唯一拿到荣誉证书和纪念章的两名妇女干部，这不仅是她们两人的荣誉和骄傲，也是全县妇女

1989年妇联工作30年纪念章

的荣誉和骄傲。

　　五十多年过去了，如今，在以习近平同志为核心的党中央领导下，祖国各项事业取得了长足的发展，妇联工作蒸蒸日上。每当看到年轻的妇女工作者们撸起袖子为实现伟大的中国梦努力奋斗之时，照片中还健在的这些耄耋之年的老妇女工作者们感到无比的羡慕和欣慰。

　　在三八国际劳动妇女节即将到来之际，谨将以上部分老妇女工作者和老妇联委员的点滴回忆献给全县的妇女同志们！

2017年2月28日

撰写《保护和利用
海盐丝厂部分旧厂房建议》始末

2017年5月31日傍晚前，接王健飞兄电云，他得到正在拆除海盐丝厂厂房的消息后，骑车去了现场，厂区西北厂房均夷为平地，一片废墟。他认为最好能保留现存之厂房，它们是代表海盐工业发展进程中的城市建筑。如若不能，至少把那座造型别致的水塔保护起来，也算是丝厂厂址的一个标志。他认为我是热心人，又曾担任过县里领导，说话总还有一点力度，所以将此信息告知与我。哈哈，他是要把我套住！我纠正了他的看法，说话的力度不在于担任过什么，而在于说的是否能引起决策者的共鸣。不过他保留部分建筑的意见也不无道理，只是我对水塔和厂房何等模样一无所知，尚需掌握第一手材料。

我去电县委孙雄伟副书记。孙接电，嗓音很轻，似在开会。我问是否方便，孙说不碍。我把丝厂厂房拆除情况和希望保留有价值部分的意见简单说了一下，孙副书记请我们先去看一下。然后写一份材料让县委考虑。

我给曾在丝厂工作20余年的姚仲嘉兄打了个电话，咨询丝厂厂房拆除的背景，并征求哪些建筑值得保留的意见。仲嘉兄说，丝厂早由县政府从三环公司处收购了，故拆除一事他也不知。他认为，最有保留意义的是厂区东部南边第二进1968年造的第一期120台的立缫整套建筑。另外，他认为水处理设施建筑结构较有特色。他说，缫丝用水的水质要求很高，必须经过严格处理，处理后储存在建于地下的清水池，水塔之水就是从清水池用水泵打上，供应全厂缫丝生产之用。

晚饭后，我带上相机匆匆驱车前往。只见不锈钢伸缩电动门紧闭，向内呼叫无人应答，大概下班走人了。在大门口无法见到健飞兄所说的水塔，只能取道丝厂西侧小桥头弄，沿围墙往北走到厂区北侧尽头，一路寻找。由于围墙高筑，水塔仅见一顶。后觅得弄西居民屋边狭窄水泥高墩，费劲爬上，方见大半截水塔，甚喜，近景、远景摄了几张。后又在贺王桥东堍摄下西望之厂区及天宁寺镇海塔与丝厂位置关系等照片数张。返程时已是傍晚7点半，夜幕开始降临。

6月1日下午，遵照孙副书记的提议，我约健飞兄去丝厂察看，不锈钢伸缩电动门仍然关闭着。健飞兄不解地说，昨天白天门是打开的，今天如何关了起来。我试着拉了拉，竟拉开了！我们速速进去，反身把门拉好，直奔健飞兄介绍的最漂亮的水塔。废墟上的挖土机在作业，有三四人在清理砖块。健飞兄帮助打开相机三脚架，我在上面安装了相机，设置了自拍，两人在水塔前合了影。厂内除了有特色的水塔外，水塔北侧紧挨着的碉堡样的建筑也很别致（后来仲嘉兄介绍，这就是水处理设施建筑）。水塔南边的三进厂房建筑结构风格各异，且均完整牢固，既有艺术价值又有再利用的价值。我摄下了数百个镜头，准备明天请仲嘉兄给我详细介绍。

2日晨起，我接续昨晚在电脑从数百个镜头中筛选，最后选了44幅，赶去绮园照相馆冲印。中午，仲嘉兄在八仙酒店设席宴请我和德钰、石生、宝荣兄4位老同学夫妇。我赴宴时已经迟到，好在我去绮园前与仲嘉兄打过"可能要迟到一点"的招呼，故诸学友无一"责备"。席间，仲嘉兄与其夫人年娣辨认照片，逐张介绍，可惜我是外行，有些地方理解不了。仲嘉兄建议"还是我带你去现场边看边讲便明了了"。我当然高兴，约他明天同去。仲嘉兄说，吃了饭就去。如此雷厉风行，我好不兴奋，马上约健飞兄下午同往，并告知有老厂长主动陪同。健飞兄亦激动不已。

席散赴厂，仲嘉兄带我们跑遍了车间和办公大楼的每个角落，细述建厂历史，介绍丝厂专有的建筑特色、生产工艺流程以及组织管理等，一草一木都了如指掌，充满感情，为健飞兄起草建议文稿起到关键的作用。仲嘉兄还特地关照，那座高烟囱的价值本来不大，且在安全上有许多项目每年都要检查达标，会有诸多困难，建议不必保留。

这一圈兜下来足足花了4个小时，离开时，快近下午6点了。我建议仲嘉兄可以就这次故地重游写一篇回忆文章，记录这段历史。仲嘉兄心中尽管深埋了颇多感慨，然回答我的只是淡淡一笑。走出厂区，仲嘉兄深情地说了一句："那时整日夜的精力都放在工作上，我的青春都留在这儿了。"

5日下午4时51分，健飞兄请县史志办小邵发来电子初稿。晚上，我开始整理修改。

6日上午初步整理成四个方面，然而尚欠完整，理由亦不充分，即与仲嘉兄电话请教。他补充订正了许多史实和数据，我们又就保留的理由和价值做了深入的讨论。

下午3时许，健飞兄电告，今天《嘉兴日报》"海盐新闻"上刊登了一台机器在拆五层楼自动缫车间的照片，说如果建议送迟了，恐怕这些厂房都将从地球上消失。为不失时机，他建议我将修改后的文稿直接送县委、县府，不必再与他讨论。

我心急如焚，加快速度，不容文句过多的推敲，匆匆完稿。下午4时50分，我赶在机关下班前驱车直奔县政府文件交换中心，请求以急件马上分送县委、县政府、沈晓红书记和孙雄伟副书记。交换中心的女同志说，今天已经不送了。我掉头速往政协，请办公室崔张欣同志即刻直送县委、县府。好在小崔没有嫌弃我这个退休14年的老头，立马行动，甚为感人！

跨完第一步，我松了口气，回家即把电子文稿发县史志办小邵，请她打印一份给健飞兄。又去电健飞兄，告知文稿已送县委、县府，并请他去小邵处取建议文稿打印件看看。健飞兄阅后来电赞扬一番："我给你的只是毛坯，你的速度真快，改得很好，条理清晰，表达准确，不愧是从博物馆出来的！"我说："没有你庞大的初稿基础，没有仲嘉兄提供的大量信息，我如何能在这么短的时间里完稿？你稿中'余华'和'干宝'的资料非常有分量……我是被你逼得气都喘不过来了！"两人在会心的笑声中结束了通话。

晚饭后，我将上述情况与仲嘉兄通了气，并说明，文稿末尾的"建议人"只具我和健飞兄两人的名字，他这个老厂长就不具了，原因是怕他人误解该建议中夹杂有个人感情而打了"公心"的折扣，影响采纳建议的概率。仲嘉兄极为理解，丝毫没有计较之意，反而褒扬我考虑周到，行动又如此迅速，"真乃热心人也"。其实，我等三个"位外之人"能走到一起做这种有益于子孙后代的事，你说哪个不是热心者呢？

以上若有悖史实之处，请仲嘉、健飞二兄指正。

草记于2017年6月9日

金庸之缘

——金庸先生来盐记事

1996年11月10日上午，金庸先生偕夫人林乐怡、儿子查傅传等一行在嘉兴市原市长周洪昌、市长夏益昌、副市长赵友六、市委统战部副部长周玉沾等陪同下应邀来海盐参观访问，海盐县委、县政府在海盐宾馆会议室举行了欢迎仪式。海盐方面出席欢迎仪式的有中共海盐县委书记费金海、县长孙志顺、县政协副主席统战部部长许琳、县委统战部办公室主任张尧、县侨办副主任汤仁宝和时任副县长的我等。费书记向金庸先生介绍了海盐经济发展和文化建设等基本情况，又与金庸先生作了简短的交谈，便开始了安排得颇为紧凑的一天行程。

绮园奇遇

离开宾馆驱车绮园路，在绮园仅存的第四进住宅西南下车东拐，从南侧披屋入墙门，往北依次进入天井、三乐堂，再东行出宅边门，过半亭，折北向东穿月洞门来到绮园。我负责绮园的讲解任务，为不使金庸先生太累，我导引的是避让登山的精短之道。游览了大部分的景点潭影九曲、美人照镜、四剑桥（其时尚未命名）、晨曦罨画、蝶来滴翠、古藤盘云、风荷夕照（1995年印制绮园宣传折页时由我暂定之名，即水榭，现名"风荷揽榭"）。小小绮园，山上山下竟有如此之多的古树名木，实让金庸先生惊叹不已。他钦佩陈从周先生早年发现绮园并把绮园的特色概括成"水随山转，山因水活"八个字，认为这是从周先生的精妙之论！

我们从水榭踱出，游园将尽，紧接着是赶赴南北湖。突然，前面急匆匆跑来一个小姑娘，向金庸先生恭敬地鞠了一躬，气喘吁吁地说了句"您好，金庸先生"。我搀扶着的金庸先生停下脚步茫然而微笑地看着她，跟随其后的市县领导也围了上来，怎的半路杀出个程咬金！

小姑娘自我介绍说她叫沈燕妮，从小就喜欢看金庸先生的武侠小说，小学时，光《射雕英雄传》就看了六遍。又说她还知道金庸先生把自己创作的14部武侠小说书名首字集成了一副联"飞雪连天射白鹿，笑书神侠倚碧鸳"，希望金庸先生能给她签个名。或许是金庸先生在家乡遇到小知音的缘故吧，他接过燕妮手中的本子和笔，认真地写下了这副联，又签了名。燕妮兴奋地把本子贴在胸口，笑咧了嘴看着金庸先生。为了赶行程，我搀扶金庸先生示意动身。机灵的燕妮赶紧在另一边搀扶，边走边与金庸先生聊着他武侠小说作品中的人物情节，还不时地谈着自己的看法。金庸先生微笑着时而点头，时而问话。想来燕妮积聚着满腹话语需待倾吐，所以她把步子放得特别的缓慢。尽管如此，不觉已到了西门出口处。燕妮那欣喜的眼神中又露出了无限的留恋，只能告别的她取出本子撕下中间一页，把自己的通信地址写给了金庸先生。

燕妮的"突访"占有了金庸先生十来分钟时间。这十来分钟虽给本已很紧的接待空间带来了一定的挤压，然而却是一支出乎意料的轻松愉悦的插曲。对深怀仰慕之情的忠实小读者，金庸先生的亲属和市县领导都从好奇到尊重，不加干涉，大开绿灯。大作家的和蔼可亲，小读者的天真烂漫，一老一少如此彬彬有礼融洽投机，这十来分钟也给文坛留下了一段耐人寻味的佳话！

澉湖留迹

来到南北湖的中心区中湖塘，费书记向金庸先生介绍了风景区的概况，和下一步的建设计划。接着观光了谈仙岭和云岫庵。费书记对谈仙岭这座全国最小石城的抗倭故事，以及谈峭炼丹遗迹的传说和其著作《化书》在我国思想史上的重要地位及其对化学、医药等学科研究的贡献，对云岫庵"夜普陀"的传说故事，等等，如数家珍，一一道来。金庸先生总是面带笑容恭敬地听着，礼貌地询问着。

轿车在湖山岭山腰金九避难处载青别墅旁停下。金庸先生走出车门，环顾四周，若有所思。步入载青别墅，里边陈列着金九避难南北湖前后经过的图版和金九手迹的复制件等展品，为金庸先生讲解的是南北湖风景区管委会

1996年11月10日上午于海盐绮园
左起：沈咏嘉、金庸、许琳、查
倜传、沈燕妮、张跃明、夏益昌

1996年11月11日上午于海盐宾馆
左起：沈咏嘉、金庸、周洪昌、
许琳

1996年11月10日晚于海盐宾馆
左起：顾多三、金庸

1996年11月10日上午于海盐南北
湖载青别墅
左起：郁建平、沈咏嘉、王根良、
查倜传、金庸、赵友六、谢凤英

1996年11月10日傍晚于张元济
图书馆
左起：周洪昌、张尧、×××、
许琳、汤顺宝、金庸、夏益昌、费
金海、林乐怡

工作人员谢凤英。书房里，临窗的桌子上长年放着一本册页，供前来瞻仰的名人、政要题记留言。陪侍金庸先生左右的我请金庸先生在册页上题个字。金庸先生看了看打开的册页，缓缓坐下，提笔蘸墨，工整地写下了"金九避难处，金庸来凭吊"两行字，款落"丙子年秋，金庸"。两句首各用带"金"字的名字，想必有所寄托，究竟何意就不得而知了。

缅怀菊生

下午从县经济开发区转往张元济图书馆，已是日将西下之时。在张元济先生纪念室，工作人员杨剑向金庸先生做了详细的介绍。金庸先生微笑着时而思索，时而点头。参观结束时，图书馆长顾其生恳留墨宝。金庸先生写下了如下感怀："菊生前辈先生传播文化，启迪民智，功德巍巍。今观遗迹，不胜景仰缅怀之至。金庸敬书"。夜幕降临，华灯初上，告别了最后一站的张元济图书馆，乘车返程途中，金庸先生赞赏图书馆办得颇有特色。我问他来过海盐没有，他说，四十年代来过，那时都是瓦房、石板街道，现在都见不到了。

同学情谊

晚宴在海盐宾馆举行，除了欢迎仪式上的人员外，在盐的四套班子成员都出席了。金庸先生左席是夫人林乐怡女士，右席是一位陌生的老先生，原来是金庸先生数十年未能联系的早年同窗，海盐顾多三先生。故友相聚，分外亲切，握手道旧，言笑无忌。晚宴结束后，金庸先生邀顾先生同去海盐宾馆下榻处继续叙谈。我想，能与失联半个多世纪的老同学会面，应该是金庸先生来海盐的一大收获。一个半月后我收到顾先生的信以及所附的"秋高气爽久别重逢"藏头诗一首，该诗赞颂老同学的成就和拳拳爱国之心，开怀直抒重逢之情。现摘录如下：

咏嘉先生：

兹送上与金庸同学在宾馆合影一张，作为友谊留念。又附赠良镛兄藏头小诗一首，如能在《海盐诗歌》上刊登最好，如不合适请作罢。

顾多三敬启1996年12月31日

1996年11月10日傍晚于张元济纪念室

左起：夏益昌、顾其生、金庸、杨剑

1996年11月10日上午于海盐澉浦南北湖中湖塘

左起：夏益昌、许琳、查倜传、费金海、赵友六、金庸、沈咏嘉、周洪昌

久别重逢

仿古体藏头小诗一首，赠良镛兄教正。

秋去冬来忆少年，高龄相聚故园前。

气吞华岳《英雄传》，爽见金翁赤志坚。

久盼香港回归日，别离依旧笑颜甜。

重新眺望秦山麓，逢我中华校友贤。

作者自注:《英雄传》指金庸的代表作《射雕英雄传》。

后该诗刊登于《海盐政协诗书画通讯》第二、三期合刊之上。

一段因缘

金庸先生一行光临海盐，组织上给了我全程陪同和绮园的讲解任务，以致有幸与金庸先生近距离接触，从而感受到他那胸怀宽广、谦恭温良、珍重情义的品质。因金庸先生心脏术后恢复不久，身体尚还虚弱，故我随侍左右，时而搀扶，不敢疏忽。次日，金庸先生一行即将返回嘉兴。早晨，我匆匆赶到宾馆，金庸先生及其亲属和周洪昌老市长、许琳部长、张尧主任、汤仁宝副主任等十余人在会客室休息。我向金庸先生道过早安后，取出昨晚撰就之联赠送与他。我打开对联，金庸先生轻声读了一遍，神采飞扬，连声说好。在座者鼓掌以贺，气氛热烈。其联云:"刀光剑影烽烟息；万古文章哲理中。"款落"良镛先生吾师教正大鉴，丙子初冬海盐后学永嘉敬撰并书"。该联撰就后我自己颇为满意，认为它点出了金庸先生武侠小说的精神所在。也许是得到金庸先生认可之故，日后竟滋生了几许金庸缘分。

三年后的岁末，我随海盐县政府友好代表团出访日本富冈町。返程中，途转香港，拟拜访金庸先生。到港后正遇周六、周日"明河社"休息，第三天上午才与金庸先生的秘书吴小姐联系上。那一段时间金庸先生正忙于接待《明报》股权转让交涉中的律师，故派陈奕先生到我下榻的旅馆碰了头。我简单介绍了海盐接待金庸先生的情况后，取出海盐县政府的礼品由管琳刻的

---

① "金庸之玺"，管琳应我之请刻印的时间应在己卯冬，边款中的"庚辰春"，当是笔误。

一方"金庸之玺①"名字章和当年我赠金庸先生楹联时的两张合影所制成的小镜框，一并请陈先生转呈金庸先生；并请他转达海盐县政府对金庸先生的问候和欢迎再次访问海盐的邀请。离港前我又给金庸先生寄出一信，对未能面呈致以歉意，以示海盐乡人诚挚之心。

2010年9月27日，一个偶然的机会，蒙海宁"金庸书院"的筹划者、建设的主持者张镇西兄引荐，得识来盐寻觅金庸先生足迹的香港著名画家董培新先生。他在并不知晓我与金庸先生有上述交往的情况下赠我《金庸作品邮票纪念珍藏册》（"金庸作品邮票"为董先生所设计），不能不说是缘分又一次的交织。翌年，镇西先生得到我曾赠金庸先生楹联的信悉后，嘱我重书以补白"书院"。须知"金庸书院"的匾额、楹联均向全国各地名家征集所得，我这等下里巴人怎可无自知之明。然而镇西先生以"联极佳，且有此故事"为由极力鼓动。为续金庸之缘，我便不再推却。

二十余个春秋一晃而逝，当年力壮之我亦垂垂老矣！今遵陈昶先生之嘱，翻箱倒柜，查找笔记等资料，几近两月方才粗略成文，还望知情者补充完善。

记录历史，不使湮没，当是经历者的责任和义务。

2017年6月11日 于武原天鸿桥头

乡人朱乃正

乡人视朱乃正犹如朱乃正视乡人，那不断的牵丝，乡情长久而感亲切；那无尽的盛事，韶光永驻而生激勉。

最初，我是怀着一种艺术上仰慕的心理去拜访乡人乃正先生的。随着接触的频繁与深入，渐渐地闪现出他人生的亮点，进而我又从品格上去崇敬他。今天，我站在乡人的角度，把我考证了的先生祖上的一些历史，以及我与先生交往中的点点滴滴真实地记述下来。从这些琐碎细微之处会映衬出他的一些思想，可以作为我们多方位认知他的一种补充。

小街朱氏

乃正先生祖籍浙江省海盐县武原镇（现武原街道），为海盐望族清道光状元朱朵山（昌颐）族嗣。先生高祖以后分谷仓头朱氏和小街朱氏两支，先生曾祖属小街朱氏一支，祖父辈共有四房，长房朱希伯（学良祖父），朱仲钧（字符钧，乃正先生祖父）为二房，三房朱赤萌（字叔任），四房朱寄尘（字寄臣），四房均居小街秀水浜之朱宅。同为小街朱氏的另有位于玄坛弄南弄口东侧的谦良[1]之宅，该宅与先生祖宅仅一箭之遥。目下可知与先生同为族人的乡贤还有朱少虞[1]、朱希祖[2]、朱砚英[3]等。

朱宅坐南面北，前临小街。秀水浜东起于叶家桥南，往西绕朱宅折北穿

---

[1]谦良，字凤蔚，朱朵山族嗣，南社社员。谦良父公庭与仲钧为族中兄弟，其弟宗良为于右任过房女婿，任国民党监察委员、浙江省监察使。宗良子启平，原名祥麟，《大公报》杰出记者。

怀德桥汇入市河。市河南是商业街道称为大街，市河北并非商业街道称为小街。朱氏在宅北小街下岸（街道沿河的一侧称为下岸）建平房五间，东边一间是经营竹器的竹匠间，中间三间是棺材行，西边一间是石渡间（南方方言，专指内边砌有山墙，上覆屋顶，可遮日晒避风雨地通往河滩深入水中的石台阶。石渡间既作船埠又作洗涤、取水之用）。朱宅东与沈氏义庄相毗邻，义庄与朱宅均为五进清式建筑。义庄墙门前左右立"回避""肃静"硬牌，正对墙门的河边竖立着高大的一字形照墙。怀德桥为东西向坡形石拱桥，宽同小街，长不足三丈。桥顶靠市河一侧是一间浅小的财神堂，无门，如同大佛龛，仅供信徒供奉香火而已。桥西堍沿秀水浜往南有小路通往近郊的桑园地，小路西边从怀德桥堍往南依次是住宅和怀德小学，学校与朱宅隔浜相望。绕宅　曲潺潺流水，学校几许琅琅书声，把朱宅化入了足以令人陶醉的江南小景之中。

朱宅正面3开间，有2道墙门，第一道是墙门间，往里依次是天井、平房、第二道墙门、大天井（西侧有井）、大厅、夹弄（夹弄上面东边供神主牌位，西边是家堂）、天井、前楼房、天井（西侧有井）、后楼房。后楼房挑出水面，为水阁式建筑。

朱宅东边自小街至南边秀水浜是一排面西的楼房，近南处楼房下有夹弄可通秀水浜，置石渡。朱宅西边自小街至秀水浜是一座带状式花园，大厅后夹弄向西延伸，将园隔成南北两个区域。夹弄通西边的秀水浜，置石渡。园内奇石假山错落无常，青瓦小径迂回曲折，四时花木参差掩映，俨然是另类的江南私家园林！

---

①朱少虞，号丙寿，朱朵山族嗣。清同治四年进士，广东潮州府知府，其时，购置武原顾氏房产园林，稍加修葺，俗称"朱家花园"。三年后还乡，又于名胜南北湖置地建"载青别墅"。以读书教子自娱。

②朱希祖，字逖先，祖居海盐长木桥，朱朵山族嗣。现代史学家，曾任北京大学史学系主任。《文史大家朱希祖》年谱有"族妹砚因"和"监察委员族侄孙宗良"之记载。

③朱砚因，字端，号砚英、研英、砚英女史，朱少虞后裔，黄宾虹女弟子，诗书画俱佳，编有《海盐画史》。前居海盐县城南塘街天带桥"牡丹厅"，后租居于县城杨家弄口，1937年抗日战争全面爆发，举家避难于上海。

为便利市民南北往来，1934年底，国民党县政府征用并拆除了朱宅五间平房中最东边的一间，在市河上架起木构"新洋桥"。1954年，秀水浜填为马路，曰"秀水路"。1971春，市河拓宽改造，"新洋桥"改建为钢筋混凝土双曲拱桥，更名"反修桥"，1981年更名"秀水桥"。1973年，秀水路扩建，朱宅被拆，遂不复存在。

透露乡缘

乃正先生祖父朱仲钧为光绪二十八年举人，与邑人张元济世交，后均求职于沪，仲钧在海盐乡绅中负有声望。仲钧兄弟四人均为商务印书馆股东。

仲钧膝下有三子二女，长子连官，次子则尧（字翘，先生父），三子同祖（字建生，小名云官），长女雪宝（较同祖小），次女美德[①]。则尧毕业于南洋大学，与黄炎培交往颇深。则尧自幼过寄于张元济，张元济又是则尧与王玲梅夫妇的证婚人。玲梅祖母是南河滩方家人，祖母之外甥方仲甫是上海冯万通酱园[②]"老大先生"（即经理），仲甫夫人朱淑宝与仲钧为堂兄妹。

书香门下的乃正先生自幼接受良好的家庭教育，又受到进步的爱国思想熏陶，从而影响了他品格的形成和人生境界的确立。

由于种种原因，朱仲钧与张元济的后人彼此间渐渐失去了联系。然而，乃正先生常常挂记着祖上两代人的友善之情。他曾要我关心一下他祖上与张元济先生交往的史料。后张元济图书馆长宋兵将上海古籍出版社出版的《张元济友朋书札》原件影印本两册复印了两套装成线装本交我，我即给乃正先生邮去了一套，另一套我抽时间细细查阅，可惜没有发现先生祖上的信札。2009年秋，时任张元济图书馆副馆长的杨剑请我为他的一位朋友写个招牌。

[①]美德，嫁夫宋叔平。宋叔平，1946年1月—1949年5月，任国民党海盐县党部书记长。据中共地下党员徐肇本回忆，海盐解放，宋叔平逃到东北抚顺，被郁继裳（海盐人，后为安徽省矿务局总工程师）碰见，扭送当地公安局，同时给时任海盐公安局秘书股长的徐肇本写信报告，后由海盐法院判决宋叔平死刑，并将判决书挂号寄抚顺，宋被处决于抚顺。

[②]冯万通酱园，清代海盐冯缵斋创办。冯缵斋为当今全国十大名园之一海盐"绮园"的主人。

他朋友一定要付润笔，我解释我写字从不收报酬的。杨剑说，《张元济全集》将陆续出版，要不叫朋友给你订一套。这句话让我眼睛一亮，这里边一定有乃正先生需要的资料。我马上答应："那就给朱乃正先生订一套吧。"不料，杨剑让朋友为我也订了一套。书陆续出版，我也陆续给乃正先生寄去，并告知这是杨剑馆长送的书。一天，我收到了几卷《张元济全集》，刚去邮局寄出，回家后我在第一卷《书信》中查到了张元济先生《致朱仲钧》的信。从信与注释可知，1907年1月，张元济在天津期间专赴北洋师范学堂，为海盐劝学所约定留额六名。3月2日，海盐举行选考，张元济因忙于商务印书馆事务，给仲钧去信请他代为主持海盐选考北洋师范生事宜。翌年二月，为海盐学界风潮事（劝学所学董人选争论颇激），张元济又去信仲钧请他旋回乡里挽回大局，可见俩人关系之密切。我马上给乃正先生电话，乃正先生兴奋不已，连说"代我谢谢杨馆长"，又说"书收到后将好好看看"。大概编者对朱仲钧不甚了解，故没有注明收信人的身份。我在"致朱仲钧"下面补充了"浙江海盐人，乡绅，商务印书馆股东"信息。

2008年于北京朱乃正住宅

我第一次与先生晤面是在1992年。为邀请中国民间工艺美术专业委员会第十届年会在海盐召开事，我随县文化局局长李莲英、博物馆长鲍翔麟等于8月25日去北京与李寸松先生商讨。26日，拜访了时住红庙的乃正先生。

红庙的房子虽小然摆设紧凑整齐。进门是小客厅，一侧内门额上先生自题的"月白风清楼"草篆匾特别醒目。小客厅正中沙发后挂先生行草联一副，联云："问人间哪得烟云散尽，看天外更有消息无穷。"款落"丙寅岁冬月白风清楼主正书"。另有小于三十二开的油画四五幅点缀左右，因其小得出奇而吸引了我。乃正先生介绍，这是他最近应邀赴法国举办《朱乃正小型油画展览》百幅中的作品，昨日刚好回到北京。晤面日期巧似约定，能不是缘？

1946年，我随家父从上海迁回海盐武原，租居于新洋桥北堍东去二十来米的西大街下岸119号，开设"九九文具社"，隔岸西望就是先生的祖宅；家父幼时曾过寄于先生堂兄（学良）的岳祖母；张元济族叔、海盐著名实业家张幼仪（名德培①，号幼仪，后以号行）与家父又为姻亲。凡此种种亲缘关系，把我与先生的距离拉近了许多。回想与先生首次晤面竟透露着乡缘长久的"消息"，此"消息"莫非寓于那"天外无穷消息"之中？

我每次到北京拜访乃正先生，凡他有新出版的作品集，总认真地签上名托我带给海盐张元济图书馆，当然也有送我的。张元济图书馆也时常给他寄去张元济的出版物和相关资料。1998年春，先生请我带过一幅他的行书长卷给张元济图书馆，说："托你带去我很放心。"我与乃正先生的交往是无功利的交往，接触不久我就开始酝酿着一个"阴谋"（本文后面有所交代），故尽可能为他做一点事情，给他留下一个好印象。6年来，除了请他题过"绮园"两字外，我个人从未向他要过一件字画。我想，这肯定是先生送给图书馆的书法精品，正因为他认可我才托我带的。我当然不敢大意，把它完好无损地带到了图书馆。长卷内容是选录张元济的诗8首，款落"丁丑岁冬乡中张元济图书馆惠寄先生大作四册读时录之"。先生通过乡间张元济图书馆这条牵线，默默地延续着祖上的情脉，倾诉着几代人的沧桑之情。

---

①德培，《海盐县志》（1992年版）《人物卷》载"张幼仪，字培德"，后笔者从《张元济全集》信札中发现张幼仪先生"名德培，字幼仪"，与县志记载有两处不同，即请图书馆杨剑馆长做进一步考证。杨剑等从《张氏族谱》中查得，"德培，令仪三子，号幼仪"，应以族谱为准。

不断乡情

书法既为艺术，当异于写字，故乃正先生作书必自己认可方肯示人。20世纪90年代初，乃正先生曾跟我说起一件事，有人扛了一箱上好宣纸，欲立等请乃正先生题字而被先生婉言谢绝。这使我记起黄炳虹（曾任海盐书法美术协会主席）跟我讲过他亲历的一件苏州大书家费新吾谢绝作书的故事：20世纪80年代，费老应邀参加嘉兴市举办的纪念中共一大召开的书画笔会活动，活动中，有人指定内容请他即席挥毫，费老借故推托了。活动结束回旅馆休息，费老直言不讳地对嘉兴书画朋友说，笔会上写的一般都是胸有成竹的东西，那人拿来的内容既生疏又长，我倘若抓起笔来就写，岂非等同于抄大字报，这还有什么艺术可言！"宁精毋滥"是一位艺术家对待艺术创作应有的谨慎态度。

我曾请先生题过三次字。第一次是1993年3月，为"绮园"题字；第二次是2005年6月，为我开办的"海盐九九文化发展有限公司"题字；第三次是2007年3月，为"海盐书画院"题字。每次他都要寄三四幅任我选用，其对待艺术创作之求精，办事之认真和为人之谦逊可见一斑。

2005年，我在退休的第二年办起了"九九文化公司"。我把办公司的宗旨告知了先生：成立民间社团，与其他有共识的企业共同出资，挖掘、研究当地民间优秀传统文化，把研究的成果无偿提供给政府使用，以推动地方文化公益事业的发展。先生在6月22日回信中说，"知君已成立文化公司，有心在市场经济一试锋芒，其办文化事业之热忱可佩可贺。嘱题字，久不作书，指臂涩滞，虽十数过而难有佳者，只能奉数纸供君任选"。从文化发展艰辛这个现实，先生的鼓励和支持为的是保护我的积极性。十余年的交往，他十分了解我在为人上虽是热忱的，但在人格上却是有点清高的，故对我是否能"在市场经济一试锋芒"存有疑虑。他常关注着"九九公司"的情况。2007年底，先生在信中情真意切地写道："公司不易办好，社会和经济效益也并非即可奏效，如太费精力时间，就作罢，专攻于笔墨或可释怀养性。"特别在公司持续不景气的时期，他曾几次问我"是否还坚持办下去"。尽管在两年多时间里，"九九公司"也主动配合县里组织了几次文化活动，但它终究未能达到预期的目标而于2008年4月夭折。先生对我文化情结的支持和关注，亦即对家乡文化事业的支持和关注，这种清纯而质朴的乡情没有半点矫饰与虚伪。

尤为感人的是先生为"海盐书画院"题字的那次。2007年3月12日，县文联主席宋乐明按马小平副县长指示让我请乃正先生为"海盐书画院"题字。招牌的制作得需时日，题字、邮寄亦需时日，为赶上3月28日的揭牌仪式，我接到通知后立即给先生去了信。五天一晃而过，不知下文如何，下午近四时我拨通了先生的手机。得知先生夫人安玉英老师正在抢救，我只轻声地说了句"空了看我短信"，便匆匆道别挂机。短信中着重写明了题字的内容和书画院揭牌的日期，又特地说明如应允题字，文联将派专人赴京去取。第二天下午4点16分，我意外地收到了先生的短信："题字已快递寄出。朱。"20日收到了先生的特快专递，里边有三件风格各异的题字，附信说，"……我基本上天天在病房，外部事务一概停止。家乡事当效命。今天凌晨题写后，从一堆中选出寄奉，皆不理想，然也只能如此，请谅察。即颂书祺！"明代李梦阳说过"天下无不根之萌，君子无不根之情"。"家乡事当效命"，这就是一位年逾古稀老人的乡情！

由于县里工作上的安排，"海盐书画院"揭牌仪式推迟到3月30日举行。仪式非常隆重，由副县长马小平主持，县长沈晓红致辞，我代表书画院讲了话。事前，文联把统一拟好的讲稿给我并征求我的意见。为了表达我的思想，文联同意了由我重写的要求。整个讲稿只有三百来字，重点突出两个方面：一抓住乃正先生"家乡事当效命"之例弘扬奉献精神，二是简要阐述书画院今后发展应具备的条件。那天，我的确很激动，稿子上的字竟出奇地清晰。讲完后回到贵宾席，县政协副主席张巧宝惊呼："今天你好厉害，看稿子连平时300度的老花镜都不用了！"我这才发现竟然忘戴了眼镜！奇迹，真的是奇迹！我亲身体念了精神力量之伟大，这来自乃正先生家乡情缘的精神力量！

重续亲情

1935年乃正先生生于上海，1951年举家迁往北京。20世纪90年代以前，先生仅两次回过老家海盐。

第一次是在1948年中秋前后，14岁的他奉母命"回老家看看"。其时，小街朱宅中属先生祖上的房子由族人管理使用且已破旧，故先生只能寄住于时任国民党海盐县党部书记长的姑父宋叔平家。先生的堂兄学良常陪他游览以及去海边游泳，虽只待了10天左右，但秀水浜、怀德桥、新洋桥、东城门、绮园和天宁寺等乡间景物给他留下了美好的印象。

第二次是1982年，先生偕海宁籍同学高友林从杭州出发，在海宁友林家住了一宿，次日，在友林的陪同下回到了海盐。30多年过去了，自家的老宅和学良堂兄已无处可寻，能勾起记忆的旧物除绮园外几乎消失殆尽。他们到县文化馆拜访了美术干部黄炳虹后就匆匆去了东门汽车站。候车无事，闲看墙上《回武原镇下放人员名单》大红榜，突然，先生眼前一亮，久已失去联系的堂兄"朱学良"的名字跃然纸上。"是同名同姓还确是堂兄？即便是堂兄也不知居住何处。况归程已定，也不及查找……"工作人员"检票了"的呼喊声把他从沉思中惊醒……徐徐滚动的车轮带走了先生对亲人的无限悬念。

1992年，我等第一次赴京拜访了先生。当他询问朱学良的情况时，我们都面面相觑无人知晓。"四十多年没音讯了，不知他还在世上否？！"他那凄厉的叹息声让我们感到有点悲凉，但又无能为力。

1999年7月22日下午，"老朱"满头大汗跑到政协找我。他手里拿着一张2月26日的《海盐报》，上有我参加乃正先生回乡接待的报道和照片。

"老朱"开口就问："咏嘉，乃正来过了？"

我好奇地回答："是啊。"心中疑惑着他找乃正先生有什么事。

"乃正是我的堂弟，新中国成立前夕就失去了联系。""老朱"似乎看出了我的疑虑主动介绍说。

"那你就是'朱学良'先生？"

"是啊。"

"哎哟！当面错过，当面错过！"我既高兴又遗憾地叫了起来。高兴的是斯人却自己找上门来了，遗憾的是乃正先生思念的亲人竟然"当面错过"！

记得1985年岁末，我与县博物馆长鲍翔麟去天宁寺一居民家看古家具，主人朱先生热情地接待了我们。朱先生比我年长二三十岁，是一位温文尔雅的长者，我们都尊称他为"老朱"，他也跟着鲍馆长叫我的小名"嘉嘉"，此后相互时有往来。"三反"运动中"老朱"因检举领导贪污，"三反"后受到报复而被戴上"地主"帽子。当时他曾责问过，"我家不置一分田地，怎能划上地主"？解答是，"有房子，也是地主"。之后，全家下放农村。这帽子一直戴到1979年大批摘帽之时。

"七年前我们拜访过乃正先生，他跟我们说起，他非常想念朱学良这个乡中唯一的亲人，可四十余年间杳无音信。1982年他曾回海盐苦于无从查找。他还关切地询问过你的情况，可那时我怎么也想不到是你……"我兴奋得边说边拨乃正先生的电话。电话很快就接通了："朱老师，你要找的堂兄朱学良先生在我办公室呢！现在他给你说话。"

"老朱"伸出颤抖的手接过电话，声音也有点结巴："乃……乃正……我是学良……唉，唉……你们好吗……我们都好，都好……噢，噢……地址……电话请咏嘉给我……好，好……再联系，再联系……再见……再见！"

他们相互挂记了半个世纪，突然联系上了，这千言万语一下子又不知从何说起。一边曾是"地主"，一边曾是"右派"，两边的道路一般坎坷。短短的问候，陌生而又亲切的乡音把他们拉回到不知忧虑的青少年时期的沉思之中。以后，他们在上海相聚，又通过书信尽情地倾述着半个世纪以来的思念之情，珍惜地感受着失而复得的亲情。

归乡散记

1999年2月23日，我与池晓明、柴永强、施奇观、马小平、小姚（公安局驾驶员）一行六人于下午2点30分从海盐出发，约下午4点20分到达上海长宁区仁和医院旁的乃正先生母亲家。

这天，是先生姐弟三人为90岁的母亲做寿的日子。前来祝寿的亲友使本来不大的居室显得有点拥挤。墙上早已挂满了从北京带来的祝寿的书画，均为先生手迹。有寓意高寿的朱红方笔"寿"字，有朱笔《南山寿松图》扇面，有书于大红洒金纸的龙门对，上联"珠杓递运天垂象，爆竹两三声，人间是岁"，下联"玉琯调阳气转鸿，梅花四五点，天下皆春"……一派喜庆景象。

我们进谒了先生的母亲王玲梅女士，她真诚地感谢家乡政府给她带去的祝福。先生把我们一一介绍给他母亲。当她知道我是老海盐又与先生交善时，热情地拉着我的手，我也以伯母相称。她兴致勃勃地回忆秀水浜老家的一些故事，大家感到格外的亲切和高兴。先生曾说过他母亲是一位接受新思想的开明女性，"新中国成立前，族人要把我家的房地产移交给我母亲，我母亲没有接受，说，'一直你们在管就算你们的吧'"。记得那时先生自嘲："如果接受了，土改时一定划上地主什么的，那我不也就成了地主崽子了！"她的开明大度无意间免遭了一劫。今天见到伯母，果真气度非同一般。

晚6点30分，我们到了位于愚园路镇宁路的泰丰花园酒家。宴会厅正中墙上先生的榜书"寿"字和"普天同庆""人寿年丰"对联与欢快的民族音乐组合成一个热烈的喜庆场面。寿宴热闹活泼，有献辞的，也有献歌的，先

1999年2月，朱乃正返乡省亲，其间参观绮园。倦鸟归巢，游子望乡，这仿佛千年化不开的归宿浓情，绵绵不断地延续着

生向寿星母亲敬了酒，拿起话筒很投入地唱了一段京剧《武家坡》，博得了满场掌声。这《武家坡》应该是有所寄托的，也许是倾诉自己在被划右逐羌的21个年头里未能很好地孝顺母亲的歉意吧！

　　第二天上午，我们与先生等一行启程回海盐，下榻海盐宾馆。这次是先生第三次回到家乡。在海盐宾馆午餐后，稍事休息，由我陪同去桐乡君匋艺术院。在接待室，欣赏着保管员从库房取出的书画和金石藏品，有吴昌硕金石若干、赵子谦春夏秋冬花卉四屏条和文徵明山水卷等。先生一一认真细阅，特别对在传统绘画中有所创新的赵子谦的画兴趣颇浓。

　　晚上仍在海盐宾馆就餐，由县政协主席袁世和主陪。席间，先生颇为感慨地说："没有咏嘉跟我长期的联系，我今天也不会到这里来。"话语中隐隐露出人世间情愫之引力。先生的挚友刘郎说："我在朱乃正家看到过咏嘉为《海盐文博》和《海盐腔研究》题的字，写得很好。"先生说："咏嘉是聪明人写字，但目前咏嘉的字还未完全脱去'放有余而收不足'的习俗。"之前，先生曾告诫我，不要为迎合时尚潮流而欲达到视觉冲击效果去走一种书法创作上所谓的"捷径"，浮躁，急于求成，是学习书法最大的障碍。要净心、超脱、无功利。自此,我在力求"净心"之下注重人格的养成、知识的积淀和技法的提高。尽管如此,数年后的今天仍然积尚未厚。自古以来评价书品总是离不开人品,而又把人品置于书品之上。我在先生的影响下,将一如既往地"咬定青山",把品格修养的提高作为我终生之目标。

第二天我陪先生等人游览了"绮园"。先生手拿着"绮园"的宣传折页,一边听我的介绍,一边抬头望着月洞门上他所题的"绮园"匾额,微微地笑着。1993年,中国民间工艺美术专业委员会第十届年会在海盐召开,"绮园"是会议主要的活动场所。为此,需对"绮园"作局部的整修。月洞门上原由

"绮园"朱乃正题名

南社社员上海金山高燮所题的"绮园"匾额将移于新建的墙门之上，月洞门上则另请名人书写，我当即就想到了先生。其时，我们还只是一面之交，我就冒昧地给他打了电话。先生居然爽快答应，数天后就收到了题字数幅。他在信中是这么写的："'绮园'题字数张各有意趣，请根据石门设计要求选用，当以谐调为准。收到选定后，望赐告。"匾额做后我拍了照片给他寄去留作纪念。今天先生亲临现场，对我的选用没有提出异议，我心中的石头终于放了下来。

"绮园"是冯家的一个花园，20世纪30年代，黄宾虹的女弟子朱砚英在冯家教过书，一个甲子后的今天，先生为冯家的花园题了字。我本以为砚英与先生只是同为画人而已，后来才清楚他们又同为族人，乃正先生的题字无意间为"绮园"增添了许多绚丽的色彩！

君子之交

我总觉得与乃正先生相互交往的共同点是平淡之中的情感交流，没有虚伪，只有礼节。这种摒除虚荣的文人交往，即古已有之的儒雅之风于今却颇为鲜见，在排场、铺张与日俱进的当下，这"儒雅之风"应该作为非物质文化遗产进行保护并发扬光大！

1998年6月17日，县政协主席孙志顺和我代表四套班子看望了正在养病的先生。在先生寓所，面对他那面积不大略显凌乱的书房，特别是看到有张"通知"用图钉很随便地揿在崭新的书橱上以作"提醒"的那个场景，我突然冒出了一种似曾相识的感觉。

先生告诉我们，他的文集《朱乃正品艺录》近日将由人民美术出版社出版；他和詹建军、孙景波三位画家受加拿大艺术基金会邀请，下个月将去旅游、写生，为此，他严格遵循医嘱积极锻炼。不料时隔一个多月，一个大忙人的他回国后还记得与我们说起的这些事，给我们寄来了《朱乃正品艺录》和三人在加拿大举办油画展的宣传资料，让我们也分享了他们的快乐。此虽小事，但令我深深地感受到他对乡人的眷恋和对乡邑的思念。

亲友皆知先生独爱杯中之物，由于心血管疾病的原因他只能忍痛割爱。先生津津乐道地叙述着在他住院期间的一件事：中国摄影家协会主席徐肖冰（浙江桐乡籍人）拎了一小坛绍兴酒（杭嘉湖一带都习惯喝这种酒）去看望他，尽管这坛酒值不了多少钱，但这乡间之物使先生倍感亲切。这与我每次拜访他时带去的海盐土产"团菜""大头菜"颇受他的青睐何其相似。

1999年4月，先生应邀参加南北湖旅游节活动，这是他第四次回乡。两个月前回乡的那次，他带来的礼品是他的画册和《朱乃正品艺录》。这次，他带来的是他的书画明信片，每张都有他的亲笔签名。除了他自己赠送外，还交给我许多，请我转送给他没能见面的那些新朋友。大家对明信片很感兴趣。先生看到家乡文明程度的提高而欣慰地说："想不到这小东西挺受欢迎的。"

在陪先生参观黄源藏书楼时，遇20世纪60年代被誉为"当代关汉卿"的剧作家顾锡东。我为他们做了介绍，虽然两人从事的艺术门类不同，但在人生哲理和艺术观点上却有着共同的语言……旅游节结束，先生将取道杭州返京，由刘郎和马小平陪同赴杭。

第二天早晨，车子已在海盐宾馆大门口停着，我们在大厅等候。先生等人出了电梯，几位主要领导迎上前去握手告别。我在后面等先生准备上车的时候才挤上去，把昨天晚上制作的卡片恭敬地递给了他，向他道了别。卡片上嵌了两张书签，上面印有毛主席的头像和语录。我在卡片上写了几句话，当时没把原文记下来，内容大致是："乃正先生：在多年的交往中，我从未送过你什么礼物，这是伴随我三十多年的'文革'时期的书签，我很珍惜它，见到它就会回到那个让我永远不会忘却的年代。今天，我把它送给你，你也一定会珍惜它的。作个纪念吧。学生咏嘉顿首。"我想他在车上已经认真看过，也应有重温"文革"的感受。他把他还在使用的银粉的签字笔托马小平带给了我。我领略着这半截银粉之笔的物外之情：人际间礼尚往来之礼的价值不应以礼的本身价值，而是以其附加值去衡量，所谓附加值就是附着在它上面的文化价值。正是这支使用过的笔传播出了先生与我之间无价的坦诚无间的信息，至今我还珍藏着它。

我与先生的交往把握着"尊重"的这个尺度。先生有过许多无奈，其中对时间和精力的感慨是"目前各类琐务大大小小都在分割不多的时间与精力，感到百般无奈与痛惜，此情只有自己暗知"。我对先生的尊重细小到电话号码。为了尽可能避免由于我的原因而带给他的干扰与麻烦，他的电话号码我除了提供给县里组织上外，一般都"保密"。

2004年，我退休第二年的6月10日下午，接到县政府办公室副主任王晓初的电话说，《青海日报》摄影记者胡先生在绮园观光时发现"绮园"二字为乃正先生所题，便与晓初介绍了他与先生熟识的关系，只是前几年失去了联系，希望能得到先生的电话号码。晓初问我是否可以给他，我说容我联系后再定，晓初如实把我的意见告诉了他。可胡先生却有点接受不了，表示如果乃正先生连手机号码也不给他，他就永远也不要见他了！尽管我的谨慎引起了胡先生的误解，但我还是请示了乃正先生，最后得到认可。为避凡俗世事，先生有时会躲到山沟里过着半隐居的生活，这次他特地让我转告胡先生，"如果我在山沟里，那里的信号是不太好的"。如此细微之处先生都会考虑到，可见其对朋友之真诚，对友情之珍惜。

求　实

1998年6月上旬，从傅旦处得到乃正先生又患脑梗住院治疗的消息。我的第一反应是提请领导及时慰问，之后，在我与他多年坦诚相交的基础上，向他提出捐赠书画的要求已是时候。我把想法告知了县政协主席孙志顺，并建议顺便看望李寸松先生。孙主席极为赞同，并向县委书记王海仁做了汇报。数日后，王书记委托我们二人代表四套班子慰问乃正和寸松先生。我奉命将县里的行动给乃正先生吹了个风，先生婉言道："请谢谢家乡政府的关心，我已出院在家疗养，还是不用专程来京为好。"我说，"这也是工作，既然县委定了，我们也不宜变故"，由此而说服了他。6月中旬，我们启程出发，这是我第三次赴京拜访。

先生对家乡带去的问候十分感激。先生的病情已基本稳定，每天坚持着做规定的康复运动。其实，先生住院已是那年春节前的事了，对此我们深表歉意。先生急忙解释，消息是他有意封锁的，否则出于礼节朋友们都会过来，有许多是外地的，这将给大家带来麻烦，另外也有利于自己静养治疗。先生曾说过，"我这一生尽量不给人添麻烦，凡事必先克己，这是个做人的基本原则"。

晚上，先生设宴招待，还请来了他美院的同学、北京市政协副秘书长蒋建国。席间，蒋建国介绍自己曾写过《想圆的梦——我所认识的朱乃正君》一文，刊登在《北京政协》1995年第6期上。后蒋建国给我寄来了这本刊物，文中许多鲜为人知的亮点揭开了这位有良知有抱负的书画家人生的一页，这为人楷模的一页更燃起了我们的事业心和社会责任心。

那天，由我试探性地提出书画捐赠之事，想不到先生不假思索地说："可以考虑。我的作品原有中央美院、青海和中国美术馆三个去向，现在看来还要增加一个家乡海盐。"他表示给海盐的作品以中国书画为主，可以在博物馆辟一个室专门陈列。孙主席则顺着我原有的思路提出还是建一个"馆"来得妥当的观点，先生一下子表不了态。经我们再三游说，他才初有"书法可专门搞个馆"和"可叫艺术馆"的想法。我们就捐赠等作了粗线条的漫谈……

为引起县里重视把"艺术馆"做大，我和孙主席统一"朱乃正先生主动捐赠"等口径向王书记做了北京之行的书面汇报。不久，县委拟筹建"朱乃正艺术馆"。1998年12月22日，县委有关领导赴京向先生汇报了筹建"朱乃正艺术馆"的初步设想。

"山不在高，有仙则名"。海盐是一小县，要发展就更得从提高知名度入手，利用名人效应不失为良策。为亦师亦友的乃正先生建一个馆，为地方上增加一个文化设施是我多年的愿望。1999年1月19日我给乃正先生的信中写道，"坦白说，一九九二年我参与为李寸松先生筹建'泥香室'的时候就萌发为你也建一个馆的念头，以后的沟通联系仅体现乡人与你既清淡又深厚的情感而已……如果'艺术馆'能办成办好，我的'阴谋得逞'之日，也是我功成告退之时。"这是我与先生交往中自己设置的重要历史使命。我长期恪守着以"君子之交"的宗旨处理着与先生的关系，其目的只不过是让他能感受到乡人"虚其心"的素质而别无他意。

1999年2月24日，先生回到海盐，地方政府与其具体讨论建"朱乃正艺术馆"（后为增加其教育功能而定名为"朱乃正艺术院"）的实质性问题。3月25日，海盐县委、县政府决定建立"朱乃正艺术院"筹备领导小组，我任副组长。4月26日，"朱乃正艺术院"举行奠基仪式。7月，海盐遭受较大水灾，经济损失颇重，鉴于此等多方面的问题，先生决定不建"朱乃正艺术院"。记得1998年10月，先生就"艺术馆"事跟我谈过一个观点，"海盐经济虽好，但为我花去很多钱，这样增加县里负担也不好。搞得大要支付的费用也大，最好小而精。还是根据实际情况，不要匆忙，水不到渠不成。"我急于促成的"积极"恐怕也是造成"艺术馆"流产的一个因素亦未可知。从具体讨论建馆到奠基仅两个多月，的确也仓促了一点，还得从实际出发，终究是"水不到渠不成"呀！

十年以后的今天再来看这件事，或许先生是对的。最近，电视媒体披露，到目前为止全国在册文物丢失了两万多件。这不能不让人感到心寒，为保护文物有多少人做出过不懈的努力，甚至付出了宝贵的生命！文物丢失的原因不外乎制度的不健全或内部管理的混乱。受国家文物法保护的文物都会不翼而飞，何况艺术馆之藏品乎！

我写《（新）海盐县志·人物卷·朱乃正》是基于先生正处在夫人身患重病这么一个特殊的时期。2006年底，先生在给我的信中提道"县上又来电，说欲在县志中将我列入并索取资料。我说明现状后告知欲得详况，可问阁下"。当我自荐代为撰写他的材料时，他高兴地复函，"君若先为我撰稿，省我时力，不胜感谢……"后又见信说，"县志由你写我的评价，实事求是，相信你会写好的"。尽管他清楚我了解他，也清楚我这个人是客观辩证的人，然而还是要强调一下"实事求是"，于此亦可窥见他重实恶虚之品质。我对"实事求是"的理解是：一资料收集尽可能全面，不持一孔之见；二恰如其分，不可无端拔高。我第一步做的就是广泛收集资料。

2007年7月，我反复阅读了收集到的所有资料，严格按照先生"实事求是"的要求，在读懂的基础上归纳提炼，至8月中旬把《（新）海盐县志·人物卷·朱乃正（第四稿）》寄发给先生请他修改补充。一周后我收到了《朱乃正（补充稿）》，其中除了考证一个年代、删除两个职务和补充两个职务外一字未动。我再次斟酌推敲了整篇稿子，对个别字、词做了调整重寄先生。先生在回信中写道，"人物志的简介传文让你费了不少时间，前后修改了五稿，认真之情，令我感佩。"如此，我才作为定稿送交县志编辑部和县档案馆存档。通过撰写使我对先生有了更深的了解，"求实"是他人格的重要方面，"求实"贯穿在他一生的言行举止之中。

心　正

乃正先生共有姐弟三人，大姐名乃心，兄长名乃一。先生的父亲曾与朱学良谈起过，为了期望子女们把心一定放正，时时事事做一个正直的人，就在三人的名字中分别用了"心""一""正"三字。

纵观先生的一生，他没有愧对他的父亲。季羡林在《记张岱年先生》一文中说过，"我有一个自己认为正确的意见：凡被划为'右派'者，都是好人，都是正直的人，敢讲真话的人，真正热爱党的人"。季老这话尽管有点绝对，但绝大多数是这样的，先生便是其中之一。先生能抱着热爱生活积极工作的态度去正确对待，这对当时还只有二十二岁的年轻右派的他来说是难能可贵的。屈原放逐而后赋《离骚》，乃正先生划右逐羌而后绘《金色的季节》[①]。他曾说过，"是生活给了我艺术……从作品上反映与生活的关系,这是我的特色。"

我在《(新)海盐县志·人物卷·朱乃正》一文中把先生划右逐羌的二十一年归纳为"是深入农村、牧区和戈壁、荒漠、雪原,受其沐浴和磨炼的二十一年;是用画笔讴歌民族精神和祖国大好河山的二十一年;是他的人生与艺术共同成长起来的二十一年"是恰如其分的,这是很少有人做得到的。

正因为先生有着"宠辱不惊,看庭前花开花落;去留无意,望天空云卷云舒"的气度,在执着中坚守自己的人格,在任何环境下实事求是,一步一个脚印,坚定地走着自己的艺术道路,才能成为当今我国探索中西交融颇有成就的画家兼书法家。

在他担任中央美院副院长的日子里,他仍然极为投入地干着他并不感兴趣,但关系到改善教职员工生活的建房工作。一个艺术造诣颇深的堂堂中央美院的副院长非但丝毫没有一点傲气,反而乐意为群众当跑腿。为了多建三层宿舍,他上下奔走,四处求助,均无结果。最终为满足对方的要求,无奈之下以割爱吴作人老师给他的唯一的一幅画为代价,才圆满地画了一个句号。

时下,"为什么我们的学校总是培养不出杰出的人才"的"钱学森之问",成了中国教育界关注的焦点,"人格养成"将纳入育人体系之中,从而对"人格"也展开了讨论。由此我联想到,面对被划右逐羌所带来的"辱"以及被成就和地位所带来的"荣",先生之所以都能正确对待淡然处之,这完全是基于他由于"心正"而养成的"人格"。

"心正"二字已深深地熔铸在先生的骨髓里,"直言"于他是无所不在。他清楚地认识到艺术创作的方向关乎民族精神的去从,对此,他会不留情面地揭露时弊,力挽狂澜:"我常想,为何时下在褒扬力推流行的'现代艺术'时,总会归引出玄奥的自我观念和复杂多层的人文含义,却为何鄙薄贬抑造化万千的真实视觉形态,似乎反倒不具人类同有共聚的心智、情感与哲思?"他又义无反顾地挑起了这副担子:"我想用自己的画笔来诠释这一疑问,也许可以使人识别这一小小的'误区'。否则人的视觉审美将是无根之木、无源之水,陷入自欺欺人的泥沼而无以自清自拔。"他大声疾呼"人应该崇敬和理解自然,在顺应自然的基础上而不是在破坏'改造'自然的基础

---

①《金色的季节》,朱乃正成名之作。在他被谪青海三年后开始构思创作了这幅没有阶级斗争火药味的画。

上与自然保持和谐。显然，这种观念既古且新，它已经为当代科学研究所充分肯定"。正因为先生具备这种品格，才能身体力行着他所说过的"只要在我有生之年，还能去站在那块孕育出伟大华夏文化的大地上，我将情不自禁地用自己的手笔使之迹化。我不能欺骗自己的眼睛，也不愿欺骗那些同样热爱自然造化生命美的观者之眼"。这既是先生对待艺术创作的态度，也是先生对待人生的态度。

乃正先生"心正、人正、艺正"的这种中华民族的优秀品质融贯于他日常的待人接物和创作理念之中。

心　画

1998年10月27日，我去北京参加中国作协《文艺报》社主办的"面向新世纪文化艺术创作研讨会"，会期五天。28日下午，拜访了乃正先生。

那天在他家里谈了很多，他从平生仅有的两次回乡、与画友交往逸事谈起，到温哥华国家公园班芙艺术中心等。特别谈到温哥华国家公园自然生态的保护、艺术中心健全的功能及其对世界各地艺术家的吸引力时，先生遏制不住内心的兴奋，我也平添了许多的遐想。先生又提起中央美院美术馆正在举办油画系的画展，底层展厅有他的八幅作品。我很想去看看，他找请柬，可没找到，就随手在信封上给王晓馆长写了个便条，又怕展厅关门，便跟王馆长打了电话请他关照。我受到王馆长的热情接待，开了小灶。展厅空无一人，我尽情地欣赏了将近一个小时。

先生的八幅作品中有一幅引起了我的注意，那就是创作于1997年2月20日的我曾见到过的《一夜雪静（邓小平逝世后一天）》。我驻足凝视良久，慢慢品味，细细琢磨，从中窥测到了创作中的一点信息，那是他寄予伟人的哀思。用先生自己的话说，"余本属南人北迁，身上虽然留有南人气质，却喜高旷放远之境"。这里彰显了他南北交融的豁达旷远细腻缠绵的气质。

回想起1997年9月下旬，我与县博物馆张跃明等去北京李寸松先生处取泥塑三国人物，顺便拜访先生的那次。我们在他的寓所已见到过《一夜雪静（邓小平逝世后一天）》这幅画。画的中间两行杨树挺拔擎天，渐行渐远，遥遥峻岭，丛林密集，皑皑白雪，茫茫一片，整个画面俭素洁净，不染尘埃。从画意的表达上发出了亿万中国人的心声，从画风的支撑上深蕴着中国画的水墨特征，它寄寓着中华民族的文化精神，折射出中国油画家的文化自觉和文化自信。先生告诉我，这是他在听到电台播出邓小平同志逝世消息的第二天晨起后就着手画的。这是他怀念为艺术家们带来第二个艺术春天的邓小平同志的那种胸中块垒之情感释放，这是他怀念对做出伟大历史功绩的邓小平同志的那种万千思绪之情感喷发！这释放，这喷发，犹如滚滚而来的钱江巨潮势不可挡！

时隔九年后的岁末，我给先生寄去了华宝斋的线装本《邓小平手迹》，他收到后在给我的回信中颇有感触地写道，"见到惠寄《邓小平手迹》四册，翻阅之余不胜感慨……"睹物思人，再一次勾起了他对小平同志的缅怀之情。

先生胸怀宽阔，淡泊名利，执着于艺术而别无他求，到头来，本非他所求之名中央美院副院长、国家文物局书画鉴定委员会委员、中央文史馆馆员、全国政协委员等却接踵而来。先生的为人和对人生的把握上某些方面与自然界现象中的因果规律似有相通之处，或许老子的哲学思想也影响着他的品格的形成！老子云"水善利万物而不争，处众人之所恶，故几于道""夫唯不争，故天下莫能与之争"。又云，"江海所以能为百谷王者，以其善下之，故能为百谷王"。虽不能把乃正先生比作"百谷王"，但他如此高的众信度却与"不争"和"善下"有着不可分割的关系。

三稿于2010年2月4日晚

2019年7月再修改

附录

采得百花成蜜后，为谁辛苦为谁甜

——忆我的爷爷沈咏嘉先生

"杰杰啊，爷爷又想了一想，这个光靠足球吃饭，还不是一个办法，最好么还是要找到一个稳定的工作……"刚一接起电话，爷爷就语重心长地和我聊起了我的人生规划。声音还是那么洪亮，语气还是那么柔和，精神还是那么饱满，这已经是他短短两分钟内打进来的第二个电话了。那时的我心里一阵窃喜，并不是因为爷爷跟我讲了那么多在后来看来是多么"宝藏"的金玉良言，而是因为这是爷爷在上海痛苦治疗一年后第一次连续给我打来两个电话，这说明爷爷又重新回到若干年前那个一丝不苟、认真负责，会为了我的一件小事连续打两三个电话而仍然放心不下的"精神老头"了。正是因为这个电话，我想当然地觉得爷爷顺利出院只是时间问题，便没有认真记住爷爷后来跟我讲的话，只记得我一直告诉他："你放心，你放心。你好好休息，你一定要好好休息呀，你不用担心我。等你出院了，咱们细细地聊。"可谁知呢？这简单得不能再简单的一个电话，竟然永久地封存在了我的通话记录里；这平常得不能再平常的几句嘱咐，竟然成为爷爷对我的遗愿；这随意得不能再随意的几遍"放心"，竟然真的让爷爷放下了悬在他心头整整二十年都放不下的那块沉石，带着充满期待的笑容永远地离开了这个世界！

自从爷爷离开了以后，生活中一切都显得那么的不真实。不管去做什么事情，总觉得还是缺了些什么，总是在想，"这件事要是有爷爷在该多好"！曾经的我年少无知，不懂得珍惜我与爷爷在一起的宝贵的点点滴滴。而如今，回想起那一段段充满着爱的往事，不禁潸然泪下，无语凝噎。今天请允许我一边回忆这一件一件使我印象深刻的往事，一边记录下来，谨献给早在去年便驾鹤西归登仙而去的爷爷沈咏嘉先生，以作纪念。

一次受伤

在我的印象中，爷爷是身体健壮、身姿矫健的人，他胆大心细，有勇有谋。他有真功夫，我十八岁时和他比试掰手腕却仍然不是他的对手。他热衷于运动，直至晚年还在坚持不懈地学习游泳技术。这么多年，我从未见他因为运动而受过什么伤，除了那一次陪我打篮球。

那时的我，深受小儿抽动症的困扰，身体远没有现在这么硬朗，也正是因为这种种不利因素，造成我是一个不爱运动、不敢运动的人。尤其是参与对抗性极强的篮球运动，我更是畏首畏尾。看到场上比我高大的孩子，顿时就呆若木鸡，连基本的运动能力都发挥不出来。爷爷看到我当时这样的情况，内心很不是滋味。他知道我是一个有依赖性的人，为了让我能够放开自我，更好地参与运动，健康成长，他竟然亲自上阵，加入了平均年龄不到18岁的队伍中，只为使我放下包袱，大胆发挥。

只记得当时的他身着一件白色的汗背心，脚踩一双破旧的老皮鞋，就兴冲冲地上来了。那时的我看到爷爷上场后十分高兴，顿时安全感倍增，那是我第一次在社会球场上收获自信。不过，当时不懂的是，爷爷上来后，我作为亲孙子肯定是心满意足了，可是其他的场上队员肯定会心生不满，于是年轻气盛的他们在对抗中的动作也是越来越大，都想欺负一下这个"老头子"。爷爷是个实在人，拿到球后该怎么打就怎么打，并没有任何多余的想法。结果，在一次带球突破时，他被一个当时的小青年冲撞跌倒。众目睽睽之下，六十多岁的老爷子就被撞飞出去了两米多的距离，然后顺势一个侧滚翻，一时间没有起来。这可把大家给吓坏了，正当大家纷纷跑过去准备询问情况时，只见爷爷缓缓地站了起来，轻轻地拍了拍身上的灰尘，连说"不要紧，不要紧"。可是，由于冲撞来得实在是突然，爷爷在跌倒时还是磕到了膝盖，左脚膝盖上的皮已经完全擦破，血流不止，必须赶紧回去包扎消毒，否则将有感染的风险。在回去的路上，爷爷还"洋洋得意"地对我说："还好爷爷以前练过功夫，知道该怎么摔，被撞翻之后下意识地就会落地翻滚，只是受了点皮肉伤，否则这么大把年纪了，肯定要伤筋动骨，麻烦大了。"

当时的我一直生活在家人的襁褓之内，身体从来没有受过伤害，哪怕是一点磕磕碰碰，所以对爷爷的受伤没有特别大的感触。直到我成为一名守门员之后，在一次比赛中右脚膝盖受了很严重的擦伤，伤口整整两个礼拜才完整地愈合。在这期间，我的身体承受了异常的痛苦，我的生活也遭受了十分的麻烦。那个时候，我才能够理解原来爷爷轻描淡写的"皮肉之痒"是多么的难受与折磨啊！只是为了让胆小懦弱的我更好地参与运动，竟然不计身体的代价亲自披挂上阵，不仅受了不应该受的伤，还把实情藏在心里，自甘委屈，这是有多么多么地疼爱我呀！

长大以后，爷爷也时不时地指着自己膝盖上那块褪不去的伤疤，问我还记不记得当时带我打球的场景。他从没有提起过他当时有多疼，也并不是要让我记住他曾经为了我而受过伤，只是看到现在热爱运动、身强体壮的我，心里出现了丝丝欣慰和自豪。正是他当年不遗余力地与我同场竞技，才在我心中埋下了一颗热爱运动的种子，才有了后来苗壮成长的我。而我又怎会忘记那一个下午的往事呢？打球受伤的疤是留在爷爷的膝盖上，爷爷对我的爱却永远地烙在了我的心里。

我永远不会忘记，有这么一个下午，一个年过花甲的老人，为了一个孩子和一群少年打球而受伤的故事。

两次落泪

在我的印象中，爷爷是无比坚韧、十分沉毅的人。他性格开朗，性情豪迈，见过他放声大笑，却从未见过他失声痛哭。不过，也还是有一次例外，和另一次例外。

第一次，是我考上大学以后，我顺利地当上了班长，并且参加了足球队。那个周末，我一如既往地从杭州回到海盐，一方面是我想爷爷了，另一方面是爷爷想我了。由于我的到来，奶奶特地准备了一桌子的好菜，其中还有鲜美的大闸蟹。奶奶跟往常一样早早地吃完了晚饭，饭桌上只剩下还在大吃特吃的我和刚刚从书房里走出来开始吃饭的爷爷。

爷爷见到我后十分开心，并关心起了我最近的大学生活，好久不见的爷孙俩瞬间就聊了起来。聊着聊着，爷爷便感慨道我的不容易，小时候身体不好，父母离异，一直是爷爷奶奶把我拉扯长大。如今看到我考上大学，并且找到了自我，也获得了一些不错的小成绩，他十分欣慰，感到了自己多年的心血没有白费，我自己也总算是熬出头了。讲到我的时候，他的目光闪烁，就好像在聊他的心肝宝贝一样。

谈着谈着，他也谈到了自己年轻的时候，生活窘迫，困难重重。曾经没有工作，起初只能通过求情在单位学习划玻璃，为了能留下来继续工作，他每天刻苦地跟师傅学习，没多久就划得比大部分人都好；后来又在百货店充当临时工，为了留下来继续工作，花费了大量精力把每件商品的计价方式和价格倒背如流，还练就出了秒算价格的能力；后来又在戏剧团做临时工，为了拉好二胡，每天练习，直到手上都是老茧，疼得连握拳都握不了；后来参加了考古工作，为了在有限的时间里早出成果，爷爷一把年纪在三伏天四十多度的高温下顶着烈日发掘文物……讲到这里时，爷爷的情绪已经难以控制，嘴里一边还啃着蟹脚，眼里却已经被泪水冲刷。越往下讲，心中积压已久的情绪越发喷涌而出。我一时间竟不知所措，只好连连扯餐巾纸来安抚他的情绪。

虽然爷爷正在讲述着他过往辛酸的经历，但是我的心里却十分清楚，他的眼泪不是为他的过去而流，而是为我的过去而流。他在想起自己不堪回首的曾经时，也同样想起了那个不堪回首的我。他知道我的童年，知道我的苦衷，知道我的向往，但是他从来不说。因为有些事情总是不受人控制的，而他只能尽力多改变一些他能控制的方方面面，他也做到了。为了我，他舍弃了太多太多，他付出了太多太多，他放下了太多太多。年幼时的我，就像一只落单的蛹，很单纯，很丰满，但是不够成熟，倘若不施以保护，等不到成蝶就会被残酷的大自然淘汰。所以，只有给我这个幼稚的蛹人为补上一层厚厚的茧，我才能安全健康地成长，直到心智成熟破茧而出的那一天。曾经少不更事的我，常常厌恶爷爷给我的条条框框，反感爷爷对我的指指点点，认为这是对我的一种"束缚"，不利于我的成长。可是后来才发现，正是这种"束缚"，让我得以健康全面地发展，在长久的沉淀中找到了自我，自信成熟地走向社会。

而今，我也终于迎来了破茧成蝶的那一天。爷爷看到我在大学校园中尽情地展现着自我，尽情地发挥着自我，尽情地宣泄着自我，内心一定是百感交集，五味杂陈。因为只有他知道，一只孤单的蛹，在狭小的空间中寻找自我，要碰多少的壁，要吃多少的苦。我跟爷爷一样，都是会为了目标而不懈努力直至达到目标的人。所以爷爷清楚，既然我是蝴蝶，就一定能等到我翩翩起舞的那一天的，所以他为我坚守了整整二十年，直到那一天，我终于熬出头了。可想而知，他的内心会有多么的感动与自豪！我熬出头了就像他熬出头了一样，隐忍了二十多年的泪水，终于不受控制，哗哗直下。我一看爷爷泪流满面，自己的情绪也不受控制。为了面子，我拍了两下爷爷的肩膀后溜进了卧室，最终也是潸然泪下，久久不能释怀。

结果呢，命运总是与人开玩笑，不到一年后爷爷因为治疗不当，命悬一线。从上海转移到海盐后，已经彻底失去了语言和肢体行为的能力，医生宣判他为植物人，而且认定他随时会有生命危险。这对我们所有人都是当头一棒，意外来得太突然，没有人能接受这样一个残酷的事实。彼时还是全球新冠肺炎疫情告急之时，各地公共场所都是严防死守，医院也只能给我们开放每天三十分钟的探视时间。那时的我正好放假在海盐，于是每天都可以守在ICU外面陪护爷爷，到了时间便进到病房里去看望他。

我第一次进去，我就知道爷爷才不是什么植物人。他只是丧失了大部分表达能力而已，医生看到的只是表面，因为爷爷已经对于冰冷的医疗仪器和穿梭的医护人员毫无感情。在生死弥留之际，他只想把有限的精力和感情用在他的至亲之上，而不是那些每天让他心烦的仪器身上。

每次我和奶奶一进去，通过呼喊讲话，抚摸按摩的方式，爷爷都能有所反应。心跳明显加速，瞳孔明显放大，这难道不能证明他正在感受我们与他的交流吗？如果这还不能，那接下来要说的，是一定可以证明他对我们是有感应的。

我知道爷爷非常关心我，他关心我的程度甚至大于关心他自己。所以，每次我进去探望他时，我都会讲一讲我自己的情况，让他不要担心，好好养病就行。这一次是因为我马上就要开学了，隔日就要回杭州，所以我特地跟爷爷好好地道一个别，并且嘱咐他要咬牙挺住，下次要过好久才能见到他，希望下次见到他的时候他的病情有所好转。说到这里时，神奇的一幕发生了，只见爷爷的脸颊和鼻头微微震动，嘴巴慢慢抿起，眼睛吃力地眨了两下。一瞬间，两粒弱弱的泪珠沿着脸上的皱纹掉了下来。整个过程，仿佛是一个慢动作，惊愕了我。是那么的苍白无力，却又是那么的铿锵有力！我敬爱的爷爷，听到我要走了以后，居然流下了不舍的眼泪，夹在这般无力的身躯中，不免多了几分脆弱。可就在这如此的脆弱之中，更是折射出他意志力的坚强！

我这辈子就见过爷爷两次落泪，两次都是因为我。一次是亲历我化茧成蝶的喜悦，一次是无法与我比翼齐飞的遗憾。时至如今，我依然无法忘记最后一次见面时爷爷的眼神，大概是要告诉我，"爷爷只能陪你到这里了，我们一起走过了很多路，但是以后的路比现在更长，沿途的风景比现在更好，而你也可以走得更远，相信自己，大胆地去走吧！"

三进台州

我在很小的时候就确诊了小儿抽动症，这是一个很奇怪的毛病，很难根治。从确诊的那一刻起，全家上下就带我四处求医，其中爷爷最为功不可没。幼儿园升小学的时候，爸爸在网上得知台州有一个中医治疗我的毛病很有效果，于是家里人便萌生了带我去台州治病的想法。于是那个时候退休不久的爷爷就二话不说，和我来到台州，一待就是一个暑假。为了既能根治我的疾病，又不影响我的学业，爷爷决定让我平时正常在学校上课，学期结束后去台州治病。这一治，就是三年。在这三年的假期里，我和爷爷朝夕相处，加深了爷孙之间的感情，并在我的脑海里留下了许多永恒的瞬间。

爷爷为了减少我在治疗期间感到的枯燥烦闷，在台州找遍了能让我放松身心的地方，吃好吃的，玩好玩的，看好看的。这使我几乎没有感到治病是痛苦的，甚至反而感到是快乐的、充实的，这一切都是爷爷的功劳。

至今我仍然忘不了，台州市民广场上那一群嗷嗷待哺的白鸽，台州海洋公园那一只乖巧伶俐的鹦鹉，台州东山公园那一头困于牢笼的饿虎，咖啡馆令我耳目一新的摇椅和香喷喷的西式蛋糕，椒江宾馆窗外发出悦耳声响的布谷鸟，天河宾馆对面好吃又实惠的小文汤包，新华书店里琳琅满目的漫画书，冰雪世界硕大的冰雕和好玩的冰车……而这绝大部分美好的瞬间，还被细心的爷爷用相机拍摄下来，这使我对台州的印象更加深刻了。现在回看起这一张张时间久远的照片，惊叹之余，时过境迁，物是人非，唯有暖意依旧。

以前总觉得，当时家里人都要上班，只有爷爷退休以后比较空闲，会有时间陪着我。现在一回想，爷爷一直就是最忙的人，他有那么多的事情要做，只不过他为了我，愿意放下手头上的所有东西，全心全意为我服务。这也导致他在晚年才开始编写有关海盐老街的历史材料，最终未能全部完成编写，实在是一大遗憾！

天道酬勤

遥记小时候学校组织书法比赛，作为书法家的孙子，老师也是极力推荐我去参赛。但是我小时候对书法并不特别感兴趣，要不是爷爷的耳濡目染加上强制性地跟他学习了一段时间，我恐怕真的无法在书法比赛中拿出像样的作品。

　　不过，即使只有这样的"半吊子"功夫，毕竟有个书法家的爷爷作为老师，我对于参加比赛的底气还是十足的。因为我几乎用不着担心什么选材，担心什么构思，担心什么笔法。反正从选用什么文案，选用什么字体，选用什么毛笔，选用什么宣纸，选用什么墨汁，到选用什么印章，一切都有书法家爷爷亲自操刀，我只需要照着他写好的帖子临摹就可以了。写得不好，就继续写，写到他觉得满意为止。如果他能觉得满意，那这基本上可以说是一幅不错的作品了。现在想来，当时真的是"无脑"写书法呀！很后悔没有学到什么真功夫，只是练了一些皮毛法术而已。

　　从小到现在也参加了大大小小的不少书法比赛，能留下来的作品，至今都挂在爷爷的大书房里，每幅都是他生前最喜爱的作品之一。起初想不通，这几幅字虽然是我写的，但是确实笔法粗糙，和他大书房里这么多名家名作相差甚远，可是他却把我的作品都摆在了醒目显眼的位置，把大家之作放在了"压箱底"的角落积灰。长大以后，再回看爷爷亲自辅导我书写的一幅一幅作品，不禁佩服，爷爷喜欢我的作品，不仅因为它是我写出来的，更多的是因为我所写的内容。当时我还小，不知道爷爷让我写的字到底有什么含义，当时都是任务观点，写完了就不管了，没有深究。如今，我稍微读出其中几幅字的内容，答案就显而易见了。"清泉""壁立千仞""天道酬勤""有志者事竟成　苦心人天不负"这一幅幅字，里面无不体现出爷爷的精神涵养，这也正是他想要赋予我的精神面貌。也许他并没有希望我的字写得有多么的卓越或优美，他只是希望我能写出他所追求的大丈夫的那种正气，那种大义，那种傲骨罢了。字可以歪歪扭扭，但是人必须堂堂正正。怪不得每次我写完以后，他都要让我读好几遍内容，然后挂在醒目的位置，主要目的其实是要让我明白为人处世的道理，理解待人接物的奥妙啊！

　　说起书法，我还记得我曾经问过爷爷，"怎么样来看一个人的书法写得好不好呢？"爷爷的回答很简单："除了看他的用笔以外，还要看他的为人，书法是要讲究气和意的，也就是精神，如果这个人的为人不行，那么他作品里传达出来的精神也不行，那这个人的书法再好看也没有用，就是不行。"结合爷爷平日里的为人，以及他对我的要求，不难看出，爷爷是一个对自己精神境界极富追求，对自己思想品质要求极高的人。

采得百花成蜜后，为谁辛苦为谁甜？

这句诗出自唐代诗人罗隐的作品《蜂》，我觉得是对爷爷最合适不过的评价了。

爷爷的一生就像蜜蜂一样，善良、美好，勤劳、朴素，甘于奉献、不计回报。

楼下的过道脏了，没人打扫，爷爷会主动拿着工具去打扫。有人说这不是他的责任，他却说这是他应尽的义务。

每逢过年，他都会亲自下笔，给亲朋好友送去带有美好祝愿的春联，有时甚至亲自张贴，毫无派头。

爷爷还是一个十分细致、讲卫生的人。在家的时候经常可以看见他和奶奶抢着搞卫生的场景。有他在的时候，客厅格外的敞亮，厨房格外的清爽，卫生间格外的整洁，被子格外的香。他甚至说过："给我一条脏抹布，给我三十分钟，我给你洗得跟新的一样。"事实则是，他离开后，家里就再也没有见过洁白的抹布，多少还是带点泛黄、带点污渍、带点灰尘。

他甘于奉献不求回报，真的就像诗中所讲"蜜蜂啊，你采尽百花酿成了花蜜，到底是为谁付出辛苦，又想让谁品尝香甜呢？"对于我，他二十年如一日含辛茹苦，结果等到我好不容易开始崭露头角的时候，他却先人一步，溘然长逝。对于他所热爱的事业，家人都责备他晚年不好好保养身体享享清福，还要一个劲地撰写史志材料。他却说道："我不写就没人写了，我总要给海盐的后人留下些什么。"如此高雅的情操，如此坚定的信念，如此博大的胸怀，难道还不能让我们这些后人对他肃然起敬吗？

写到这里，我早已热泪盈眶，实在不忍回忆更多的往事，不忍自己的泪点一次又一次被击中。我想，上面陈述的我和爷爷的几个故事，已经能够很好地描绘我心目中爷爷的形象，也能够很好地展现出我和爷爷彼此之间那份不可言喻

沈琦杰18岁生日合影

的情感。爷爷在我心目中的地位是至高无上的，也是永恒的。

爷爷离开我们已经有一段时间了，可每每夜深人静时，一个人躺在床上，便又陷入了无尽的空虚和沉思，总觉得他还在，却说不清楚他到底在哪儿。在空气里？在阳光里？在微风里？在我心房里？在我脑海里？在我梦里？在这数不清的日日夜夜中，我总是能在面对困苦时获得无形而有力的能量。有了这样一种能量，我在生活中才能一路披荆斩棘，做什么事情都是元气满满，顺理成章。我想，这种能量一定是爷爷的化身，他无处不在，无所不能，在我不断成长的道路上为我保驾护航。

沈琦杰

2021年7月25日

沈咏嘉简历

1943年2月13日　生于上海。

1947年9月—1948年7月　海盐县武原镇县城中心小学幼稚班。

1948年9月—1955年7月　海盐县武原镇县城中心小学毕业（三年级下学期因肘关节脱臼休学，第二年重读）。

1955年9月—1958年7月　海盐中学初中毕业。

1958年9月—1959年1月　海盐中学高一上学期学习。

1959年2月—1961年7月　海宁一中高中毕业。

1961年10月—1963年4月　海盐县武原联合诊所、城郊联合诊所、富亭联合诊所挂号员，并非正式拜张谋善先生为师学习中医近一年。

1963年5月—9月　失业在家。

1963年10月—12月　海盐县武原税务所城郊公社代理税收专管员。

1964年1月—1965年8月　海盐县武原镇市场管理委员会市场管理员。

1965年9月—1969年5月　海盐县城西公社联合诊所（后更名为卫生所）会计兼防疫工作。

1969年6月—12月　海盐县武原制绳社摇绳工人。

1970年1月—4月13日　失业在家。

1970年4月14日—1975年12月15日　海盐县海塘公社红星大队红星生产队插队落户务农。

1971年8月20日—1972年1月　海盐县毛泽东思想宣传队担任乐队队员。

1972年11月16日—1973年1月13日　海盐县欤城农业中学高中一年级语文代课教师。

1973年1月14日—1975年11月27日　海盐县毛泽东思想宣传队（后更名为海盐越剧团）乐队队员。

1975年12月15日商业局报到，12月19日商店报到上班—1978年8月17日武原百货商店利民桥百货门市部搪瓷柜营业员、柜组长。

1978年8月17日　宣布任利民桥百货门市部主任。

1980年1月—12月　武原百货商店工农鞋帽门市部代主任。

1981年1月—1983年1月　武原百货商店财会记账员。

1981年　海盐县文化馆成立书法四人小组，为小组成员，从事组织工作。

1983年2月—1985年6月20日　海盐县百货公司人秘股收发打字员兼公司职工业余教育语文教师。

1983年5月27日—1986年4月19日　政协海盐县第一届委员会委员。

1984年5月　嘉兴市书法家协会会员，后任理事。

1985年3月　被浙江省妇联授予"五好家庭"荣誉称号。

1985年6月21日—1990年11月　海盐县博物馆业务干部（以工代干）。

1987年5月9日—1989年4月15日　政协海盐县第二届委员会委员。

1987年9月　海盐县书法、美术家协会秘书长、副主席。

1987年11月　由嘉兴市人事局授予文博专业管理员任职资格。

1987年12月　浙江省书法家协会会员。

1988年9月—11月　"第二期全国古书画鉴定培训班"结业（国家文物局主办）。

1989年12月31日　转为国家干部。

1990年1月　被评为1989年度海盐县文化系统先进工作者。

1990年5月4日—1992年4月12日　政协海盐县第三届委员会委员常委、文化委员会副主任。

1990年9月—1992年3月　杭州大学文物博物馆学"专业证书"班毕业。

1990年11月6日—1993年11月3日　海盐县博物馆业务副馆长。

1991年2月　被评为1990年度海盐县文化系统多种经营先进工作者。

1991年3月　嘉兴市人事局授予文博专业助理馆员任职资格。

1991年4月8日　兼任绮园文保所所长。

1991年6月　浙江省博物馆学会会员。

1992年2月　被评为1991年度海盐县文化系统先进工作者。

1992年4月　海盐县文联委员、县文联副秘书长。

1993年4月7日—1995年3月27日　政协海盐县第四届委员会常委、文化委员会主任。

1993年4月　被评为海盐县第三届政协工作积极分子。

1993年5月11日—1997年11月29日　嘉兴市第三届人民代表大会代表。

1993年5月　浙江省考古学会会员。

1993年10月　中国工艺美术学会民间工艺美术专业委员会会员。

1993年11月4日—1995年2月13日　海盐县博物馆常务副馆长。

1995年2月14日—1996年3月5日　海盐县博物馆馆长。

1995年2月　被浙江省文化厅、人事厅评为全省文化系统先进个人。

1995年3月3日—1996年3月5日　海盐县文化局副局长。

1995年3月　被海盐县委、县政府评为1994年度"夺十杯、争百强、树千杰、评万户"先进个人。

1995年　被嘉兴市人大评为代表积极分子。

1996年1月25日—1997年12月23日　海盐县副县长。

1996年1月　被海盐县委、县政府评为1995年度"争杯夺先"先进个人。

1996年3月8日　辞去海盐县政协常委、委员职务。

1997年12月18日—1998年3月18日　海盐县政府副县级干部。

1998年3月14日—2002年3月11日　政协海盐县第五届委员会副主席。

1998年3月—2002年4月7日　嘉兴市政协第四届一次至五次会议委员。

2000年3月2日　被聘为浙江青少年文学艺术（书法）基金理事。

2001年12月　中华诗词学会会员。

2003年3月10日—2006年2月12日　政协海盐县第六届委员会委员。

2003年4月4日　退休。

2003年10月　荣获中国工艺美术学会、中国工艺美术学会民间工艺美术专业委员会"突出贡献奖"。

2005年7月9日　海盐九九文化发展有限公司董事长兼总经理。

2006年2月18日　被聘为嘉兴画院特聘画师。

2006年3月18日　被海盐县文联评为"德艺双馨"文艺工作者。

沈咏嘉自我简介

    沈咏嘉（1943—2021），又名永嘉，字逸秀，号小鹿逊，浙江海盐人。性豪放旷达，刚正不阿，喜好争议，处世严谨，从严律己，交友清淡，待人真诚，淡泊名利，随遇而安，崇德尚义，远敬小人，扶持弱小，关爱社会，每遇危难之人必救助之。是中华诗词学会会员，中国工艺美术学会民间工艺美术专业委员会会员，浙江省书法家协会会员、博物馆学会会员、考古学会会员，嘉兴市政协书画会理事，嘉兴画院特聘画师。

    从小受其父影响崇敬木兰，不断培养热爱民族之精神。幼不敏，贪玩，独喜民乐。入高中后始得开化，学业名列前茅，唯亲理疏文，学有偏颇。高中毕业因肺疾而被取消高考资格，发誓不复再考，以打临工为生。遂学武健身，拣文弃理，与气功太极、诗书画琴为伍。后下乡插队落户六年，三年务农，与当地群众毋论老少相处甚睦，一边接受再教育，一边带起了一个大队宣传队，其间曾去钦城农中代过课；三年在海盐县毛泽东思想宣传小分队（后更名为海盐越剧团）当乐队临时工，无意间的业余爱好竟拓宽了就业之路。"文革"后曾任县总工会业余文工团乐队负责人，热心服务，积极参与，为丰富当地的文娱生活做出了成绩。

    由于母亲退休，得以上调武原百货商店，从营业员、柜组长到门市部主任，敬业有加，经营与业务技能俱佳，服务质量与服务态度列优，历年被评为先进工作者。后调县百货公司人秘股任收发打字员兼公司职工业余教育语文辅导老师，逼着重温国文，受益匪浅。后组织调动去博物馆工作，由于业务知识空白，一切从零开始。博物馆工作量大面广，任务繁重，每周无休，习以为常。晚上自学白天应用，"不会种田看上埭"，实践中学，学以致用，尚自嘲"无师自通"。后参加省文物局第二期博物馆保管干部培训班、国家文物局"全国第二期古书画鉴定培训班"及杭州大学文博专业证书班的学习，渐入正轨。好在带着问题学，于指导工作实践上卓见成效。为开展馆际业务交流、提高干部业务水平、宣传文物法令，主持创刊《海盐文博》馆刊。工作踏实，兢兢业业，不怕苦累，不计得失，带好一班年轻人，做好表率，为海盐的文物保护和利用做出成绩。曾被省文化厅、人事厅评为全省文化系统先进个人，两次被中共海盐县委、县政府评为"夺杯争先"先进个人。

1981年，海盐县文化馆成立书法四人小组，为小组成员，从事组织工作。同年，博物馆鲍翔麟主持组织了海盐县首届少儿书法培训小组，受聘为辅导老师。1985年调县博物馆，就接仟了书法培训工作，并与县政协书画会联手，培训项目从书法发展到绘画和篆刻三个门类。最多的一次暑期书法培训班招收学员近500人，其规模和影响力创海盐书画培训之最。这在学生暑期生活极其贫乏的年代里起到了很好的调节补充作用，又使政协和博物馆获得良好的社会声誉，为此，县委领导在大会上作了表扬。1994年，书法培训完成历史使命。退休后，办起了海盐第一家工商注册的书法培训班，继续为传播蕴含中华优秀文化传统思想的书法艺术做出努力。

幼年书法受其父熏陶，高中毕业后学过标准草书。"文革"中始从东坡入手，继学鲁公、乙瑛、礼器、简帛、何子贞等，历十余年技法渐丰。经"全国第二期古书画鉴定培训班"学习后，既掌握了一定的书画鉴定、鉴赏能力，又提升了书法创作之境界。书风崇尚松灵超然，雅逸洒脱，人云"书如其人"。作品多次参加省、市级书法家协会主办的国内外展览并获奖，作品和传略入编多种典集。

自1983年海盐县政协成立起，历任委员、常委和文化委员会副主任、主任，诗书画之友社社长，嘉兴市政协委员，嘉兴市人大代表。主编创刊《海盐诗歌》和《诗书画通讯》；积极撰写提案，广泛联络，开展对口活动；送书画到农村、工厂，与企事业、机关单位开展诗书画联谊；多年来用书画的形式为人大、政协两会的召开营造良好的文化氛围，把诗书画活动搞得轰轰烈烈，使诗书画的普及和丰富群众精神生活的作用发挥到一个新的高度。较好地履行了委员和代表的职责，曾被评为嘉兴市第三届人民代表大会代表积极分子和县第三届政协工作积极分子。

1996年1月，任海盐县副县长。1998年3月，任海盐县政协副主席。任职期间为加大政府对农村合作医疗投入的力度而呐喊；研究海盐特色文化建设，注重地方优秀传统文化的保护、挖掘、研究和利用；创建海盐腔艺术馆

（筹），推出滚灯民间艺术，成功举办苏浙沪滚灯大汇串，为海盐腔的深入研究和滚灯运动的进一步开展打下了良好的基础。

退休后，致力于创建"海盐传统文化研究会"民间社团，为解决活动资金问题，于2005年7月成立海盐九九文化发展有限公司，以公司积累的资金再联合企业共同推动社会公益文化事业的发展。经营中主动参与县委宣传部组织的一些文化活动，曾一度是海盐重要的文化活动场所。尽管民间社团的筹建由于种种原因而夭折，尽管这种执着于本土文化之情节给自己平添了许多感慨，但给后人留下了身份、个性、环境与经营成败关系的经验与教训。